A EMPATIA PSICANALÍTICA

Stefano Bolognini

A EMPATIA PSICANALÍTICA

Prefácio à edição brasileira de Alceu Casseb
Posfácio de Vincenzo Bonaminio

Programa de Psicologia Psiquiatria Psicoterapia

Editor
José Nazar

Companhia de Freud

Autor: Stefano Bolognini

Título Original
L'Empatia Psicoanalitica

Editoração Eletrônica
FA - Editoração Eletrônica

Imagem da capa
Quadro Claude Monet
Impression, soleil levant – 1872

Revisão
Nilde Jacob Parada Franch
Ana Maria Stucchi Vannucchi
Darlene V. Gaudio Angelo
Gaudio Angelo

Equipe de tradução
Ana Maria Stucchi Vannucchi
Edoarda Anna Giuditta Paron Radvany
Ester Hadassa Sandler
Ester Zita Fenley Botelho
Francesca Ricci
Luciana Gentilezza
Nilde Jacob Parada Franch

Coordenação da tradução
Ana Maria Stucchi Vannucchi

Editor Responsável
José Nazar

Rio de Janeiro, 2008
CIP-BRASIL. CATALOGAÇÃO NA FONTE
SINDICATO NACIONAL DOS EDITORES DE LIVROS, RJ

B675e

Bolognini, Stefano, 1949.
A empatia psicanalítica / Stefano Bolognini; editor José Nazar; [tradução Ana Maria Stucchi Vannucchi, Edoarda Anna Giuditta, Paron Radvany, Ester Hadassa Sandler, Ester Zita Fenley Botelho, Francesca Ricci, Luciana Gentilezza e Nilde Jacob Parada Franch]. – Rio de Janeiro : Cia. de Freud, 2008.
260 p. ; 237 cm

Tradução de: L'empatia psicoanalitica
Inclui bibliografia
ISBN 978-85-7724-051-7

1. Psicanálise. 2. Psicoterapeuta e paciente. I. Título.

08-2254 CDD-616.8914
CDU: 615.851

Companhia de Freud
editora

Endereço para Correspondência
Rua Barão de Sertório, 59 – casa
Tel.: (21) 2293-5863 • (21) 2273-9357
Rio Comprido – Rio de Janeiro
e-mail: ciadefreud@ism.com.br
www.ciadefreud.com.br

ÍNDICE

PREFÁCIO À EDIÇÃO BRASILEIRA DE ALCEU CASSEB

Sem dúvida é uma honra e um desafio escrever este prefácio para a língua portuguesa partindo de "A Empatia Psicanalítica". Além de se tratar de uma Obra Instrumental para o Clínico que lida com a Vida Emocional, trata-se de um trabalho de profunda digestão sobre o difícil ofício de lidar com relações. Quem espera ler neste livro apenas estudos sobre a Empatia, vai se surpreender com as possibilidades de insights e a necessidade de refletir sobre as relações em que estamos envolvidos. Neste sentido, Stefano não se deixa prender por uma ou outra escola. Assume "empaticamente" uma atitude de liberdade conceitual; sua principal finalidade é buscar a adequação dos instrumentos psicanalíticos do analista que, na sua experiência, são desejáveis para melhor edificar as relações com os analisandos visando crescimento psíquico. Para mim, Stefano não reinventa a pólvora, nem assume uma atitude de excessiva "conciliações teóricas". O que faz com maestria é salpicar bom senso e clareza de forma a temperar a experiência clínica, dando alma e liberdade espiritual ao analista. Como veremos, trata-se de uma obra repleta de contribuições significativas, mais para o analista clínico que o teórico.

Stefano primeiro mostra sua metodologia de observação: *a partir do Eu mesmo é que podemos nos conduzir em direção ao Fenômeno Psíquico.* Parece óbvio, e é, mas ao mesmo tempo é difícil para se apreender como fato assumido, como parafraseou, utilizando-se de Bernard

Shaw[1], já na abertura da introdução. A validação de suas observações do Fenômeno Psíquico não se dá pelos autores, nem pela aceitação universal deste ou daquele pressuposto, se dá pela experiência viva digerida e digestiva da própria atitude analítica, do trabalho processual com os muitos "não saber" que se sucederam ao longo dos encontros com o paciente, do real interesse pela verdade.

Relatando sua experiência em instituições públicas com diferentes grupos e suas linhas teóricas que geram feudos locais, Stefano acompanha os tempos e indica que não há mais lugar para dogmatismos pós-transferenciais, mas uma busca de instrumentação em direção do compreender o que se passa entre analista e analisando a partir da honesta compreensão do Eu mesmo.

Empatia não é, para o autor, um termo do jargão psicanalítico. Precisa ser diferenciado da idéia maternal ingênua de "fusão" relacional. Ser empático é uma condição especial que envolve autonomia frente ao objeto, e um compromisso com a verdade a partir do interno. Empático não é criar condições para uma relação harmoniosa, nem é conquistar o outro com uma espécie de sedução agradável. Ser empático é, antes de tudo, uma possibilidade pessoal na relação com o outro que requer desenvolvimento e profundo respeito, tanto ao objetivo determinado, que na sala de análise é analisar, quanto o lidar com as diferenças e conflitos que a própria empatia suscita.

Situando o leitor na evolução da concepção de Empatia, Stefano vai desenhando um bordado repleto de reflexões retiradas da vida dentro e fora de sua prática clínica. Do Romantismo que indica a busca da relação a dois, da idealização de um partilhar a mesma emoção, alcança Dilthey e a noção da revivência como resgate da Criação Artística, e, construindo um paralelo com as noções de ressignificação em Psicanálise, conclui que é dentro desta que realmente podemos nos ocupar da semiologia destes fenômenos de forma a disponibilizá-los para a clínica. Cuidadoso para não dar a entender que a Empatia está em uma esfera mágica, Stefano aponta para os perigos da entrega/entendimento/sub-

[1] "Para cada problema complexo existe sempre uma solução simples. Que é errada" (G. B. Shaw).

serviência do analista frente à demanda emocional veiculada na transferência. Apontando indiretamente a necessidade do trabalho com seu próprio narcisismo, utiliza-se das noções de "condições" da mente do analista, descrito por Freud em *Análise Terminável e Interminável*, e os imprescindíveis cuidados com as respostas emocionais suscitadas pela transferência. Não se trata de vir a recusar as demandas emocionais do paciente, mas de o analista se instrumentar para lidar com estas demandas. Empatia deve criar um campo de entendimento, não autoriza nenhuma forma de *acting*, nem justifica a manutenção dentro da sala de uma atitude ingênua que pode apenas criar uma *folie a deux*. A Empatia é uma busca psíquica que visa a reconstituição da experiência continente-contido (♀♂), onde os conteúdos de um pode ter forma a partir do continente do outro.

Vou me permitir um risco. Vejo um paralelo estreito entre as formulações contidas neste livro e alguns pontos do Zen-budismo como a arte de atirar com arco e flecha e o Cerimonial do Chá. Conheço um conto que Stefano escreveu sobre sua experiência de menino com um mestre japonês, e tivemos algumas conversas sobre nossa paixão comum: *A admiração pelos caminhos metafísicos edificantes da liberdade pessoal que se observa no extremo oriente.* Sempre o mestre Zen está em busca pela instrumentação de seu eu, e sem assim a denominar, vai, através de afinidades empáticas, buscar suas "tradições e caminhos" visando sua liberdade interna. Apenas através da disciplina e respeito aos mestres é que se alcança alguma "perfeição no ser imperfeito".

Stefano tinha treze anos quando foi convidado a ingressar no mundo do Judô. Não existia ainda na Itália a onda hollywoodiana propagada por Bruce Lee. Stefano, como qualquer púbere, desejava reconstituir sua confiança onipotente no sentido de fazer os maiores e mais fortes concorrentes da escola virem a temê-lo, pois iria dominar os caminhos dos samurais e seria imbatível. Claro que em pouco tempo ficou evidente que o Judô não provê ninguém com aquisições fantásticas, nem com capacidades mágicas, apenas introduz uma práxis que é, em si mesma, um potencial caminho para lidar com a onipotência. Presenciou a inoperância do Judô como ferramenta superpoderosa ao ver um amigo judoca não conseguir conter socos e pontapés. Seu entusiasmo se foi, e

Stefano conta que estava se vendo mesmo condenado a ser uma pessoa comum. Neste momento, algo inusitado ocorreu: sua pequena cidade recebeu a visita do gran mestre japonês *Hiroshi Tadá.*

Uma áurea mística circundava este "samurai". Ele deveria ter por volta de sessenta anos, magro e demonstrando severidade, austeridade e intensa vida interna. Sua exibição começou com um *Kata*[2] executado com fluidez, leveza e alma, diferente dos seus discípulos japoneses, que, apesar de refinada técnica, não associavam sua alma aos movimentos seriados. Para Stefano, os professores italianos mais pareciam robôs em busca do pragmático, enquanto que a harmonia fluía fácil nos movimentos do mestre *Tadá.* O que ocorria de diferente? Perguntava-se: por que este vir a ser não era comum a todos? *Tadá* era um espanto deslizando sobre o sublime. Com os bastões do *Aikidô* se deixava mergulhar no que parecia realmente lhe fazer sentido, enfrentar oponentes imaginários. Stefano utiliza *Zolla* para dar corpo as suas observações. Para *Élémire Zolla* foi *Morihei Ueshiba* quem deu origem ao *aikidô,* que significa "O caminho da harmonização das energias". *Zolla* assinalou que *Ueshiba* pode desenvolver uma "fantasia" onde uma explosão podia ocorrer a partir de suas mãos alcançando um oponente à distância, onde uma grande quantidade de energia podia, imaginariamente, alcançar o cosmos e, se apossando da energia estelar, embrulhar com tentáculos imobilizando o rival. O conceito que veio a se incorporar nas noções de Empatia era o seguinte: *abstenha-se de toda forma de agressão,* dessa maneira é possível desarmar o inimigo, um "pobre coitado" cuja harmonia pessoal está seriamente avariada e em busca de se recompor, basta deixá-lo seguir com um pequeno empurrão a direção que ele mesmo escolheu. Isto era, com muita humildade e irresistível eficácia, o que Hiroshi Tadá estava fazendo. Com *Tadá* as lutas evidenciaram as imensas diferenças de postura, de desejo e das necessidades pessoais. A "harmonia" no "Caminho"[3] e na "Tradição" que *Tadá* transpirava

[2] Kata é uma seqüência de golpes que simula enfrentar oponentes imaginários.

[3] A concepção de CAMINHO é central na cultura nipônica. O Caminho é a tradição da arte e sem ele não há trajetória possível a seguir. Um Caminho possível é do Chá, o *chadó* ou *sadô,* quem trilhar esse caminho torna-se um homem desse caminho. No chá, o caminho é o da simplicidade

podia ser distinguida além do que os olhos podiam ver. Stefano relata neste conto sua Capacidade Sensitiva[4] de, através do ver/sentir, conseguir dar corpo a cada nuance emocional daquela experiência digestiva para dar luz aos conceitos relativos à sua compreensão do que veio, anos depois, a estudar relativo a suas concepções que estão também contidas neste livro.

Os mestres italianos queriam mostrar sua capacidade de combate e suas destrezas. Perdiam-se neste anseio e buscavam, no olhar do outro, uma existência. Sua alma vinha à tona coberta por um manto de fumaça, sem consistência, e quanto mais sua estratégia falhava mais se debatiam desfazendo o que restava de seu próprio eu. *Tadá* recebia cada um destes "oponentes" com o mesmo semblante de segurança, e apenas os ajudava a cair na sua própria confusão. Utilizando-se do Caminho da força de seu ser, trazia sua arte *Gei* para os aprendizes que ainda se debatiam com a força primária, pouco lapidada, em busca da Harmonia. Cada queda erguia um Caminho para a força e assim criava uma Tradição para Saber de si na força. No aprendizado dos Caminhos da Força existe o Caminho da superioridade, mas *Tadá* estava mergulhado na Tradição do Caminho da interioridade. Respeito e admiração vêm ocupar progressivamente como Caminho o lugar da Força Superior, e *Tadá*, sem nada dizer, mantinha ligado a si cada pedaço dos "oponentes" que desabavam de suas próprias armadilhas. Mais que o domínio da técnica, *Tadá* se alimentava de cada nova experiência, sua alma cria-

---

para encontrar o seu eu. No tiro com arco, o Caminho é acertar a si mesmo. Qualquer Caminho sempre requer um mestre que possa primeiro equipar o aprendiz a dominar as técnicas. Da mesma forma que em ciência ocidental usa-se, do grego, a noção de MÉTODO, que quer dizer Caminho. Ao percorrer a caminho se pode aprender além do trivial de si mesmo. Tradição, no sentido nipônico, não é apenas a manutenção de um rito. Tradição significa o ensinamento de um mestre na sua totalidade. É seu **continuo vivenciar** seguido e replicado em sua plenitude. Além do que foi adquirido, o que amadureceu, a Tradição inclui o que está por vir, o novo, o não maduro, tudo que renova do imaturo. Conhecendo estes degraus é que se pode ir ao infinito da sabedoria sem nunca realmente alcançá-la. Tradição e Caminho levam a arte ***Gei***. Arte, no Oriente, compreende tudo o que pode desabrochar do caráter do homem, e que pode aproximá-lo de sua essência. Tudo que forma suas capacidades e habilidades.

4 "Capacidade Sensitiva" é um conceito que Eigen desenvolve em seu livro *The sentitive self*, onde a dualidade dialética senso de decomposição □ senso de lucidez promove o desenvolvimento desta capacidade.

va mais e mais bagagem para apenas empurrar precisamente seu "oponente" para sua própria armadilha, feita em uma pequena ponte sobre um profundo abismo. *Tadá* sabia que para aqueles "mestres" a lição não era técnica, era outra, e esta precisava de muita Capacidade Empática. Capacidade construída a partir da admiração profunda pelos seus mestres, pela dedicação de compreender e assimilar o aprendizado deles mais que imita-los, de imortalizá-los em seu próprio ser sendo. *Tadá* constituía uma disponibilização visível de sua Família Interna[5], de seus reais objetos, e isto mobilizava tanto aos presentes que se podia ouvir um pingo de água caindo no chão. *Tadá* tinha a atenção sem pedir, tinha admiração sem alardes, criava imitadores, e assim conseguia, com sua simplicidade, que uma sintonia se estabelecesse entre ele e aquele que se interessava pela sua arte *Gei*.

Para finalizar, gostaria de transcrever uma experiência narrada por Herrigel[6] quando este filósofo alemão se aventurou na iniciação do Zen no Japão. Fascinado com o mestre oriental, que acertava o alvo com os olhos fechados, queria aprender a semiótica que envolvia tal fenômeno incomum, quase magia. De posse do arco, começou a praticar. Eventualmente, e com muito suor, conseguia se aproximar de acertar o alvo. Atirava e atirava. O mestre, paciente, assistia seus esforços, e com atitude estranha para os moldes ocidentais, nada dizia. Herrigel foi se aborrecendo e sua mente foi tomada pelo desejo de acabar com aquela insistente atitude redundante e vazia. Seu mestre então lhe disse que ele insistia em querer atirar, e assim a flecha percorria uma outra direção ao invés daquela que ele almejava. Herrigel sorriu e, indignado, perguntou: como poderia ser diferente uma vez que ele é quem atirava? O mestre então disse que, na luta consigo, mesmo ele poderia vir a aprender que o tiro sai, e não é ele quem promove o tiro. Evidentemente, Herrigel ficou mais intrigado: o tiro sai? Passou então a focar sua atenção no tiro, e não no alvo. Surpreendeu-se ao ver que um dia o tiro saiu e a flecha viajou em direção ao alvo. Ele não mais desejava acertar, passou a obser-

5 Noção utilizada por Bolognini para se referir à constituição psíquica que cada um dispõe a partir da relação com os seus "mestres" como estou enfatizando na Tradição oriental.

6 HERRIGEL, Eugen. *A Arte cavalheiresca do Arqueiro Zen*. São Paulo: Ed. Pensamento, 1975.

var quando é que o tiro saia. Alguns anos tinham se passado. Herrigel compreendeu que o arco e a flecha eram de menor valor, que se tratava de aprender a arte sem arte, e que este é um caminho áspero. Bolognini nos brinda com sua longa e apurada experiência com estes fenômenos, aqui tratados na dimensão psicanalítica da metapsicologia. Boa leitura.

A Empatia Psicanalítica

Quando se trata de escrever um livro, ou de ler algo, você não há de querer ser mestre antes de ter sido discípulo. E muito menos na vida.

Marco Aurélio Antonino, *Pensamentos*, Cap. 11.

Quero agradecer a: "Rivista di Psicoanalisi", "The International Journal of Psycho-Analysis", "The Psychoanalytic Quarterly", "Revista de Psicoanalisis" pela autorização para publicar uma versão revisada de alguns textos.

S. B.

INTRODUÇÃO

MODELOS, HARMONIA E COERÊNCIA DO PSICANALISTA

> Para cada problema complexo
> existe sempre uma solução simples.
> Que é errada.
> G. B. Shaw

Quando comecei a me interessar pelo conceito de empatia, no início dos anos oitenta, fui impulsionado por duas motivações distintas que depois de vinte anos de distância me parecem razoavelmente claras.

Uma motivação estava ligada à experiência clínica de ter podido usufruir, em alguns momentos raros e privilegiados, de uma feliz combinação de afetos, fantasias e pensamentos capaz de permitir que o paciente e eu compreendêssemos bem e em profundidade o que estava acontecendo: uma experiência subjetiva, relacional e, portanto, uma experiência clínica inesquecível.

A outra foi a motivação científica de tentar, de alguma forma, identificar melhor esses fenômenos, delinear seus contornos, registrar quais os contextos e circunstâncias internas e externas favorecedoras, na secreta esperança – que obviamente se revelou em grande parte ilusória – de poder reproduzi-las intencional e experimentalmente, de acordo com uma ótica galilêica nunca superada em quem, como eu, teve formação médica.

É inútil negá-lo: meu *arriére-pensée* era apontar diretamente para o coração da problemática psicanalítica, apreendendo o segredo técnico que conduziria, de forma diretíssima, ao milagre da transformação profunda.

Já naquele tempo eu podia sorrir comigo mesmo diante dessa evidente expectativa onipotente, mas logo percebi estar em boa companhia: batalhões de caçadores de ouro (de ouro psicanalítico, naturalmente, pois com nossa profissão não se fica rico) tinham me precedido nessa direção, com alternância entre bons resultados e resultados duvidosos, como seria previsível. Não obstante, todos tinham trabalhado com evidente paixão na procura do significado de experiências que os tinham tocado tão profundamente.

Nos anos que se seguiram, li e ouvi contribuições de todos os tipos sobre esse tema, e espero ter conseguido relatar os mais apreciáveis e úteis visando a futuros aprofundamentos; por falta de espaço, em muitos casos fui obrigado a fazer citações breves de trabalhos que teriam merecido melhor tratamento pela riqueza e interesse do conteúdo.

De qualquer maneira, espero ter mapeado suficientemente o assunto para poder orientar o leitor em relação às "pistas" que ele possa considerar mais significativas; nunca me cansarei de repetir que a psicanálise atual é extremamente ampla e estimulante, e quando se tem à disposição uma boa cartografia, uma sólida formação cultural de base e um vívido instinto subjetivo de investigação, é possível chegar a descobertas surpreendentes.

Claro que é preciso ser curioso e aberto para coisas novas, sem perder o rigor científico e o senso crítico. Não sei se ao escrever este texto eu consegui dosar suficientemente esses critérios.

Sei que não me deixei intimidar pela crítica que ouvi mais de uma vez por ocasião de alguns congressos: a de que a empatia não é um conceito "psicanalítico".

É uma crítica muito radical que não leva em conta a presença desse termo nos trabalhos dos clássicos nem, como veremos, seu uso cada vez mais freqüente nos textos psicanalíticos dos últimos 50 anos. Curiosamente, essa objeção não era evocada com a mesma prontidão e convicção frente a uma miríade de outros conceitos (como "campo", "relação", "ulterioridade" etc.) que afortunadamente foram introduzidos e estudados com menor oposição e com resultados úteis e proveitosos no campo da investigação psicanalítica.

Minha impressão é que essa rejeição *a priori* do conceito de empatia foi um fenômeno mais local, ocasional e de algum modo limitado, e pode ter se originado de alguns mal entendidos iniciais. Uma de minhas intenções explicitas ao escrever este livro é a de poder esclarecer esses possíveis equívocos.

De fato, procurei *explorar* o conceito de empatia, e não enfatizá-lo nem promovê-lo; tentei entender o que querem dizer com ele os diversos autores e desenvolver ulteriores pensamentos sobre o tema.

Procurei principalmente desmistificar a aceitação fácil e superficial com a qual esse termo é comumente recebido e utilizado; ele parece estar envolvido por uma aura simplista, indulgente, adocicada e confusional atribuída por uma parte da nossa cultura propensa a associá-lo *tout-court* a uma atmosfera plácida e cheia de sentimentalismo do tipo "maternagem", quando, na verdade, a empatia autêntica requer principalmente separação e diferenciação, atenção e capacidade de manter operante o pensamento teórico.

Resumindo, é a capacidade de saber dar nome às coisas, mesmo quando em contato íntimo com elas, e eu acredito que isso positivamente tem a ver com a psicanálise.

No mais, quero advertir ao leitor que o que encontrará neste livro é uma psicanálise em evolução, uma psicanálise em movimento (ou pelo menos assim espero); minha formação é clássica, e dela nada tenho a renegar, pelo contrário, considero-a um patrimônio precioso que, como para a maioria de meus colegas, vai se enriquecendo ao longo do percurso e com a experiência.

Como vários colegas, posso dizer que tive a oportunidade de me encontrar, durante meu percurso psicanalítico, com uma multiplicidade de situações bastante diferentes: pertencer a dois Centros psicanalíticos (Veneza e Bolonha) de inspirações teóricas diferentes; ter trabalhado com grupos tanto em instituições públicas como privadas; ter sido psiquiatra e depois analista em hospitais; ter pertencido durante seis anos ao Comitê de Patologias Graves da Sociedade Psicanalítica Italiana; ter exercido durante quatro anos as funções de Secretário Científico daquela Sociedade, em contato com a pluralidade de correntes teóricas da variadíssima psicanálise italiana em geral e com os dez Centros Psicanalíticos nacionais em particular; ter contatos contínuos (oficiais ou não) com colegas franceses, ingleses, argentinos e norte-americanos; a atual participação no Theoretical Working Party da Federação Européia de Psicanálise: tudo isso me leva a propor uma visão de conjunto indubitavelmente subjetiva e aberta à discussão, mas que não deixa de conter sugestões interessantes para quem está atento à complexidade do campo psicanalítico contemporâneo.

Tomarei como ponto de partida algumas observações realmente elementares. Levando em consideração que a experiência clínica nos coloca em contato com *uma variedade de pacientes muito diferentes entre si*, em função de suas características, necessidades, grau de desenvolvimento e possibilidades de transformação, podemos constatar como um mesmo paciente pode passar por *fases muito diferentes* no curso de seu tratamento; podemos ver cotidianamente *como dentro de uma mesma sessão* podem se alternar ou suceder momentos, níveis funcionais e modos de relacionamento entre paciente e analista sensivelmente diferentes entre si.[7]

As variadas circunstâncias clínicas podem, se não “requerer”, ao menos “evocar” modelos de mente e de relação com características diferentes.

---

7 Berti Ceroni (1997) propõe o conceito de “seqüência relacional”, que descreve a alternância de funções desempenhadas pelo analista em relação às necessidades do paciente, de acordo com os critérios de Bollas (1987) para quem “o trabalho psicanalítico deve variar de acordo com a realidade emocional presente na sessão”. Segundo Berti Ceroni, pode ocorrer certa paralisação do analista “particularmente quando ele atribui uma posição de primazia a uma ou outra função, enrijecendo assim, através da teoria pré-escolhida, sua potencialidade de trabalho na relação analítica. Um exemplo disso pode ser o enrijecimento da função continente da identificação projetiva, que pode resultar involuntariamente numa paralisia da dupla, numa situação que já não é mais continente, mas de simbiose (...). Por outro lado, é bem conhecida a possibilidade de que numa análise centrada prevalentemente no registro edípico e numa elevada qualidade de simbolização acabem por irromper necessidades fusionais e simbióticas, não aparentes até aquele momento, sugerindo à dupla analítica a penosa impressão de ter trabalhado mal ou de não ter feito trabalho algum”.

Estamos verdadeiramente convencidos de que o "verdadeiro" analista é sempre consistente do ponto de vista teórico e clínico? Ele usa continuadamente apenas certos modelos teóricos, e modos de funcionar? Ele interage uniformemente na relação analítica? (por exemplo, trabalha do mesmo modo no tratamento de um paciente ambivalente, mas bem integrado, como no de um paciente com riscos de descompensação?). Nos relatos clínicos é freqüente lermos nas entrelinhas do texto a aceitação natural de micro-teorias implícitas integradas na posição teórica de base do analista, gerando, por sua vez, micro-procedimentos de certa relevância durante a sessão como, por exemplo, na forma de fazer uma interpretação.

Além disso, é experiência comum constatarmos, durante a leitura séria e comprometida de autores respeitados, como em teorizações bastante diferentes e até francamente divergentes, acabamos por perceber, com certo constrangimento científico e razoável clareza, o fato que *"existe algo de verdade"* na maioria das contribuições teóricas.

Isso acontece não porque o leitor é fácil de ser convencido (como diz Gino Zucchini, no sentido de dom Abbondio* que, assustado e inconsistente, concorda tanto com Lucia quanto com os "bravos", reconhecendo desconsolado: "... você tem razão... você também tem razão..."), mas sim pela apreciação de um certo grau de realismo, intuição e coerência presentes em variadas medidas nos diferentes modelos teóricos propostos.

Seria bem mais reassegurador se pudéssemos nos sentir protegidos por uma única verdade revelada, dispormos de um *passe-partout* eficiente para todas as situações. Não é meu caso, e sei que estou em boa companhia.

De qualquer forma, há um corolário desta constatação: em certos casos *a capacidade de manter uma suspensão temporária* frente a incompatibilidade aparente de diversos modelos, pode levar, com o

---

* N.T.: O personagem é Don Abbondio, do livro *I promessi sposi*, de Alessandro Manzoni. Don Abbondio é a caricatura de uma pessoa preocupada apenas com sua vida pacata e avessa a qualquer tipo de conflito. Alessandro Manzoni é tido como o pai da língua italiana moderna.

tempo, a uma melhor compreensão de como, quando e por que um modelo é satisfatório e pertinente, qual seu âmbito de aplicação e seus limites heurísticos, como diferentes modelos com similaridades intrigantes podem ser sobrepostos ou articulados (um exemplo clássico disso são os conceitos freudianos de percepção e representação comparados aos elementos alfa e beta de Bion, e suas conseqüentes implicações clínicas), e assim por diante. A suspensão consciente do sentido de incompatibilidade frente à apreciação dos vários modelos não é o mesmo que um uso cindido dos vários modelos por parte do mesmo terapeuta.

Alguns psicanalistas trabalham com coerência e satisfação seguindo *modelos teóricos e relacionais unitários*, nos quais se reconhecem e se sentem confortáveis e com os quais lidam com situações clínicas muito diversas.

Se houve um tempo em que eles representavam a maioria (principalmente no âmbito freudiano clássico e kleiniano), atualmente não o são mais, pelo menos no que diz respeito a um modelo "absoluto" que exclua todas as formas de integração.

Qualquer que seja o modo como se avalie a questão, muitos fatores tornam improvável ou extremamente raro que nossos candidatos fiquem atualmente limitados a uma 'dieta monocultural'. Um dos fatores é a *complexidade das correntes de formação* nas escolas de psicoterapia e nos institutos de formação (com exceção parcial da psicanálise francesa, que possui uma certa unicidade), o enorme desenvolvimento do campo editorial psicanalítico (que coloca à disposição, mesmo nas sociedades menos aculturadas, um amplo leque de propostas científicas, o "plâncton" dos psicanalistas, como era chamado por Musatti) e os contatos e intercâmbios cada vez mais freqüentes entre colegas de países e escolas diferentes.

Entretanto, permanecem algumas conotações características básicas. Muitos de nós somos capazes de identificar, com certa precisão, após a leitura de apenas algumas linhas de um trabalho científico, mesmo na falta de citações, qual a corrente teórica seguida pelo autor, às vezes até em que Instituto fez sua formação e em alguns casos seu "pedigree" psicanalítico pessoal[8]. Mas, em nossos dias, os trabalhos científicos revelam cada vez mais progressivas hibridizações, algumas vezes bem sucedidas, originais, e interessantes, outras vezes não, com que o analista se depara em sua formação.

Por vezes assistimos ao "aparecimento de uma feliz resplandecência de híbridos", conhecido fenômeno biológico por meio do qual novas combinações de elementos genéticos originalmente distantes produzem espécimes mais ricamente dotados que os precedentes.

Entretanto, outras vezes encontramos uma mistura mal combinada e justaposta que pode gerar incongruências.

Um caso bastante surpreendente é o da integração de elementos lacanianos e winnicottianos (realmente difíceis de serem aproximados entre si, como nos lembrou de forma vivaz Joyce McDougall, no Congresso sobre Winnicott em Milão, novembro de 2000) que, no entanto, produziu resultados interessantes em alguns setores da Associação Psicanalítica Argentina (APA).

Mais geralmente, Kernberg, Mitchell e outros propuseram exemplos mais orgânicos de integração de diversos modelos.

Na Itália, ninguém desenvolveu expressamente um trabalho análogo, mas eu citaria Giuseppe Di Chiara como o autor que mais do que nenhum outro, mostrou uma visão mais ampla e compreensiva de contribuições teórico-clínicas verdadeiramente diferentes.

"*Trabalhar com* Freud... Klein... Bion... Winnicott... Kohut... etc.": quer me parecer que a repetição dessas frases vai configurando, de acordo com o grau de maturidade pessoal de cada terapeuta, como que um politeísmo idealizante, ou prateleiras cheias de ofertas no "supermercado psicanalítico", ou ainda, mais oportunamente e em um estágio mais avançado de maturação, um sentido de "família ampliada".

---

8 Como diz Giannakoulas (2002), "o psicanalista incorpora, introjeta e internaliza aspectos técnicos da própria analise e da sua formação, em geral bastante extensas. Freqüentemente essas internalizações podem insinuar-se no encontro analítico como uma estrutura subjetiva, do tipo dogma, de forma a poder transformar um ponto de vista pessoal em uma evidência clínica e criar uma tradição com a solidez de um mito, freqüentemente composta de uma série completa de genealogias analíticas". Conclui-se que estas considerações devem ser lidas no sentido da desconstrução (Bolognini, 2002b) que nos permita entender o *setting* interno técnico-teórico de cada psicanalista e de cada autor psicanalítico e não no sentido de relativizá-lo de forma destrutiva.

Seria quase como dizer: "estes são meus pais psicanalíticos e eu os reconheço em mim e não os renego, pelo contrário, realmente aprecio o que recebi deles. Mas os instrumentos e modelos propostos por tios e primos de vários graus ou, por vezes, simples vizinhos, podem resultar interessantes e úteis em certas circunstâncias". Naturalmente, é preciso salvaguardar a capacidade crítica e seletiva que permite ao terapeuta "adotar" ou não o que ele vai encontrando; essa atitude não implica necessariamente a traição da própria origem, nem a perda da identidade, mas o reconhecimento da complexidade e da riqueza do campo psicanalítico e das oportunidades que ele oferece após um século de trabalho, reflexão e debate.

Não quero correr o risco de ser mal interpretado: traição e perda de identidade podem ocorrer, internamente e externamente. Pode haver transferência muito ambivalente ou francamente negativa em relação aos mestres, assim como em relação aos pais, e existem as colchas de retalhos, as colagens e as esquizoidias conceituais nas quais o sujeito teórico congruente já não é mais reconhecível.

Estou tentando descrever as várias possibilidades no sentido de desembaraçar a complexidade da formação contemporânea de fantasmas, negativos ou positivos, demasiadamente rígidos e simplificadores, e de algum modo estereotipados.

No final, não é sempre necessariamente uma coisa boa ou ruim "trabalhar com" um ou mais autores, com modelos unitários ou diversificados: o mais importante é *como* conseguimos fazê-lo.

Retomarei esse tema mais adiante, no tópico sobre "harmonia".

O *ecletismo*, entendido no seu sentido etimológico (*kléptein* = roubar), é freqüentemente objeto de críticas fundamentadas (ver controvérsias entre Greenson, 1974 e Rosenfeld, 1974 e ver Semi, 188b) quando se caracteriza pela superficialidade e pobreza de elaboração na apropriação rápida e furtiva dos modelos, com escassez de crítica, de trabalho comparativo, de integração e coerência global.

Na verdade, para além dessa forma degenerativa de ecletismo, *o senso de complexidade, articulação e integração personalizada* dos modelos parece fazer parte, cada vez mais, da atitude interna dos analistas de hoje, permitindo a passagem natural para a relação entre os próprios modelos e evitando o risco do relativismo cultural.

Um exemplo entre tantos possíveis: acredito que nenhum psicanalista de formação atual sonharia em fazer uso de um único modelo de compreensão dos fenômenos de idealização.

É amplamente aceita a idéia de que há vários tipos de idealização, com significados dinâmicos e funcionais diferentes, requerendo escolhas teóricas diferentes e produzindo quadros evolutivos específicos, dependendo dos seguintes fatores: a profundidade da cisão, o esforço decorrente da formação reativa, a coesão com um self-objeto, ou a criação subjetiva de um suporte para sustentar a potencialidade de conhecimento e crescimento.

Sabemos que certas idealizações malignas devem ser analisadas ativamente, que outras devem ser toleradas até que se criem as condições úteis para sua absorção natural, que outras ainda devem ser saudadas como sinal de progresso, e assim por diante.

Este é um dos muitos casos em que o conhecimento comparado de diversos modelos, unido à experiência e ao senso clínico, pode dotar o analista de um instrumental de trabalho muito mais rico.

Lembro-me de um estimado colega que quando foi perguntado em uma conferência se era freudiano, kleiniano, bioniano ou qualquer outra coisa, perdeu a calma e respondeu de uma forma que na hora me pareceu um tanto pomposa: "*Eu, antes de tudo sou um psicanalista.*"

Com o tempo, reavaliei aquela sua afirmação e hoje me parece que continha principalmente uma atitude de investigação, de reflexão e de comprovação clínica que julgava mais importante do que a rotulação reducionista da pertinência militante.

Modelos, onsistência

Como muitos de nós, conheci psicanalistas de todos os tipos. Alguns culturalmente monolíticos; outros reflexivos; alguns pareciam "possuídos" por uma teoria, outros a tinham escolhido e cultivado com amor, outros ainda não se tinham realmente casado com ela, mas podiam desfrutá-la proveitosamente e combiná-la com outras teorias e modelos.

Uma coisa interessante é que alguns psicanalistas pareciam científica e tecnicamente "*harmoniosos*", e outros não, independentemente de seguir uma ou mais teorias.

Quero dizer que, como em outras áreas da vida, podemos constatar que as idéias, os modelos, os estilos de pensamento e de trabalho declarados podem ser realmente coerentes com a natureza e a efetiva forma de ser e de trabalhar de quem os propaga, ou não.

Por exemplo, assisti a admiráveis seminários sobre a importância da presença constante do objeto na relação primária, por parte de alguém que depois desaparecia periodicamente por um mês sem dizer nada, como se nada fosse.

Em outros casos, tive confirmações comoventes, de viva voz dos pacientes, a respeito da consistência metodológica, do cuidado e da sensibilidade de colegas com quem se tinham consultado ou estiveram em atendimento, que mostravam coerência com o que defendiam nos seus escritos.

Mas, em geral, a harmonia parece correlacionada a algo ainda mais interno e substancial, algumas vezes identificável clinicamente.

Um elemento bem preciso de desarmonia pode ser percebido, por exemplo, naqueles que se encontram em um estado de identificação projetiva com um objeto do mundo interno: o analista "se torna" (por assim dizer e entre aspas) seu próprio mestre. Neste caso, podemos perceber a perda de contato com vastas áreas do *self* com a conseqüente diminuição da originalidade criativa, assim como rigidez e disposição tendencialmente paranóide frente a críticas que, em parte, representam sua própria potencialidade crítica (inconsciente) não reconhecida e não expressa e, portanto, temida: nestes casos a ortodoxia pode descarrilar em direção ao fundamentalismo.

Ademais, todos sabemos que, como regra geral, o filho que deu certo é aquele que – uma vez completado seu processo de crescimento – deixa seus pais e se vai, levando e reconhecendo muito deles em si próprio. Entretanto, pode dialogar com eles, consegue fazer trocas na condição de um ser separado, e sabe que amadureceu graças a introjeções profundas. Não é o devoto, o iniciado, a réplica, o soldadinho uniformizado, nem é o coroinha.

No pólo oposto, o do iconoclasta, penso que o superego psicanalítico em nossa relação com os pacientes não é o "grilo falante" a ser silenciado com uma martelada: é um "terceiro" a ser mantido no jogo através de um diálogo interno que, com o passar dos anos, irá adquirindo paridade à medida que formos adquirindo experiência e competência efetivas.

Uma boa evolução natural pode consistir no desenvolvimento de um *diálogo pessoal com os autores*: esclarecedor, crítico, disposto a introjeções parciais que merecem ser vividas, sempre em condições de separabilidade, sem confusão, preservando o reconhecimento respeitoso em relação aos objetos internos e sem que eles despertem intimidações persecutórias.

Os modelos de mente propostos pelos vários autores não são verdades religiosas, mas instrumentos para compreensão e que nos podem ser úteis para o nosso trabalho, como os instrumentos de um artesão, de um técnico, de um pesquisador e, mais raramente, de um artista. Não somos obrigados a aceitá-los em bloco, embora a coerência global das teorias dos autores deva ser respeitada. Quando consultamos interiormente um autor, quando "trabalhamos com ele", devemos respeitar seu pensamento sem submetê-lo a formulações inexatas ou a compromissos teóricos que não lhe pertencem, meramente para justificar, com um autorizado "ipse dixit" arbitrariamente ajustado e "forçado", escolhas técnicas não suficientemente claras nem meditadas e assumidas como próprias.

Resumindo, os autores e seus modelos devem ser bem e honestamente estudados para poderem ser utilizados com conhecimento de causa e, eventualmente, para ir além do que eles próprios foram. Assim, para poder agregar no próprio laboratório privado alternativas úteis à metapsicologia freudiana, primeiramente é necessário havê-la estudado, entendido e assimilado de fato. Do contrário, é uma simples evitação, não é um ir mais além. Somente a partir de um sólido conhecimento de base, fará sentido aventurar-se, mas inevitavelmente de um modo pessoal, nos fascinantes panoramas que a psicanálise contemporânea nos oferece com inexaurível fertilidade.

Ainda duas palavras sobre a escolha cultural básica que caracteriza as páginas que se seguirão.

Não fazendo segredo de meu *sprit du corps,* privilegiarei abertamente os aportes provenientes de meus colegas analistas do passado e do presente, ainda que reconhecendo a competência de certos poetas e filósofos sobre o assunto. Em minha opinião, quem compartilha cotidianamente as vicissitudes das relações psicanalíticas realiza uma integração entre experiência pessoal, teoria científica e prática clínica que, a meu ver, não tem similar em nenhum dos campos adjacentes do pensamento humano.

Freqüentemente, embora não sempre, as palavras dos poetas e dos filósofos dão a impressão de nascer da solidão; as dos psicanalistas em geral, embora não sempre, nascem dos encontros.

Os encontros dos analistas são aqueles com seus pacientes, em primeiro lugar, e também aqueles com colegas e professores, interlocutores constantemente presentes, como pano de fundo de seu mundo interior, ainda que com graus de intensidade e freqüência alternados .

No pensamento psicanalítico estamos sempre dialogando com alguém.

Parte I

RECONSTRUÇÃO HISTÓRICA

Capítulo 1

A EMPATIA ROMÂNTICA

Embora o vocábulo *empathy* tenha sido cunhado por Titchener, em 1909, como tradução do termo alemão *Einfühlung* ("sentir dentro") para sua *Experimental Psychology of the Tought Processes*, de fato, o termo "empatia" apareceu pela primeira vez numa obra publicada em 1798, nos escritos de "*Discepoli a Sais*" do poeta romântico alemão Novalis.

Quero me deter brevemente no terreno da origem e acepção inicial do termo *Einfühlung* ("empatia"), e em seu desenvolvimento. Apesar de intimamente ligado pela raiz comum de *pathos* (sentimento), seu significado era completamente diferente daquele que atualmente é aceito em psicanálise e que merece uma apresentação específica.

Muito significativamente, o conceito de *Einfühlung* parece emergir e encontrar espaço no final do século racionalista do iluminismo; em um clima cultural e humano muito particular, caracterizado pela redescoberta entusiástica dos registros emocionais por parte de certo número de intelectuais, poetas e filósofos que extraiam do contato íntimo e recíproco, e de sensações de caráter instintivo e visceral, a certeza de estarem compartilhando uma época memorável para o espírito: o Romantismo.

Através de crônicas sugestivas da época, podemos reconstruir como, nos salões aristocráticos e nas austeras salas de conferências das universidades de Leipzig e de Jena, entre os anos 1790 e 1800, o cenário cultural romântico vivia em contínuo contato criativo com a obra de

Novalis, dos irmãos Schlegel, Goethe, Schiller, Hölderlin, e dos filósofos Fichte e Schelling. Os laços pessoais de amizade tornavam particularmente férteis os encontros e as trocas dando origem àquelas formas de *"symphilosophieren"* e *"sympoetisieren"* (pensar juntos e poetizar juntos) que constituíram o sangue vital do início do Romantismo alemão.

Os "corifeus" do romantismo em Jena eram unidos por uma espessa rede de relações pessoais com interesses comuns e amizade, o que possibilitava uma notável circulação de idéias, uma troca fecunda de pensamentos, assim como a inspiração recíproca de intuições geniais através da conversação e da troca de cartas.

"É surpreendente pensar quão vivos e diretos podiam ser os contatos naquela época em que não se dispunha de meios de comunicação sem os quais hoje pareceria impossível a vida cultural." (Cisotti, 1982).

Este ponto sobre *a importância das relações pessoais no âmbito de um grupo cultural* (artístico ou científico) não pode deixar de ser fundamental para um psicanalista.

Entre minhas lembranças do curso secundário encontro uma lição particularmente colorida de minha professora de alemão que, havendo cultivado uma intensa paixão pelos românticos, nos falou detalhadamente desse ambiente criativo com seus encontros freqüentes e a intensa amizade que os unia.

Muitos anos depois, lendo a biografia de Freud escrita por Ernest Jones, me vi espontaneamente fazendo uma ligação entre estes dois ambientes históricos: o do romantismo germânico dos inícios e o da psicanálise, que tinham em comum a freqüência dos encontros, a riqueza das trocas epistolares, a sensação de descoberta de algo novo e profundo, e principalmente o entusiasmo de sustentar e dar vida a uma "coisa" comum (*"die Sache"* de Freud).

De qualquer modo, as analogias entre os dois movimentos terminam aqui e seria forçado buscar outras. A observação dos conteúdos e dos estilos de funcionamento, desse ponto em diante, revela unicamente diferenças naturais e evidentes.

Substancialmente poderíamos dizer que os Românticos viviam e compartilhavam um sentimento fundamental que, se quisermos nos referir às conceitualizações psicanalíticas atuais, poderia ser definida como uma experiência do tipo "fusional": o *sicheinfühlen*, ou seja, o sentimento do ser humano de estar em uníssono com a natureza, sentir-se parte integrante dela e viver essa força como se fosse a força de sua própria alma[1].

O macrocosmo externo era percebido como misticamente correspondente ao microcosmo interno. E, dentro dessa perspectiva cosmomórfica, que tende para o mito do *homo magus*, Novalis escreveu: "A natureza nunca poderá ser entendida por quem não possua um órgão da natureza, um instrumento interior que gera a natureza e que a secreta, quem não reconheça e distinga espontaneamente a natureza em todas as coisas, por quem, com o desejo inato de gerar em afinidade interior e multiforme com todos os corpos, não se envolve por meio de seus sentimentos com todos os outros seres naturais, quase se sentindo dentro de cada um deles." (*I discepoli a Sais*, 1798).

Como observa Rumi (2000), Novalis fala de um sujeito não simplesmente identificado com os objetos da natureza, mas capaz de "sentir-se dentro" deles e de reconhecer-se neles.

Este "sentir-se dentro do objeto" ("in-oggetarsi") (*hineinsfuhlen*) será retomado filosoficamente por Theodor Vischer (1846) em sua concepção sobre a formação do símbolo que, em sua opinião, nasceria de uma co-penetração entre ser humano e objeto natural.

O crítico Kamla (1945), em suas notas introdutórias ao *Hymnem an die Nacht,* de Novalis, fala de um "idealismo mágico", que significaria "a absoluta onipotência do ego, que pensa, acredita, deseja e quer, acima e além do corpo e de todo o mundo externo; em virtude dessa magia, os pensamentos podem se tornar coisas e coisas podem se tornar pensamentos".

A empatia romântica corresponde, portanto, a um estilo mental que privilegia o sentir em relação ao pensar, que faz uso massivo e também poético das funções projetivas, produzindo vivências mágicas,

1 Segundo Freud (*Totem e Tabu,* 1912-13, pg. 16), o homem primitivo "deslocava para o mundo externo relações inerentes à sua própria estrutura psíquica (relações das quais se dava conta através da assim chamada percepção endopsíquica)". Ver também Petrella (1993).

grandiosas, totais e fusionais (provavelmente com regressões controladas para fins artísticos) e que não levavam em grande conta a separação entre objeto e sujeito.

É certo que naquele tempo vigorava, falando em termos literários, um tipo de *te deum* contra a Razão: eram tempos caracterizados pela ilusão, pela grandiosidade megalomaníaca e prazeres cheios de arrebatamento, exasperadamente autocentrados, sempre beirando o risco da degeneração em exaltação eufórica, como o Messianismo visionário (por exemplo, a *Christustendenz* que Goethe atribuía a Schiller).

Não obstante, os historiadores da literatura são unânimes em considerar o Romantismo como um período de grande riqueza criativa, exuberância emocional e de amadurecimento imaginativo em harmonia sazonal, cultivados em clima de compartilhamento e concedendo à humanidade daquela época, nova profundidade e novos matizes de significados.

Não é de surpreender, portanto, que também os historiadores da medicina tenham localizado nesse período o nascimento de uma nova concepção da relação médico-paciente. Von Engelhardt (1984, 1992) assinala que a relação médico-paciente, de acordo com a opinião dos médicos influenciados pelo Romantismo, consistia de uma mistura muito particular de objetividade e subjetividade, de assimetria e simetria. O ponto central, entretanto, era a necessidade imperativa da *Sympathie*: para poder progredir no conhecimento científico, o médico tinha que ser impulsionado por um interesse pessoal pelo paciente.

Assim, Schubert (*Briefe "über das Studium der Medizin"*, 1805) sustentava a idéia de que "um interesse interior e amoroso pelo sofrimento do 'irmão' acelera a cura ao invés de retardá-la".

O conceito de intercâmbio profundo nas relações também estava presente no trabalho de Hufeland (*Über Sympathie*, 1811), para quem a "simpatia", que liga o homem à natureza e aos homens, é "a dependência da vida do indivíduo à vida da totalidade", com uma série infinita de influxos mútuos benéficos para uns e não para outros: "Assim como o doente torna semelhante a si o sujeito sadio por meio da simpatia e transforma sua forma de vida em patológica, vemos também o contrário, como o fato de colocar homens velhos e fracos junto com jovens fortes age sobre os primeiros de acordo com as mesmas leis descritas, tornando-os mais saudáveis e fortes".

Von Engelhardt afirma ainda que a relação pessoal naquela época não significava somente aceitação sensível e compreensão, por parte do médico, dos sentimentos, idéias e situação de vida do paciente, mas também uma relação coletiva com a comunidade das idéias: a idéia de Natureza, a idéia de Homem, de Metafísica e de Transcendência. Era isso que fazia com que o médico romântico, Justinus Kerner, não somente tratasse seus pacientes individualmente, mas também os hospedasse "empaticamente" no seio de sua própria família, em Weinsberg, perto de Stuttgart (não sabemos bem com quais resultados para os pacientes, nem para o equilíbrio interno da família), em nome do princípio curativo de empatia "difusa".

O conceito de empatia continuou ligado a essas potentes e coloridíssimas raízes artístico-filosóficas até início do século vinte, e caracterizado por uma prevalência maciça de funções projetivas. Em 1906, antes de Freud ter feito uso desse termo em seus trabalhos científicos, o filósofo Theodor Lipps, em *Aesthetik*, já o tinha utilizado amplamente.

Segundo Lipps, a experiência estética consistiria em projetar no objeto estético emoções propriamente humanas, ou seja, em "dar significado e paixão às coisas inanimadas", como dizia Vico.

Claramente inspirado no Romantismo, o movimento filosófico que cultivou a estética do *Einfülung*, representado pelo próprio Lipps e por Gross, Volkelt e outros, reconhecia as bases do processo criativo artístico na identificação do sujeito com o objeto, de tal forma que o "objeto, por si só inerte e frio, sendo penetrado pelo sujeito, se tornasse animado, caloroso e humanizado pelos sentimentos do artista, que o transforma em obra de arte" (Abbagnano).

Este processo de identificação osmótica do sujeito com o objeto, por meio de uma "projeção de si mesmo", possibilitaria o nascimento da obra de arte, da qual o sentimento do artista seria a forma, e o objeto a matéria, pressupondo uma espécie de identidade de natureza entre ambos, em uma atmosfera filosófica de misticismo panteístico.

As reflexões de Dilthey sobre o *nacherleben* (o re-viver) também são pertinentes ao tema da empatia: "Experiência mais emocional do que intelectual, em que os sentimentos suscitam outros sentimentos, sem nenhuma intermediação além da própria expressão facial (...) Guiado pela expressão da outra pessoa, eu re-vivo (*nacherleben*) sua experiência em minha consciência, e essa é a essência da compreensão! Reproduzir é equivalente a re-viver" (Egidi Morpurgo, 2001).

Dilthey se ocupava também da comunicabilidade da experiência subjetiva e, como aponta Egidi Morpurgo, com a expressão como fonte de compreensão da experiência de outros.

Correale (1999), retomando a obra de Edith Stein, *Zum Problem der Einfühlung* (1917), ponderou particularmente os aspectos vitalizadores dessa atmosfera cultural, assinalando que nesta abertura de uma correspondência entre vida externa e vida interna, a empatia produz "em cada caso essa ativação recíproca de forças afetivas vitais entre sujeito e objeto, que é percebida como beleza pelo próprio sujeito".

Correale vê nestas concepções "a ativação de uma força que re-abre uma propulsão potente em direção ao futuro e ao mundo", e sublinha seu forte componente físico e sensorial, percebendo nesse quadro, parece-me, um aspecto de saúde, um fluxo recíproco entre sujeito e objeto pela indução mútua de um superávit sensorial energético que se torna disponível e é re-utilizado em comum, à procura de novas configurações de significado.

Não existe algo em tudo isso capaz de trazer à mente os "enriquecimentos de campo" propostos pelo intersubjetivismo? Naturalmente, não podem passar desapercebidas as possíveis analogias entre este processo de criação artística e os processos primários de formação do *self*, com relação aos "ingredientes" e às contribuições projetivas providas ativamente pela mãe desde os primeiríssimos momentos da relação diádica, nos aspectos ativos da função de *rêverie*.

De forma similar, a confiança do bebê em sua própria capacidade onipotente de criar o objeto, alimentada pelas habilidosas confirmações maternas (Winnicott, 1971), também parece entrar em jogo na questão da criatividade artística.

Em síntese, se nos referirmos especificamente ao desenvolvimento histórico do conceito de *Einfühlung* e suas origens, devemos concluir que a perspectiva de extensão-projeção-osmose entre seres humanos e coisas[2] está bem distante do que hoje entendemos por empatia. Coube à psicanálise a refinada e difícil tarefa de *integrar reciprocamente o entender e o sentir*, ajustando os delicados e sensíveis instrumentos adequados à percepção da vida interna dos seres humanos, *em uma situação de consciência de separação (separabilidade)*.

É fascinante para nós, como estudiosos do pensamento psicanalítico, encontrarmos similaridades no pensamento de filósofos e artistas que possam conter sugestões antecipatórias; com um pequeno ajuste ou mudança de terminologia eles poderiam permitir *insights* que antecipariam posteriores aquisições psicanalíticas. Mas, não creio que só pelo gosto de querermos mostrar nossa natureza transcultural e interdisciplinar a qualquer custo tenhamos que desvalorizar a originalidade, a especificidade e, por que não dizer também, o trabalho árduo envolvido em nossas aquisições de conhecimento, nascidas em um terreno bem mais árduo do que o dos filósofos, que é o da prática clínica e da experiência relacional. Isto é importante mantermos em mente.

Como tentarei mostrar nos próximos capítulos, o gradual refinamento do conceito de empatia, ainda um processo em andamento, vem sendo feito geração após geração, sessão após sessão, por meio do trabalho psicanalítico e também de sua sucessiva elaboração teórica, no âmbito da comunidade psicanalítica ampliada.

As raízes Românticas e, em alguns aspectos a corrente filosófica da *Einfühlungaesthetik*, podem ser vistas como um rico "pabulum", um terreno de cultivo, uma fonte preciosa para ulteriores desenvolvimentos e assim por diante. Ao mesmo tempo podem também ser um extraordinário caldeirão projetivo, e eu quero destacar os esforços consideráveis de todos aqueles que contribuíram para a obtenção de maiores conhecimentos sobre os eventos intra e inter-humanos, a partir de Freud.

---

[2] G. W. Pigman (1995) pontua que, *Einfühlung*, originalmente se referia à percepção e compreensão do não-humano.

Capítulo 2

FREUD E A EMPATIA

Freud ocupou-se em várias ocasiões de questões referentes aos aspectos intrapsíquicos do psicanalista, tais como, por exemplo, a de sua atenção flutuante.

Por meio do trabalho de auto-análise, Freud conseguiu válidos canais internos de comunicação com o pré-consciente, e de seus casos clínicos pode-se deduzir que devia dispor de boa capacidade empática.

G.W.Pigman (1995) em seu ensaio *Freud e a História da Empatia*, com riqueza de detalhes, faz algumas observações fundamentais:

1. Freud estava familiarizado com a obra de Lipps e mencionou-a em duas cartas a Fliess (26 de agosto e 17 de setembro de 1898), manifestando seu entusiasmo ("que eu desconfio seja a mente mais lúcida entre os filósofos contemporâneos") e alguma preocupação ante a idéia de que Lipps de alguma forma tivesse se antecipado a ele no campo da metapsicologia.
2. O motivo pelo qual muitos analistas anglófonos não estão informados sobre a importância que Freud atribuía ao conceito de "empatia" deve-se ao fato de que a *Standart Edition* traduziu somente três das doze citações de *Einfühlung* como "empatia", e nunca traduz o verbo *einfühlen*, que aparece oito vezes, como "empatizar". Pigman supõe que Strachey deve ter tido alguma razão fundamental (*"a rationale"*) para evitar a palavra empatia (*"a vile, elephantine word"*). Por outro lado, ele prefere a opção

dos atuais tradutores franceses dos textos de Freud (Bourguignon e outros, 1999) de manter uma rigorosa tradução literal para centenas de palavras-chave.

É interessante notar que a tradução italiana propõe "immedesimazione" para *Einfühlung* que, não somente evita o termo "empatia", mas traz uma complicação adicional à questão. Intencionalmente ou não, implica a renúncia ao termo "identificação", de uso bem mais freqüente, mas inapropriado e que não coincide com empatia; aliás, freqüentemente é vista como antagônica a ela.

3. Em 1905, em *Os chistes e sua relação com o inconsciente*, Freud usa a palavra "empatia" para descrever o processo de colocar-se no lugar do outro consciente ou inconscientemente, e continuará a usar o termo com este significado pelo resto de sua vida. Ele nunca o usou, como fez Lipps, para se referir à "empatia estética" em relação aos objetos, mas no sentido da compreensão entre dois seres humanos.
4. Pigman atribui corretamente grande importância a uma passagem do texto *Sobre o início do tratamento* (Freud 1913), em que Freud aconselha o analista a não começar a interpretar até que a relação entre paciente e analista seja suficientemente sólida; para isso, o analista deve tão somente dar tempo ao paciente: "Se demonstramos um sério interesse, se dissipamos cuidadosamente as resistências que afloram no início, e se evitamos certos erros, o paciente por si só desenvolverá naturalmente essa ligação e vinculará o médico às "imagens" das pessoas por quem se acostumou a ser tratado com afeição. Naturalmente, *pode-se pôr a perder esse primeiro sucesso se não adotarmos desde o início um ponto de vista que não seja o da compreensão empática* (*Einfühlung*), como o ponto de vista moralista, ou se nos comportamos como representantes ou mandatários da parte litigante: o outro cônjuge, por exemplo".

A empatia torna-se condição *sine qua non* para o analista, necessária para permitir a instalação da transferência positiva e o acesso à interpretação.

5. Na correspondência com Ferenczi, por ocasião da apresentação do trabalho *A Elasticidade da Técnica Psicanalítica* (1928), Freud confirma que a empatia diz respeito a quase todas as coisas que um analista "deveria fazer no sentido positivo". Entretanto, preocupa-se que algum analista possa, em nome de "act-cum-empathy" sugerido por Ferenczi, justificar arbitrariedades, excessos de subjetividade e assim por diante. Retornarei a esse assunto mais adiante.
6. Pigman nos proporcionou algumas reflexões bastante complexas a respeito de um ponto particular da mais famosa citação freudiana de *Einfühlung*, que é a que consta do capítulo sobre "Identificação", em *Psicologia das Massas e Análise do Ego* (1921), na qual Freud afirma que os membros de um grupo identificam-se entre si "por meio de um processo que a psicologia chama de *Einfühlung*, e que é o processo que nos permite, mais do que qualquer outro, entender o eu estranho (*das Ichfremde*) de outras pessoas" (1907ª).

Com referência ao uso de *Ichfremd* por Freud em outras passagens, Pigman aponta que, para Freud, "o ego estranho de outras pessoas" não significa "ego de outras pessoas estranho a nós", mas "as partes internas de outras pessoas que são estrangeiras, estranhas e ignoradas por seus próprios egos".

Portanto, a empatia permitiria aos analistas compreender a parte das pessoas que é desconhecida delas mesmas. Para mim, Pigman, bom cão de caça, encontrou aqui algo de grande interesse e que nos será útil nos próximos capítulos.

Pigman conclui sua cuidadosa apresentação – pela qual lhe devemos ser gratos – com algumas considerações mais amplas no tocante à relação entre Freud e o conceito de *Einfühlung*: "Poderíamos ficar tentados a definir como ambivalente a atitude de Freud em relação à empatia, e talvez assim seja. De qualquer forma, penso que seria mais preciso dizer que ele adota uma atitude intelectual, porque é ambivalente em relação às emoções e desconfiado do lugar que ocupam no interior do analista" (Pigman, p. 252).

Anos antes, Schafer (1983) também se mostrou interessado por este ângulo da teoria freudiana: "Apesar de não usar explicitamente esse termo, Freud formulou toda uma série de importantes conselhos ligados à empatia. Por exemplo: nenhuma solução deveria ser formulada antes que o paciente estivesse tão perto dela que bastaria um curto passo para consegui-la por si mesmo; é essencial manter certa flexibilidade a respeito do nível em que o paciente poderá funcionar nos diversos momentos do tratamento, etc." (1913).

Para Schafer, estas afirmações testemunham a importância que Freud implicitamente atribuía a uma aproximação de tipo empático. É uma observação interessante, mas a mim não parece que ela seja suficientemente sustentada nem pelos escritos científicos, nem pelas cartas de Freud, onde se podem verificar pontos de vista um tanto contraditórios.

Na verdade, Freud sempre esteve muito preocupado, e por muitos anos até mesmo desconfiado, no tocante às reações emocionais dos analistas frente a seus pacientes, e esse temor deve ter incluído também o "*pathein*"* da empatia.

Robert Fine, em *História da psicanálise* (1979), escreve que privadamente, "Freud não deixou nenhuma dúvida sobre o fato de que sua preocupação maior era com o excesso de envolvimento". E, de fato, em uma carta a Jung, de 31 de dezembro de 1911, Freud escrevia: "Frau C. contou-me muitas coisas sobre você e Pfister (...). De tudo isso deduzo que nenhum de vocês adquiriu a *objetividade necessária* ao exercício da profissão, que ainda tendem a se envolver dando muito de si mesmos, e esperando que o paciente dê algo em troca. Permita-me, como velho e venerável mestre, adverti-los que com essa técnica invariavelmente você terminará fazendo falsos cálculos e *é melhor permanecer reservado* e puramente receptivo. Jamais devemos permitir que os pobres neuróticos nos façam enlouquecer. O artigo sobre a "contratransferência", me parece necessário, mas evidentemente não deveríamos publicá-lo, apenas distribuir cópias entre nós".

* *Pathein* em grego antigo significa o sentir emocional, no sentido da emoção mais profunda e menos passível de defesa.

O significado da carta é, sem dúvida, complexo e, além disso, diz respeito a uma comunicação privada entre Freud e a paciente, cujo conteúdo ignoramos. Não sabemos, por exemplo, em que sentido Jung e Pfister tendiam a "dar muito de si".

Freud fala da "necessária objetividade para o exercício da profissão" e diz que devemos permanecer reservados , que "não devemos permitir que os pobres neuróticos nos enlouqueçam" e que o artigo sobre contratransferência deveria ser distribuído em cópias entre os analistas, mas não ser publicado. Para dizer a verdade, ele fala também em "insistir sobre o aspecto da receptividade", mas é bem provável que aqui, por receptividade, Freud esteja se referindo à posição técnica de espera passiva, que substancialmente consiste em evitar, ao máximo possível, que o analista experimente fortes sentimentos que complicariam, em um nível interno, o trabalho de decifração, tradução e reconstrução do material. Ele também estava preocupado em evitar que se falasse desses riscos em público.

Será que, nessa época, Freud privilegiava o *erklären* (explicar, entender, esclarecer) mais do que o *verstehen* (a compreensão participativa)? (Jasper, 1913)[1]. Ou talvez a atitude cautelosa de Freud visasse instintivamente proteger a frágil plantinha psicanalítica da contaminação por um dos grandes distúrbios da função empática que foram depois descritos por Greenson em 1960: *a perda do controle* da empatia e o outro, obviamente, *a inibição* da empatia?

É difícil criticar o fato de que naqueles tempos pioneiros Freud pudesse estar legitimamente desconfiado e talvez até mesmo rígido em relação a tudo o que um analista pudesse sentir por um paciente: a contratransferência era então um terreno inexplorado, e assim também o era a mente dos analistas, perscrutada nos melhores casos por uma análise didática de algumas poucas semanas.

Nessa época, Freud tinha motivos concretos, e não só fantasiosos, para assumir tal posição: tinha cabido a ele, por exemplo, em 1909, acolher as lágrimas ressentidas, figurativamente falando, de Spielrien depois do clamoroso episódio contratransferencial com Jung.

---

[1] Para um aprofundamento a respeito do posicionamento de Jasper a respeito do tema *Einfühlung*, veja-se o excelente ensaio de Vanna Berlincioni e Fausto Petrella (2001).

Poderíamos nos perguntar se a "necessária objetividade" e a "atitude reservada", sugeridas por Freud para a postura interna de seus colaboradores, podem ter atemorizado alguns pesquisadores, nesses tempos heróicos iniciais, com relação a dirigir a atenção teórica às fontes internas da compreensão empática.

Certamente, uma legítima preocupação pela incontinência emocional de seus discípulos estava presente em Freud quando, em 1914, em *Observações sobre o amor de transferência*, escreveu: "A experiência de se deixar levar por sentimentos de ternura em relação ao paciente não é inteiramente isenta de perigo. Nosso controle sobre nós mesmos não é tão completo que não possamos, inesperadamente, um dia, ir além do que havíamos pretendido. Por isso, penso que não devemos abandonar a neutralidade para com o paciente, que adquirimos controlando a contratransferência" (Freud 1914).

Pressupondo que, neste caso, não se tratasse de empatia, mas de reação contratransferencial, o que exatamente queria Freud recomendar com isso?

Não sentir emoções tais como elas se apresentam e, portanto, como propõem Albarella e Donadio (1986), instituir uma espécie de reforço das defesas que visam bloquear o retorno do reprimido estimulado pelo contato com o paciente? Diminuir, portanto, defensivamente a "pathos" do encontro na situação analítica?

Eu, francamente, penso que sim, e que aquela sua recomendação não nasceu de supostos técnicos ou teóricos de base, dado que, em 1912, em *Conselhos ao médico no tratamento psicanalítico*, Freud havia recomendado que o analista fosse realmente, no pleno sentido da palavra, receptivo: "O médico deve direcionar seu próprio inconsciente como órgão receptivo para a transmissão inconsciente do paciente. Ele deve ajustar-se ao paciente, como o auricular do telefone se ajusta ao microfone transmissor" (Freud 1912).

Penso assim, que essa atitude nasceu de uma percepção realista de sua parte sobre quanto os analistas da época deixavam a desejar (não por sua culpa, mas sim devido à imaturidade fisiológica de uma escola recém-nascida) no que diz respeito à capacidade de manter uma atitude psicanalítica verdadeira e profunda na presença das perturbações internas induzidas por uma autêntica receptividade emocional. Uma capacidade que, hoje sabemos, é fruto (sempre relativo e que necessita de cuidados constantes) de uma longa, necessária e cuidadosa experiência de analise pessoal.

Ao lado disso, não podemos esquecer, evidentemente, um ideal positivo no pensamento freudiano: o da neutralidade da observação.

Em linhas gerais, parece que Freud tendia a encorajar a observação de *certos* elementos da vida interna do analista: lembranças, correlações, imagens, palavras, privilegiando sempre os elementos de tipo representacional em relação aos aspectos emocionais, como se deixar-se surpreender pelos primeiros fosse metodologicamente proveitoso, enquanto que, pelos segundos, perigoso.

Freud havia desejado "dominar" a contratransferência (1900, p. 200); vinte e sete anos depois, em *Análise terminável e interminável*, mostra-se bem menos otimista, assinalando que o contato com o inconsciente dos pacientes pode constituir um influxo patogênico tão perigoso, a ponto de tornar recomendável a retomada da análise pessoal a cada cinco anos.

Com sua genial perspicácia e a sabedoria adquirida da experiência clínica, provavelmente Freud compreendeu a inadequação do instrumental psicanalítico da época em relação ao "mare magnum" da contratransferência. Para tornar a navegação mais segura naquele vasto mar, ele aludiu às Colunas de Hércules: a compreensão do material psicanalítico podia ser esperada mais por meio de associações, decifrações e traduções, do que através de perigosas immedesimazioni* com os pacientes e seus objetos internos.

E, por outro lado, uma quantidade inacreditável de trabalho, científico e institucional, explorações, descobertas e criações tinham sido realizados; ficaria ao encargo dos discípulos e dos discípulos dos discípulos a tarefa de prosseguir o caminho, iluminar o "ponto cego" dos sentimentos do analista, selva escura e cheia de perigos ocultos, povoada de sereias sedutoras e fantasmas fugidios.

---

* *immedesimazioni*, em italiano. Este termo não tem equivalente em português. O autor o distingue de "identificação". O termo mais aproximado, ainda que imperfeito, para traduzi-lo poderia ser identificação-parcial e consciente-, fórmula híbrida e paradoxal (já que a identificação é um fenômeno inconsciente), mas aproxima-se bastante da experiência de colocar-se consciente e parcialmente no lugar de alguém.

Capítulo 3

OS PIONEIROS

Em 1926, em sugestivo artigo intitulado *Okkulte Vorgänge während der Psychoanalyse* (Processos ocultos durante a psicanálise[1]), Helene Deutsch retoma corajosamente o tema da comunicação que pode se estabelecer entre o inconsciente do analista e do analisando, sublinhando o fato de que os processos de desenvolvimento devem ser similares para ambos e que, portanto, impulsos, desejos e estruturas de um, podem muito bem sintonizar com os do outro, levando a uma "identificação".

Deutsch, naturalmente, ainda não possuía os instrumentos para se expressar com ampla articulação conceitual em termos do intercâmbio psicanalítico bidirecional, mas já estava apta a descrever, de maneira acurada, o que ocorre, segundo ela, com o terapeuta que empatiza: "O conteúdo psíquico afetivo do paciente que emerge em seu inconsciente, converte-se em uma experiência interna do analista e só é reconhecido como pertencente ao paciente no decurso de um trabalho intelectual posterior realizado pelo analista".

Se examinarmos esta descrição, dividindo-a em duas partes, na primeira ("o conteúdo psíquico afetivo (...) se converte em uma experiência interna do analista"), teremos uma formulação absoluta e surpreendentemente moderna, que põe o foco no "sentir" receptivo do analista.

---

[1] N. T.: em italiano no original: Processi occulti durante la psicoanalisi.

Na segunda, ("só é reconhecido como pertencente ao paciente no decurso de um trabalho posterior", etc), sugere-se a hipótese de que, para alcançar esse sentir, o analista deve conceder-se certa quantidade de regressão (a serviço do ego), que resultará em algum nível crepuscular de pré-confusão entre o eu e o outro.

O "trabalho intelectual do analista" consistiria então numa saída esclarecedora do tipo: "Um momento! Eu estou sentindo isso porque estou me identificando com ele, mas na realidade é o paciente que deve estar realmente sentindo isso!" (Ou "me fazendo sentir isto!").[2]

Berger (1987), comentando a passagem em questão, nota que Deutsch não especifica se as diferentes posições (de participante e de observador crítico) poderiam ser vividas simultaneamente pelo analista, que então experimentaria fusão e separabilidade ao mesmo tempo.

Este é um ponto importante, mas me parece que Deutsch, para sua época, já estava surpreendentemente avançada no que se refere à atitude interna do analista: a renúncia temporária às funções de controle ativo do ego na sessão ia além da atenção flutuante e levava à possibilidade de "provar, experimentar" introjetivamente a experiência do outro.

Deutsch sublinhou que a empatia do analista consistia freqüentemente de uma identificação parcial, que ela chamou de "complementar"[3], com um objeto infantil do paciente: percebendo *aquilo que está acontecendo no plano emocional dentro de si mesmo*, o analista estaria em condições de reconstruir o que ocorreu em algum momento inicial com os primeiros objetos infantis da história do paciente e, de maneira atemporal, o que continua a acontecer em um nível profundo com seus objetos internos, quando a relação mais profunda se reinstala através da transferência e da contratransferência.

---

[2] Será Rosenfeld, especialmente nos cap.1 e 8 de *Comunicazione e Interpretazione* quem tratará detalhadamente desta parte relevante e difícil do trabalho do analista.

[3] O conceito de "contratransferência complementar", posteriormente formalizado e desenvolvido magistralmente por Racker (1953, 1958), encontra, portanto, na "identificação complementar" de Helene Deutsch, uma protoformulação ou, pelo menos, uma pré-figuração. Para um estudo mais aprofundado das funções receptivas do psicanalista, remetemos às fundamentais contribuições de Carloni (1988, 1998) e de Borgogno (1998, 1999).

A esse respeito, Deutsch também destacou que conflitos infantis não resolvidos do analista podem levá-lo a "fixar- se" a alguma dessas identificações, inicialmente parciais, visto que elas podem ser, de algum modo, gratificantes; assim, uma identificação propriamente dita, ou completa, pode ocorrer, não mais permitindo que o objeto seja compreendido e conduzindo o analista a "atuar" repetida e inconscientemente um determinado papel.

Para mim, este é um alerta técnico de extrema importância, especialmente para a época, uma vez que já permite entrever a inadequação do termo "identificação" quando se fala de empatia, e se mostra precioso no plano clínico, pois descreve um fenômeno virtualmente onipresente que entra nos quadros da contratransferência "clássica".

Dois anos após, em 1928, será Sándor Ferenczi, o mais vivaz e "afetivo" entre os discípulos de Freud, quem irá se ocupar, em uma contribuição original, da questão de uma possível atitude interna participativa por parte do analista.

Dele, no já citado trabalho *L'Elasticità della técnica psicoanalitica* [4], recebemos uma definição simples e sintética de empatia: *empatia "é a capacidade de colocar- se no lugar de um outro"*.

Naturalmente, esta feliz definição, de um ponto de vista estilístico, deixa várias interrogações abertas: o que significa, precisamente, "colocar-se no lugar de um outro?" De que diferentes maneiras isso pode se realizar? Que estruturas e funções da pessoa são envolvidas nesse processo, e como? E assim por diante.

Entretanto, permanece o fato de que, desde 1918 (*Tecnica Psicoanalítica*[5]), Ferenczi havia considerado fundamental este aspecto da atividade psicanalítica: "Sem tal sensibilidade (o analista) não poderia mesmo compreender os conflitos psíquicos do paciente". No mesmo trabalho, uma verdadeira mina de ouro de idéias, encontramos um parágrafo que se refere aos diferentes posicionamentos de analista e paciente no nível tópico - consciente ou inconsciente – na experiência de

---

[4] N.T.: Elasticidade da técnica psicanalítica *in* FERENCZI,S. Psicanálise IV. São Paulo: Martins Fontes, 1992.

[5] N.T.: Técnica psicanalítica. *In* FERENCZI, S. Psicanálise II. São Paulo: Martins Fontes, 1992.

compreensão: "Se, com a ajuda dos conhecimentos obtidos pela dissociação de muitas mentes, mas principalmente da nossa própria, conseguimos formar um quadro das possíveis ou das prováveis associações do paciente, das quais ele ainda está completamente inconsciente, nós, por não estarmos lidando com as mesmas resistências do paciente, temos condição de imaginar não somente seus pensamentos, mas suas tendências, das quais ele não tem consciência."

Pessoalmente, atribuo uma notável importância a esta passagem, visto que ela já nos apresenta um exemplo significativo de empatia egodistônica em relação ao paciente: analista e paciente não estão em "concordância", são assimétricos e justamente isso permite ao analista fornecer ao outro um conhecimento que o outro não possui sobre si próprio.

Ferenczi também tentou um esboço descritivo da postura interna do analista: "Mencionarei um problema de que não nos ocupamos até hoje, ou seja, de uma eventual metapsicologia dos processos psíquicos do terapeuta durante a análise. Seus investimentos oscilam entre identificação (amor objetal analítico), por um lado, e autocontrole ou atividade intelectual, por outro".

E mais adiante, com uma inquietação levemente persecutória: "Sem dúvida nenhuma, não serão somente os principiantes (isto é, aqueles que são inclinados ao exagero) que poderão tomar como pretexto as minhas palavras sobre a importância da empatia para concentrar todo o peso do tratamento no fator subjetivo, ou seja, na intuição, e negligenciar o outro elemento que eu considerei decisivo, que é a valoração consciente da situação dinâmica".

Ferenczi lembrava assim a necessidade de manter em funcionamento tanto o sentir como o pensar, o que poderíamos conectar, fazendo um salto até nossos dias, com o belo enunciado de Riolo, 1983, sobre as relações entre *rêverie* e semiose : "A posição *receptivo-sonhante e a investigativa-racional* representam os pontos extremos de um espectro mental que deveríamos manter o mais amplo possível".

Ferenczi tinha consciência de quanta dedicação isto exigia do analista, e no texto seguinte comenta: "No decorrer de sua jornada de trabalho, o analista jamais pode se abandonar ao prazer de dar livre curso ao seu narcisismo e ao seu egoísmo em termos reais; só pode fazê-lo, por breves momentos, em fantasias (...) Tal sobrecarga de tensão, que em tal amplitude quase nunca se encontra na vida, cedo ou tarde exigirá a elaboração de uma higiene particular do analista".

Que recursos internos sustentam o analista em uma tarefa tão cansativa e difícil?

Do outro lado do oceano e a poucos anos de distância dos escritos ferenczianos, Robert Fliess, em *The Metapsychology of the analyst* (1942), sustenta que o "ego de trabalho" do analista se reestrutura parcialmente para essa finalidade, aliviando-se de uma certa cota de pressões superegóicas em função de um melhor desenvolvimento da atividade profissional; isto permite que o ego de trabalho se abra em direção a um campo de vivências, fantasias, sentimentos (geralmente reprimidos), muito mais amplo que o habitual, o que por sua vez leva o analista a ser mais capaz, livre, receptivo e confiável nas relações psicanalíticas do que nas relações pessoais extra-analíticas.

Para explicar a dinâmica da empatia, Fliess levanta a hipótese de que se produzem no analista "identificações experimentais" *(trial identifications)*.

Sua descrição dinâmica da empatia é a seguinte: "Uma pessoa que usa a empatia em relação a um objeto, introjeta-o transitoriamente e projeta novamente sobre o objeto o que tinha introjetado. Somente isto a torna capaz, ao final, de compor uma percepção que vem "de fora" com uma "de dentro".

As identificações introjetivas que permitem ao analista conhecer o paciente "de dentro" constituem uma prática que envolve riscos: os de cair em estados de regressão demasiadamente profundos, de sofrer crises em seu próprio equilíbrio narcísico, ou de lidar com relações objetais a partir de posições de identificação insustentáveis.

Segundo Fliess, o ego de trabalho do analista se tornaria capaz, com o tempo, "de promover um deslocamento especial e temporário do investimento (*displacement of cathexis: Besetzungs Wandel*) (...) entre o ego e o superego, lá onde a função de auto-observação crítica do segundo é utilizada para o reconhecimento do material instintivo que foi temporariamente adquirido por meio da identificação com o paciente.

Assim, graças a este hábito de auto-observação, independente do grau de consciência do material observado, o superego amplia a capacidade de percepção do ego" (tradução de M. Rumi, 2000).

Portanto, como vemos, os realinhamentos de investimento entre o ego e o superego não reforçam as funções de censura deste último, mas levam a uma espécie de aliança de trabalho entre as duas instâncias; aparece um superego psicanalítico que protege o ego e o acompanha na análise, dando-lhe assistência.

Considero historicamente muito importante a contribuição dada por Fliess: é a primeira que contém uma real tentativa de fazer uma descrição dinâmica de um processo empático na qual se procura entrar, de fato, no mérito do que significa "colocar-se no lugar do outro".

O conceito de "ego de trabalho" foi retomado e re-elaborado, Schafer (1983) o renomeou como "segundo *self*" do analista, e o ampliou com uma posterior descrição do "superego de trabalho" benéfico que, "através da formação psicanalítica e da identificação com os analistas didatas, proibindo intimidades de natureza erótica e hostil contrarias à técnica, alivia a tensão a que o funcionamento do ego está submetido e expande seus limites"

A contribuição fundamentalmente importante de Schafer será discutida em profundidade mais de uma vez nos capítulos seguintes, já que neste resumo histórico pretendo seguir um critério baseado na cronologia: critério que restringe as possibilidades de uma sinopse, mas é útil para evidenciar, a meu ver, os movimentos evolutivos da psicanálise em direção à meta do contato intra e interpessoal profundo entre indivíduos separados.

Capítulo 4

ANOS CINQÜENTA: O REDESCOBRIMENTO DA EMPATIA

Até a segunda metade dos anos cinqüenta, a literatura psicanalítica mostra muito poucas contribuições especificas sobre o tema da empatia, quando então registra um florescimento surpreendente.

Renata De Benedetti Gaddini (1984) chamou atenção para essa tendência histórica, comparando os destinos alternados dos conceitos de "empatia" e "*insight*", tomando como base a freqüência com que são citados: antes de 1955, no índice do "Psychoanalytic Quarterly" encontra-se uma só citação para "empatia", e quarenta e duas referências para "insight"; de 1967 a 1980, entretanto, as referências a "empatia" são vinte e três, e somente seis para "insight".

Entre as várias possíveis razões de uma tal revolução, De Benedetti assinala o fato de que com o transcorrer das décadas os analistas encontram-se trabalhando com pacientes diferentes dos neuróticos clássicos, às vezes com funções de ego muito primitivas e que, portanto, não tinham desenvolvido capacidades de comunicação adequadas (Ver Fries, 1968).

Serão, entretanto, os psicanalistas norte-americanos quem irão se ocupar profundamente do assunto, com uma série de trabalhos que, frente a uma descrição metapsicológica às vezes minuciosamente escolástica, introduzem exemplos de seqüências clínicas de grande intensidade emocional e uma viva atmosfera relacional.

Dedico a eles este capítulo sobre o redescobrimento do conceito de empatia na segunda metade do século XX; as contribuições dos cinco autores mais originais e criativos sobre o assunto serão resumidas e suas características destacadas.

Assim, iremos rever as concepções de Christine Olden sobre a empatia materna como fruto da progressiva renúncia à fusão sensual com a criança; os trabalhos de Roy Schafer sobre empatia psicanalítica como processo introjetivo que permite ao analista constituir uma imagem interna do paciente e com esta se relacionar; as observações de Ralph Greenson sobre a localização tópica dos fenômenos empáticos e a clara distinção entre eles e os processos de identificação; a abertura de horizontes de Heinz Kohut sobre as funções do self-objeto e sobre o "mare magnum"[1] das vicissitudes narcisistas; e a construção da rede de conexões e de comunicação que Ping-Nie Pao descreve como fundamental para entrar em empatia com os pacientes severamente perturbados.

Este capítulo ocupa-se, portanto, de autores que dedicaram *trabalhos específicos* ao tema da empatia; naturalmente, nesses mesmos anos outros analistas forneceram elementos de grande interesse para a matéria em questão, mas no contexto de investigações ampliadas a outros âmbitos e que *en passant* também abordavam nosso tema; destes irei ocupar-me em capitulo posterior.

Em *Notes on the Development of Empathy*[2](1958), Christine Olden afirma que a sensibilidade de uma pessoa em relação a outra pode ser chamada de empatia *somente quando não está a serviço de suas necessidades narcísicas, mas sim de relações objetais maduras,* o que implica consciência *de separação* e ausência de confusão.

Olden apresenta o exemplo clínico de uma mãe que não compreende a filha porque a identifica consigo mesma; a mãe partia da suposição, completamente inconsciente, de que aquilo que a filha necessitava era idêntico ao que ela mesma precisava ou queria.

"Não entendo porque Jane tinha tanto medo de tocar a campainha do vizinho: eu não tinha medo! Ou então: "Jane não irá jamais

[1] N.T.: Grande mar. Usado em italiano com sentido metafórico para designar "um grande campo".

[2] N.T.: Notes on the development of empathy, Psychoanal. St.Child vol 13, 505-518(1958)

guiar um carro; eu não consigo!" Além disso, conseguia fazer com que a filha desejasse, também inconscientemente, aquilo que ela queria; estava completamente convencida, em virtude dessa confusão narcísica, de que compreendia a filha de maneira profunda e satisfatória.

Jane, por seu lado, tinha desenvolvido atitude nitidamente conformista, pela qual procurava sistematicamente adivinhar o que se esperava dela. O modelo básico deste tipo de relação mãe-filha é a "incorporação", no sentido funcional descrito por Greenson (1954): "A finalidade da incorporação é a satisfação, sem consideração pelo objeto. Nesse sentido, ela não revela nem ódio nem amor".

Esta e outras mães análogas, descritas por Olden, haviam mantido a primitiva fusão narcísica mãe-filho com suas crianças e isso lhes permitia gratificar vicariamente suas necessidades instintivas frustradas, graças à projeção das mesmas na criança; "Esses casos demonstram que a imaturidade psíquica da mãe necessariamente impede a possibilidade de uma autêntica empatia que, por sua vez, é um pré-requisito para o desenvolvimento da empatia e da capacidade social na criança".

Na segunda parte do trabalho, Olden ressalta *a importância da sublimação dos impulsos sexuais maternos, para o desenvolvimento da empatia*; este é o aspecto mais original da sua contribuição.

A fusão físico-psíquica mãe-criança é uma condição sexualizada, repleta de gratificações sensuais para a mãe, assim como para o bebê; o caminho evolutivo desejável, para a mãe, é o da passagem "da satisfação física originária a satisfações sob forma mais sublimada, em que o prazer puramente narcísico é substituído pela alegria e pelo estimulo intelectual de constatar a emergência e o desenvolvimento de uma nova personalidade".

Naturalmente, poderíamos transpor este aspecto referido pela autora à dupla mãe-criança, para a dupla analista-paciente, no sentido que a capacidade para converter eventuais cargas pulsionais positivas mobilizadas na contratransferência, em técnica psicanalítica útil para o desenvolvimento do paciente, é certamente uma qualidade importante para quem pratica este trabalho.

A empatia é assim, para Olden, uma fértil sintonia com a pessoa que está em desenvolvimento, para melhor compreender suas necessidades evolutivas, o que, porém, só é possível às custas da elaboração de uma perda: aquela relacionada à primeira fase fisiológica de fusão. Sem esta renúncia, e sem sublimação, não pode haver uma verdadeira empatia.

A renúncia à fusão é difícil e dolorosa. A capacidade da mãe de se interessar pelos progressos de sua criança é colocada à prova quando ela mostra sinais claros de independência.

"Sabe o que o bebê fez hoje? – perguntava com satisfação uma paciente de Olden. – Foi engatinhando por todos os lados, para o chão do outro quarto, longe de mim!".

Refletindo serenamente, uma outra mãe poderia dizer-lhe:

"É mais fácil renunciar à posse total do bebê se esses primeiros meses tiverem sido uma experiência satisfatória, se você se sente satisfeita e livre para buscar diferentes alegrias com seu bebê".

O aspecto da conquista da separação como pressuposto indispensável para a possibilidade de realização de um contato empático com o outro, foi retomado, aprofundado e valorizado posteriormente por Giuseppe Di Chiara (1982), que considera que "para que o analista possa exercer melhor sua função, ele deve ser capaz de alcançar o maior grau possível de proximidade e de separabilidade. Em linguagem mais comum: ser capaz de uma intensa intimidade interna, juntamente com reserva, abandono afetuoso, e cuidadosa discrição".

Também Turilazzi (1944) considerou útil precisar que "a empatia implica uma relação entre dois objetos que são separados, e que são vivenciados como tal por quem sente empatia", baseando-se, sobretudo, "em um desenvolvimento mais avançado do mundo interno de objetos e de representações do *self*". A importância destas considerações, datadas de várias décadas mais tarde, reforça a impressão de que Olden tinha focalizado, com grande perspicácia, um aspecto fundamental do problema.

Roy Schafer (1959) fala de "empatia generativa", tomando este adjetivo de Erikson (1963). A "generatividade", segundo Erikson, é o sétimo dos oito "estágios evolutivos" da vida do homem, e normalmente é alcançado na meia idade; é constituída pelo interesse em fundar e orientar a próxima geração, e assumir uma responsabilidade parental.

Schafer define a empatia generativa como: "É a experiência interna de compartilhar e compreender a condição psicológica momentânea de outra pessoa. Especificamente, o que deve ser compartilhado e compreendido é a organização hierárquica de desejos, sentimentos, pensamentos, defesas, controles, pressões superegóicas, capacidades, representações de si e representações de relações pessoais reais e fantasiadas".

É baseada em um interjogo de mecanismos introjetivos e projetivos que é sutil e relativamente livre de conflitos, e que se dá nos níveis consciente e pré-consciente. Distingue-se do processo secundário em sua forma pura e é caracterizada por um redescobrimento e um re-investimento afetivo de lembranças e expectativas futuras, por sua qualidade intuitiva e pelo *uso flexível do processo primário.*

Desejo lembrar aqui que foi justamente Schafer (1968), em um trabalho posterior e muito mais conhecido (*Aspetti Dell'Internalizzazione*[3], quem - retomando Freud – enfatizou a *natureza prevalentemente inconsciente da identificação*; quando uma pessoa se identifica com outra, não se dá conta disso, permanece identificada por um longo período de tempo, e uma grande parte de seu self é substituída pelo do outro. (Isto, portanto, não é o mesmo que a ressonância empática, que é consciente e pré-consciente, transitória e não substitutiva mas sim, na maioria das vezes, "concordante" com partes do *self*; esta é uma observação minha). Schafer, mais adiante, parece contradizer-se um pouco nesse trabalho.

Ele afirma que a empatia generativa pressupõe no analista o reconhecimento e a proteção da individualidade e da separação em relação ao objeto; o objeto é introjetado e, ao final, restituído:

"A observação das reações contratransferenciais sugere que o reconhecimento e a proteção da separação do objeto envolvem certa combinação de cuidados maternos, habilidade e autoridade paterna, fidelidade fraterna, reparação filial e intimidade sensual de natureza intrusiva e receptiva. Ao funcionar empaticamente, o terapeuta é, em certos aspectos, mãe, pai, irmão, criança e amante do paciente, como também – através da introjeção - o próprio paciente (...) Geralmente

[3] N.T.: Aspectos da Internalização. (Tradução livre)

trabalhamos com empatia parcial, o que de maneira alguma minimiza a precisão extraordinária que a própria empatia parcial pode alcançar, ao colocar em evidência áreas especificas de máxima tensão momentânea, ou sua eficácia terapêutica".

Para Schafer, o analista constrói para si mesmo uma imagem interna temporária e articulada do mundo do paciente, ao mesmo tempo em que adquire familiaridade com as associações do paciente, com suas características expressivas, sua história passada e presente, e suas perspectivas futuras.

Construindo esta imagem, reproduzindo o mundo interno do paciente em seu próprio mundo interno, o analista se aproxima de uma posição a partir da qual, como o paciente, torna-se capaz de fantasiar e experimentar os mesmos sentimentos.

Isto ocorre como resultado de uma série de introjeções parciais, reações emocionais, e da redescoberta de lembranças relacionadas a si mesmo e ao objeto. Ocorrem, em seguida, re-exteriorizações ou projeções no paciente, subseqüentemente confrontadas com a realidade para testar a validade da imagem que foi desenvolvida.

"Esta imagem interna hiper-investida é progressivamente enriquecida, hierarquicamente organizada, e estabilizada. Converte-se em uma subestrutura no interior do ego do analista (...) Pode-se dizer que gradualmente vai se dando uma identificação com o paciente. No melhor dos casos, esta identificação permanece segregada no interior do ego, como um objeto de contemplação atual ou potencial".

Este ponto, como eu dizia, é discutível, porque parece equivaler a uma identificação (fenômeno prevalentemente inconsciente) mas, no entanto, é "observável", e isso não parece totalmente claro.

Mesmo assim, lendo o trabalho de Schafer, de 1959, somos tocados tanto pela tessitura minuciosa da trama psicológica que lhe permite reconstruir com paciência e precisão, as vicissitudes das relações internas, como pela utilização de representações espaciais elaboradas e "continentes" do mundo interno do analista, nas quais o paciente é acolhido.

Em certo sentido, no trabalho de Olden podemos apreender a empatia como o resultado da renúncia materna à gratificação simbiótica, sensual e concreta, com a conseqüente criação de maior espaço interno (além de externo) entre a mãe que sublima e a criança que se emancipa. Com Schafer, a ênfase recai sobre o processo que segue a direção oposta: tomada como dada a consciência da separabilidade, uma introjeção inaugura uma relação interna, hospedada na mente do analista: "en-patia".

Schafer (1983) ainda irá ocupar-se deste assunto, enriquecendo seu próprio ponto de vista, até chegar a *L'atteggiamento Analítico*[4]; minhas observações referem-se especificamente a seu artigo de 1959.

No ano seguinte ao trabalho de Schafer, foi publicada a contribuição de Ralph Greenson, *L'empatia e le sue vicissitudini*[5] (1960).

Do meu ponto de vista, Greenson é um autor singular, porque combina uma notável capacidade de organização teórica do material clínico, com uma autenticidade emocional e uma sinceridade transparente ao comunicar as emoções; foi, além disso, um dos pouquíssimos autores de seu tempo a relatar suas próprias intervenções, possibilitando assim uma boa participação do leitor na experiência clínica a que ele freqüentemente se refere.

Assim, não nos surpreende que tenha sido um dos autores que se ocupou da empatia escrevendo um trabalho especifico sobre o tema. Greenson define a empatia como "um conhecimento emocional, o compartilhar e experimentar os sentimentos de um outro". Esse compartilhar é temporário e se refere à qualidade, quantidade e ao grau dos sentimentos vivenciados.

"Devo deixar que uma parte de mim entre no paciente e percorra suas experiências como se eu fosse ele, para ver o que acontece dentro de mim enquanto vivencio essas experiências. Estou procurando descrever os processos que ocorrem quando se entra em empatia com o paciente".

Para Greenson, a empatia é um fenômeno essencialmente pré-consciente, diferentemente da imitação ou da mimese (imitação ou re-

---

[4] N.T.: Atitude analítica. (Tradução livre)

[5] GREENSON, Ralph R. Empatia e suas vicissitudes: 1960. In: Greenson, Ralph R. Investigações em psicanálise. v.1. Rio de Janeiro: Imago, 1982.

presentação do real na arte literária), que são fenômenos conscientes limitados às características comportamentais externas da pessoa.[6]

A empatia é também claramente distinta da identificação, diferentemente do que pensa Schafer. Greenson nota que a identificação é um fenômeno inconsciente e permanente, cuja finalidade é o evitamento defensivo de angústias, sentimentos de culpa ou perdas objetais, *enquanto que a empatia serve justamente para* sentir e compreender essas condições internas. Seleciono e resumo algumas considerações relevantes formuladas por este autor:

1- A empatia requer a capacidade de regressões controladas e reversíveis, que envolvem não somente funções do ego, mas também das relações objetais. É muito similar à experiência criativa do artista descrita por Kris (1952).

2- A empatia não pode ser ensinada, mas, se quisermos fazer um trabalho cientifico, é necessário ter aprendido tudo o que possa ser ensinado sobre o tema.

3- A empatia e o conhecimento teórico completam-se mutuamente.

4- Para que a empatia possa dar seus frutos é necessário que o analista possua rica bagagem de experiências pessoais às quais possa recorrer para facilitar a compreensão do paciente.

5- A empatia é uma maneira de restabelecer contato com um objeto de amor perdido: a parte incompreendida do paciente.

6- Analistas que superaram certa tendência à depressão parecem conseguir maior capacidade empática. Os analistas com características obsessivas podem não se abandonar à relação empática, enquanto que aqueles dominados pelos impulsos tenderão a escorregar da empatia à identificação, o que os levará a "atuar" com o paciente.

7- O analista deve ter uma profunda familiaridade com seus próprios processos inconscientes para poder aceitar com humildade a idéia

[6] A referência à "imitação" requer um retorno ao pensamento de Eugenio Gaddini (1969), que a compreendia como um aspecto patológico do processo de identificação, em um nível arcaico de experiência, que é ativado, por exemplo, nos distúrbios psicossomáticos e nas sensações hipocondríacas. A imitação não é somente uma defesa extrema contra as vivências de morte interna, mas é também um reforço obstinado contra a individuação e a integração, em um nível superior de funcionamento psíquico.

de que provavelmente a mesma patologia do paciente esteve ou está presente, em alguma medida, também nele próprio.

8- O analista deve ser receptivo: é melhor deixar-se enganar seguindo as produções do paciente do que prematuramente refutá-las como falsas.

A capacidade de suspender julgamentos, até o limite da credulidade, torna possível a empatia com o paciente, e levará, no final, à compreensão dos movimentos subjacentes.

Em relação a este aspecto, Greenson nos lembra o testemunho de Jones (1957) sobre o fato de que Freud não se considerava um grande *Menschenkenner* (conhecedor de pessoas), o que pode ter favorecido sua disposição empática: basta lembrar o crédito dado por ele aos relatos de sedução infantil.

Portanto, sim ao ceticismo, desde que de um tipo bem intencionado e sempre direcionado à compreensão dos significados mais profundos das deformações da realidade operadas mentalmente pelos pacientes.

Os cultores da literatura psicanalítica instintivamente associam o conceito de empatia às contribuições de Heinz Kohut (1971, 1977, 1984[7]), que são organicamente incorporadas como pedra angular de uma construção teórica genial, ainda que contestada fundamentalmente em alguns pontos: por Schafer (1983), quanto a tratar o indivíduo como prevalentemente pré-conflitual; por Kernberg (1975), quanto à falta de uma adequada diferenciação entre narcisismo patológico e narcisismo evolutivo normal, e, conseqüentemente, quanto à falta de variações técnicas em relação às diversas imbricações das vicissitudes narcísicas e pulsionais.

Sem entrar, no momento, no mérito dessas controvérsias extremamente interessantes, assinalarei como o aspecto trágico da condição humana é remontado, por Kohut, à falha empática primária dos pais, na primeira infância, responsável pela falta precoce de coesão do *self*. A necessidade de reproduzir a transferência narcísica especular com objetos que tenham função e significado parental permanecerá como nota dominante no indivíduo que, em nível profundo, viverá a possibilidade

[7] KOHUT, Heinz, Análise do self. Rio de Janeiro: Imago, 1988.

da re-criação bem sucedida de uma transferência similar, como equivalente da aceitação por parte dos pais.

Somente uma compreensão empática por parte dos pais, ou de seus equivalentes futuros, pode, no caso do sujeito a quem faltou a disponibilidade primária para organizar a relação especular, tornar aceitável a regressão, aparentemente inadequada; se esta relação especular não for organizada e se faltar a instauração fisiológica de uma imago parental idealizada, poderá ocorrer um hiperinvestimento dos estados primitivos do *self* corporal (auto-erótico) e dos estágios arcaicos do *self* grandioso, com conseqüente fixação a eles.

O analista herda o papel parental nas vicissitudes destas necessidades constitutivas do *self*.

Kohut vê a empatia como "uma modalidade cognitiva especificamente adequada à percepção de configurações psicológicas complexas"; desfrutar da disponibilidade empática do outro produz um aumento da capacidade empática do próprio sujeito.

"A expansão da empatia nas análises bem sucedidas sempre é genuina. A mobilização de estruturas narcísicas arcaicas e sua elaboração, seja no âmbito do objeto idealizado, como no do *self* grandioso, leva a um aumento da capacidade empática; no caso do objeto idealizado, leva principalmente ao aumento da empatia em relação aos outros; no caso do *self* grandioso, ao contrário, conduz principalmente ao aumento da empatia em relação a si mesmo" (1971).

Kohut considera que o desenvolvimento específico da sensibilidade empática contribui para a decisão de tornar-se analista, e constitui um instrumento profissional útil, desde que mantido sob o controle do ego: o analista não somente deve ter livre acesso à compreensão empática, como também deve ser capaz de abandonar a atitude empática.

Se não for dotado de empatia, o analista não pode perceber e recolher os elementos de que necessita; mas, se ele não souber ir além da empatia, não poderá estabelecer hipóteses e teorias e, definitivamente, não poderá chegar a uma explicação dos dados observados.

Por essa razão, repetidas vezes Kohut se refere à necessidade de substituir a atitude empática por atividades próprias do processo secundário para avaliar os dados psicológicos adquiridos e para enquadrá-los em um contexto lógico e realista.

É provável que essa preocupação persistente deste autor se relacione ao fato de ele ter se dedicado, com originalidade e coragem, à descoberta e à análise de níveis arcaicos de desenvolvimento do *self*, níveis que contém - congeladas no inconsciente - configurações psíquicas bizarras e megalomaníacas.

O analista que tem que entrar em empatia com pacientes que hospedam dentro de si fantasmas primitivos absurdamente grandiosos e loucos (Walt Disney, grande mago da fantasia, talvez os tivesse definido como "o impossível plausível") sem dúvida é obrigado a recorrer de modo equilibrado ao processo secundário: é esse natural equilíbrio de forças que permite ao analista trabalhar, movendo-se em empatia com o paciente entre essas formações monstruosas, sem perder o sentido de sua própria realidade interna, e também o capacita a compreender o sentido e a função de cada uma de suas escolhas no campo da técnica.

Kohut assinala o caso bastante freqüente de aspirantes a analistas incapazes de se sentirem suficientemente empáticos em relação aos pacientes devido a uma inibição de tipo secundário, causada por uma reação defensiva típica de personalidades com tendências obsessivas quando defrontadas com uma arraigada e remanescente concepção animista do mundo.

As crenças mágicas e as tendências animistas do analista, que não foram analisadas permanecem reprimidas, ou mais freqüentemente cindidas, às custas de um evitamento persistente da livre disposição empática.

Permitam-me mencionar um fantasma psicanalítico pessoal para ser incluído no nosso laboratório interior compartilhado por psicanalistas, re-evocável no curso de nossa atividade profissional cotidiana. Se, como eu dizia, Olden nos fez ver a criatividade na renúncia deliberada à fusão, e Schafer nos fez compreender a utilidade de estarmos disponíveis às introjeções parciais e progressivas do mundo interno do paciente, Kohut nos propõe fundamentalmente uma tarefa ulterior, no plano humano e profissional, absolutamente impensável de ser requerida de quem não é psicanalista: a tarefa de permitir com paciência (e com a prudência devida ao nosso conhecimento especifico) que os "dinossauros internos" dos pacientes, derivados do *self* grandioso, se descongelem e apareçam na superfície, sem nos transtornar. A análise nos tem ensinado que eles só poderão transformar-se e evoluir, se retornarem à cena do mundo consciente.

Além disso, Kohut convidou-nos a compreender a necessidade dos pacientes de não terem que se defrontar prematuramente com interpretações que desmascarem a idealização do objeto; mais que os outros, ele nos dá os meios para apreciar a utilidade e adequação de certas fases, certos aspectos da experiência psicanalítica que, de outro modo, teriam podido induzir alguns analistas a ataques interpretativos indiscriminados e a uma falta de confiança na validade do prognóstico.

Kohut nos ensina, em certo sentido, a "deixar a análise acontecer", a respeitar, tanto quanto possível, a transferência primitiva e a suportála com empatia e confiança, aceitando seus aparentes absurdos, e contando com os efeitos integradores deste modo de procedimento.

Em seu livro *L'atteggiamento analítico*[8], Roy Schafer (1983) desenvolve de maneira particularmente interessante algumas considerações sobre este tema já expostas em seus trabalhos precedentes. Ele traça um retrato do analista informado, desinteressado e empático, enumerando alguns *fatores que favorecem uma atividade empática* "relativamente segura e complexa":

1- O analista está menos envolvido no nível pessoal, do que as demais pessoas muito próximas ao paciente, visto que a relação psicanalítica não é a depositária de suas necessidades principais (exceto a necessidade de sentir-se capaz de trabalhar bem).

2- O analista não tem que responder abertamente como, ao contrário, se faz na vida social normal.

3- Por meio de sua "formação", o analista chegou a um acordo suficiente com seus próprios níveis regressivos de funcionamento e integrou as pulsões eróticas e agressivas associadas a eles.

4- O analista sabe que, com o término da análise, rapidamente irá diminuir a intensa e peculiar intimidade da relação e está protegido por esse conhecimento durante a experiência da relação em si.

Graças a esses fatores, explica Schafer, o analista está menos inclinado à ambivalência e à ansiedade, sente menos necessidade

[8] N.T.: Atitude analítica. (Tradução livre)

de ser amado, apreciado e satisfeito, ou vicariamente vitimizado, e assim por diante.

Posteriormente Schafer ocupa-se com a *orientação positiva do segundo self* (*self* de trabalho) *do analista*, conceito a respeito do qual ele se sente parcialmente devedor em relação a Kohut ("cuja psicologia está constantemente orientada em direção ao crescimento"), e em relação a Freud (1922), cuja discussão sobre a luta do ego pela supremacia caminhou em direção similar.

A "orientação positiva" consiste no fato de que "pela empatia, o analista presume (...) que qualquer coisa que o analisando faça ou vivencie é essencial nas circunstâncias extremamente adversas que prevalecem no inconsciente ou na realidade psíquica".

Como "circunstâncias adversas", Schafer cita as descritas por Freud em *Inibições, sintomas e angustia* (1925): perda total do objeto do amor; perda total do amor; castração; punições arcaicas do superego. Essas fantasias de perigo mobilizam interiormente a angústia de impotência infantil.

A esses, Schafer acrescenta outros perigos básicos: o terror paranóide, a impotência depressiva, a fragmentação do *self*, a perda do *self* na indiscriminação entre *self* e objeto.

Se o analista trabalha com uma visão trágica do desenvolvimento e da existência humana (Schafer, 1970), conseguindo instaurar um contato interno com o elemento universal dessas fantasias ("inconscientemente, somos todos membros de uma humanidade em perigo") poderá sintonizar empaticamente com o analisando, cuja passagem pela análise está condicionada pela necessidade de se defender desses perigos básicos.

Outros componentes da "orientação positiva" são: pressupor coerência e inteligibilidade potencial daquilo que o analisando produz; a capacidade de antecipação, quer dizer, a possibilidade de prever certos eventos psicanalíticos com a ajuda de uma grade de referência integrada (fruto do progressivo conhecimento a respeito do paciente, da experiência psicanalítica pessoal e das supervisões); aprender a reconhecer os ataques à atividade empática; e aquilo que Schafer parece considerar como o componente mais importante da "orientação positiva": a capacidade de manter *uma visão de longo alcance da análise como um todo.*

Trata-se, então, de realizar "uma atividade empática prolongada em contextos amplos e manter uma aproximação empática por um período extenso, o que é sinal de grande tenacidade".

Interessantes também são as sutis distinções que ele propõe ao examinar as relações entre empatizar e imitar (ibid., pp. 63-65),o que levou o autor a concluir que o empatizar psicanalítico não pode ser imitativo, como acreditavam Freud (1921) e Fenichel (1945).

Schafer acentua mais os *aspectos cognitivos criativos* da empatia,do que os ligados à imitação; sustenta uma *visão de natureza transformacional da empatia*, segundo a qual "ao empatizar, refletimos ou imitamos algo que já forjamos, e *ao fazê-lo, o forjamos novamente*".

A contribuição especifica de Ping Nie Pao (1984) sobre o tema da empatia está contida principalmente em seu trabalho de *Therapeutic Empathy in the Schizophrenics*[9], que nos permite entrar na atmosfera do trabalho desenvolvido por este grande psiquiatra, além de psicanalista, na famosa instituição de Chestnut Lodge, em que trabalhou com pacientes psicóticos graves.

Nas colocações finais de seu artigo, Pao nos permite compartilhar de sua posição interna, tão vigorosa e rica de otimismo criativo e, em minha opinião, desvela sua origem quando descreve um casal de objetos internos parentais particularmente bom e fértil: "Recordo que durante meu período de treinamento aprendi, com admiração reverencial, como Harry Stack Sullivan e Frieda Fromm- Reichmann podiam induzir a maior parte dos pacientes a abandonar sua linguagem esquizofrênica. Apesar de não conseguir absolutamente imaginar-me fazendo o que eles fizeram, acredito que o que conseguiram não apenas é possível, mas poderá ser repetido por futuras gerações de analistas".

Partindo dessa confiança básica, alimentada pelo casal (psicanalítico) parental idealizado, Pao afirma que a capacidade empática está potencialmente presente em todo ser humano, sendo depois naturalmente facilitada ou inibida pelas interações (*transactions*) iniciais mãe-bebê.

Segundo Pao, a *empatia não é devida a ações de uma só pessoa*. As duas pessoas que participam da experiência (uma que deseja compre-

[9] N.T.: Empatia Terapêutica nos esquizofrênicos. (Tradução livre)

ender, a outra que deseja ser compreendida) devem ambas, em alguma medida, participar ativamente. Juntas, passo a passo, formam uma cada vez mais intrincada *rede de comunicações* conectadas entre si, "composta não somente por um contínuo *intercâmbio* verbal e não verbal entre as duas, mas também por interações mentais ativas dentro de cada uma delas. Essas interações mentais têm a finalidade de manter o intercâmbio".

Pao nos lembra que habitualmente um dos participantes pode decidir sem dificuldade interromper o intercâmbio , mesmo se o outro deseja que ele continue, e cita, a esse respeito, o conhecido conceito de "*ataque ao vínculo*" (Bion, 1959), com base no qual o paciente pode provocar ativamente a ruptura do contato emocional.

Naturalmente, "construir esse processo com os esquizofrênicos é muito mais difícil, e quando ocorre o rompimento da ligação, ele poderá ser definitivo. O paciente poderá nunca mais fazer um esforço para querer ser compreendido: você errou comigo muitas vezes, não me compreenderá jamais". Estes são sérios riscos, mas Pao enfatiza a *importância da esperança para mitigá-los.* Eu gostaria de justapor esta perspectiva de Pao às considerações de Schafer (1983), em minha opinião sintônicas a ela, quando ele aponta a tenacidade e a capacidade para manter uma visão de longa distância da análise como um todo, como condições básicas para manter operante o papel do psicanalista, mesmo nas fases mais desalentadoras de certos tratamentos particularmente difíceis.

Segundo Pao, ao estabelecer uma rede empática de comunicações durante o tratamento dos neuróticos, o analista tende a utilizar principalmente as trocas verbais; com os psicóticos, podem tornar-se extremamente significativas as trocas não verbais.

De qualquer modo, com o estabelecimento de uma tal rede de comunicações, o analista vai progressivamente absorvendo os dois níveis de intercâmbio, verbal e não verbal, e também tudo aquilo que ocorre em sua mente como efeito desse intercâmbio: "Em tais momentos, o analista está completamente indiferente a outros estímulos".

Segundo Pao, apesar da capacidade empática ser inata em algumas pessoas, *o uso desse potencial pode ser aprendido, mas não pode ser ensinado.* Construir passo a passo essa rede de comunicação empática é sempre um trabalho longo e paciente ; considero esta uma afirmação importante, visto que de um lado configura um modelo de referência temporal depressivamente realista em termos da construção da função empática, para além da imediatez intuitiva; de outro lado, porque apresenta algo muito diferente da instauração "mágica" e repentina de uma intensa compreensão interpessoal, do gênero daquela geralmente imaginada pelos aspirantes a terapeutas que ainda não analisaram suas ilusões de onipotência e suas expectativas inconscientes de reproduzir *ipso facto* o encanto de um estado fusional.

Sobre o tema da empatia encontramos outras contribuições específicas, além daquelas que sumariamente apresentei e revi aqui; não deixarei de citá-las ao longo deste trabalho, mas preferi reservar um espaço privilegiado àquelas que considero terem sido historicamente fundamentais e cujas características, do ponto de vista teórico-clínico, são claramente evidenciáveis.

Eu gostaria de lembrar resumidamente os pontos essenciais dessas contribuições:

1- *A renúncia a um estado fusional que não permite a diferenciação e a aquisição do sentido de separabilidade*, de Olden.

2- *A constituição introjetiva da imagem do objeto e o estabelecimento de uma relação dentro do analista*, de Schafer.

3- *A localização dos processos empáticos nos níveis consciente e pré-consciente e a clara diferenciação em relação aos processos de identificação*, em Greenson.

4- *A função empática do analista como pabulum*[10]*, como terreno de cultivo do self e do(s) self-objeto(s) do paciente*, em Kohut.

5- *O longo trabalho de constituição da rede de comunicações que torna possível o intercâmbio*, em Pao.

Estes pontos representaram, para mim, pedras angulares disseminadas ao longo de um percurso teórico-clínico que conduz ao âmago de nosso trabalho psicanalítico.

---

[10] N.T. : segundo Bolognini "meio de cultura", no estrito sentido biológico, ou seja, substância ou terreno sobre o qual colônias bacterianas podem ser desenvolvidas com finalidade de pesquisa científica.

Capítulo 5

A CONCEPÇÃO KLEINIANA E PÓS-KLEINIANA DE EMPATIA

Similarmente a outras correntes do movimento psicanalítico, a escola Kleiniana atravessou fases de florescimento e de expansão, alternadas com outras de relativo fechamento interno e de parcial rejeição por parte do *establishment* societário internacional do qual, entretanto, sempre fez parte de modo contínuo e sólido.

E, se de um lado as divergências teórico-técnicas com as demais correntes permanecem evidentes, e sob certos aspectos intransponíveis, de outro se reconhece que muitas das concepções Kleinianas passaram a fazer parte da bagagem cultural de todo analista contemporâneo; basta pensar na utilização bastante diversificada, mas já onipresente, do conceito de identificação projetiva, que é um dos que mais nos interessa no contexto da presente discussão, e sem esquecer todo o instrumental teórico ligado às idéias de cisão, perseguição, posições PS ↔ D, etc, que são cada vez mais utilizadas sem referência às fontes históricas, uma vez que é dado como certo que elas foram assimiladas ao patrimônio teórico coletivo.

Este capítulo pretende dar reconhecimento a esta realidade e ao notável débito científico, absolutamente indiscutível no âmbito de nosso tema principal.

De fato, a escola Kleiniana formulou uma teoria própria, original e coerente de empatia, mesmo que raramente a tenha enunciado de modo direto, e em minha opinião merece, sem dúvida, uma menção especifica.

Como observa Hinshelwood (1989) em seu *Dicionário do pensamento kleiniano*, para Klein (1955) a empatia é o produto de uma "identificação projetiva normal".

Encontramos maior especificidade na classificação das diferentes qualidades da identificação projetiva na obra de Rosenfeld (1969, 1987[1]), quando distingue as identificações projetivas *comunicativas* daquelas *evacuativas*.

Para Rosenfeld (1987), a identificação projetiva comunicativa é um processo benigno e sua característica básica é a de que o objeto em que se dá a projeção não é demasiadamente modificado pelo processo projetivo; pensa também que um tipo similar de identificação projetiva faz sempre parte do processo de investimento do objeto.

A contribuição de Rosenfeld parece ser notável em duas direções específicas: quando, com grande sutileza clínica, ele descreve a maneira como as identificações projetivas mais pesadas e intrusivas perturbam o funcionamento e a capacidade de compreensão do analista, tornando necessário um trabalho cuidadoso de percepção e de reconhecimento dos elementos intrusivos :"no início só se tem consciência de uma tensão interna", e quando se ocupa do problema de dar interpretações "que tenham significado emocional para o paciente", matéria bastante específica de que me ocuparei no capitulo 7.

Concluindo, Rosenfeld também faz parte do grupo numeroso de analistas que considera incontestável a experiência de sintonia do analista no trabalho: "Uma condição essencial para o tratamento psicanalítico é que o analista entre suficientemente em contato com os sentimentos e os pensamentos do paciente, de maneira a poder sentir e experimentar pessoalmente o que está acontecendo com ele".

Também decididamente interessante, para o nosso estudo, é a contribuição de Roger Money-Kyrle (1956), anterior à de Rosenfeld, sobre a "contratransferência normal" (*Il controtransfert normale e alcune*

[1] ROSENFELD, Herbert. Impasse e interpretação: fatores terapêuticos e antiterapêuticos no tratamento psicanalítico de pacientes neuróticos, psicóticos e fronteiriços. Rio de Janeiro: Imago,1988.

sue deviazioni[2]), na qual afirma que "justamente porque o analista pode reconhecer seu *self* primitivo no paciente(...) é que ele pode analisar o paciente".

Para Money-Kyrle, a identificação durante a sessão pode assumir duas formas, introjetiva e projetiva, e na empatia esperamos encontrar ambas as formas na identificação parcial do analista com seu paciente. No transcorrer normal da análise, o analista vive uma contínua e rápida alternância entre a introjeção e a projeção:" À medida que o paciente fala, é como se o analista, por assim dizer, fosse se identificando projetivamente com ele e, tendo-o compreendido por dentro, reprojeta-o e formula sua interpretação. Penso que o analista tem maior percepção da fase projetiva, isto é, da fase em que o paciente representa uma parte antiga dele mesmo, imatura ou doente, inclusive seus objetos danificados, passíveis agora de compreensão e de tratamento por meio da interpretação.

Enfim, Money-Kyrle descreve como "normal" uma situação psicanalítica que poderíamos definir como "ideal", tanto mais que ele não deixa de completar o circulo virtuoso dessa seqüência observando que se as interpretações do analista forem bem sintônicas, o paciente será estimulado a produzir mais associações que podem ser compreendidas, e assim por diante, e "os sentimentos contratransferenciais do analista se limitarão à sensação de empatia para com o paciente na qual se baseia sua intuição" (ibid.).

Certamente, todo analista terá experimentado alguma vez na vida uma série positiva deste tipo, e sem dúvida sentiu muito prazer nisso; infelizmente - acrescento eu com desencantado pesar - "nem sempre é domingo"; nosso trabalho quase nunca caminha tão linearmente, e, na maioria das vezes, avançamos com dificuldade e com descontinuidade no processo de compreensão.

Apesar disso, a descrição de Money-Kyrle permanece preciosa e conserva seu valor de orientação, contanto que não venha a ser assumi-

[2] N.T.: Contratransferência normal e alguns de seus desvios(1956) São Paulo: Casa do Psicólogo, 1996.

da de maneira demasiadamente idealizada como um critério absoluto de discriminação entre um bom e um mau trabalho psicanalítico.

De grande importância é o conceito bioniano de *rêverie* (Bion, 1967, 1970[3]), que designa a função materna de receber, conter, elaborar, modificar e devolver transformadas as projeções e as identificações projetivas do bebê, realizando um trabalho de transformação de elementos beta (sensoriais) em elementos alfa (elaborados), e contribuindo assim para a formação do aparelho mental da criança; esta complexa atividade funcional permite às mães (e aos analistas) sintonizar-se com os elementos sensoriais e protomentais das crianças (e dos pacientes), facilitando assim sua progressiva mentalização.

A contribuição teórica bioniana é demasiadamente ampla e importante (tanto quanto as de Klein, Winnicot e Kohut) para que possamos aqui fazer dela uma descrição extensa, e por isso eu os remeto a alguns textos excelentes (Grinberg, Sor e Tabak de Bianchedi, 1972; Ferro, 1992[4]) que apresentaram, e em alguns casos desenvolveram, suas riquíssimas concepções.

Limitar-me-ei a assinalar que a *rêverie*, fator fundamental da função alfa (mentalizadora e transformadora) da mãe, tem um papel fundante e constitutivo para a formação de uma função análoga no aparelho mental da criança, e representa "um acontecimento interpessoal, mais do que intrapsíquico e pessoal" (Borgogno, 1992); a mente, em Bion, é extensa e relacional, enquanto que em Freud e Klein é predominantemente intrapsíquica.

Além disso, "*rêverie* designa o estado mental aberto à recepção de todos os "objetos" provenientes do objeto amado" (Bion, 1962[5]), e, portanto, representa um evento que tem a ver com interação, com o qual a mãe expressa seu próprio amor para além dos canais físicos da comunicação (Rumi, 2000).

Para Bion, o maior obstáculo que o analista pode enfrentar na sessão é o temor a seus próprios sentimentos e às próprias emoções, acres-

---

[3] BION, W. R. Estudos psicanalíticos revisados(1967) Rio de Janeiro: Imago, 1988.

[4] FERRO, Antonino. A técnica na psicanálise infantil: a criança e o analista; da relação ao campo emocional. Rio de Janeiro: Imago, 1995.

[5] BION, W. R. O aprender com a experiência(1962), Rio de Janeiro: Imago, 1991.

cido das defesas colocadas em campo para eludi-las: é isto que pode perturbar ou impedir completamente a escuta empática.

Grotstein (1994) descreve a comunicação empática entre duas pessoas como um processo pelo qual o sujeito efetua uma identificação projetiva parcial e limitada, que o objeto recebe e assume em seu próprio interior por meio da identificação introjetiva. Quando a emissão projetiva é muito forte, o objeto passa a ser ocupado pela contratransferência.

Já em seu livro precedente (Scissione e identificazione proiettiva, 1981[6]), este autor havia afirmado explicitamente que em seu significado mais positivo, a identificação projetiva torna possível compreender aquilo que ocorre no outro e, em sua forma mais sublimada, está na base da empatia.

Em minha opinião, Grotstein, retomando Bion, destacou algo de grande importância: o fato de que o analista deve, por meio de interpretações, levar o paciente a experimentar empatia por seus próprios aspectos cindidos, dos quais se afastara há muito tempo; para isto é necessário elaborar e diminuir a hostilidade contida nos objetos e partes cindidas, decisiva na determinação da cisão.

Grotstein deve ainda ser citado por sua capacidade apaixonada de dar um sentido, no nível teórico, às necessidades que os pacientes têm de compartilhar experiências, para o que utilizam a identificação projetiva de maneira comunicativa: "De que outro modo um paciente angustiado pode saber que o analista o compreende, a não ser fazendo-o sofrer aquelas vivências que ele próprio não tem palavras para expressar?(...) Todos nós projetamos e, no fundo, desejamos que o outro conheça a experiência que não conseguimos comunicar e da qual não podemos nos aliviar até estarmos convencidos de que o outro nos compreende. E não podemos nos convencer que o outro nos compreende até não estarmos convencidos que o outro agora contém concretamente nossa experiência".

Devo esclarecer, para evitar mal entendidos sobre o significado da "retórica do compartilhar" que citarei mais adiante, que estas observa-

---

[6] N.T.: GROTSTEIN, J. S. - A Divisão e a Identificação Projetiva (1981), Rio de Janeiro: Imago Ed., 1985.

ções não devem ser compreendidas como uma exortação para que o analista se ofereça voluntariamente, como um São Sebastião, para ser transpassado pelas identificações projetivas do paciente: elas procuram, ao contrário, dar significado a eventos inter-pessoais, que sempre ocorrem, e cuja dinâmica profunda necessita ser compreendida, para além das intenções conscientes.

Grotstein, retomando as idéias de Klein e de Bion, encontra o paradoxo de que "a existência da identificação projetiva depende, no fundo, de quem a recebe. Quanto mais empático o objeto terapeuta é em relação às identificações projetivas do paciente, e quanto menos projetivas e identificatórias elas forem, tanto mais elas se tornarão comunicações que podem ter, para o paciente, um significado de enriquecimento".

Será um analista italiano, Antonio Di Benedetto (1998), quem irá completar a linha de pensamento sugerida por Grotstein nessa passagem, formulando o conceito de "pró-identificação projetiva": uma disposição natural do ser humano (que os analistas com experiência vão exercitando e refinando ainda mais) de acolher as identificações projetivas como um requisito fisiológico para quem desenvolve funções de alimentação mental em relação àqueles que necessitam ser ajudados a se desenvolver e estão desesperadamente em busca - mesmo que com freqüência inconscientemente - de um objeto transformador. (ver também cap. 12).

Capítulo 6

UMA CONTRIBUIÇÃO ITALIANA: SAVO SPAZÀL E A "ANÁLISE COMPARATIVA"

O trabalho[1] de Spazàl a que me refiro se intitula *Empatia e controtransfert come parti costitutive della comprensione psicoanalitica*[2] e contém uma série de contribuições muito preciosas, que aqui tentarei sintetizar. Exporei também algumas críticas direcionadas ao sentido demasiadamente restrito, em minha opinião, que ele reserva para o conceito de empatia: isso não invalida o valor de sua contribuição, que se caracteriza por excepcional clareza e riqueza clínica.

Spazàl comenta primeiramente as duas principais diferenças entre empatia e contratransferência formuladas por Berger (1987):

1- Empatia: estado emocional vivenciado pelo terapeuta *em contato com o paciente como sujeito.*

1 Em dez de Março de 1990, por ocasião do tradicional encontro dos psicanalistas do Veneto e da Emiglia Romagna, foi lido em Pádova, em uma atmosfera de intensa comoção, um trabalho de Savo Spazàl, prematuramente desaparecido poucos meses antes. Spazal, de origem Eslovena, fez sua formação psicanalítica em Chicago, e era, portanto,profundo conhecedor dos autores norte-americanos; transferindo-se para Trieste, integrou com notável perspicácia sua bagagem cientifica com as várias contribuições que a psicanálise italiana estava produzindo ou adquirindo de outras escolas; esse particular caminho pessoal tornou-o naturalmente competente no campo da investigação da "Psicanálise Comparativa" (Schafer, 1983, Cap. 17, *Sul diventare psicoanalisti di um credo piuttosto che di um altro.(N.T.: Sobre o tornar-se psicanalista de um credo - preferivelmente que de outro* - tradução livre)).

2 N.T.: Empatia e contratransferência como aspectos constitutivos da compreensão psicanalítica. (Tradução livre)

Contratransferência: estado emocional vivenciado pelo terapeuta *em contato com um objeto do mundo interno do paciente.*

Spàzal observa que estas duas definições correspondem substancialmente aos conceitos de "identificação concordante" e de "identificação complementar" (com o objeto projetado pelo paciente dentro do analista), de Racker (1957).

2- Empatia: provém de um *setor não conflituoso* da personalidade do analista.

Contratransferência: provém, ao contrário, de um *setor conflituoso.*

A segunda distinção está mais ligada à esfera da experiência, enquanto a primeira está mais próxima de uma ótica mais psicanalítica.

Spàzal apresenta, em seguida, uma série de exemplos clínicos que vão lhe permitir entrar no cerne da matéria, discriminando situações em que conseguiu alcançar a compreensão do paciente através da atividade empática ("depois de ter seguido o paciente durante toda a sessão, finalmente tive a impressão de tê-lo alcançado; os últimos pensamentos poderiam pertencer a ambos"), e de outras em que lhe foi possível utilizar vantajosamente as reações contratransferenciais, e em que desde o início "a identificação projetiva fora uma necessária e automática conseqüência das limitações empáticas do analista".

Em outro caso, Spazàl ilustra "o modo como o analista pode cometer sérios erros ao procurar deixar de lado suas próprias reações contratransferenciais na esperança de atenuar as contínuas tensões presentes na relação analítica", perdendo então a autenticidade de seus esforços empáticos.

Nesse caso, ele mostra "como a busca de uma comunhão empática com o paciente pode levar o analista a negar uma situação desagradável e traumática, e então a acabar utilizando os mesmos mecanismos que o paciente usa para tentar mitigar o impacto com a realidade psíquica ou com a realidade externa".

Mas, o caso clínico verdadeiramente digno de menção é o referente à relação bastante peculiar entre a senhora Z e suas duas filhas, X e Y, gêmeas univitelíneas.

Dada a excepcional qualidade do relato clínico de Spazàl, reproduzo seu texto integralmente:

Desde o nascimento das duas filhas, o marido da senhora Z, por motivos de trabalho, freqüentemente se ausentava de casa. A senhora Z. havia estabelecido com cada uma das filhas uma relação bastante diferente. A relação com X era marcada por grande intimidade e fusão emocional. Z "se via" na filha, e reconhecia nas características da filha as suas próprias. A outra gêmea, Y, sob certos aspectos lhe era estranha; certamente Z não descuidava de suas necessidades básicas, mas não era capaz de sintonizar com as experiências subjetivas de Y. Não pretendo entrar nos detalhes de seu comportamento, nem dar uma explicação psicodinâmica; interessa-me descrever a imagem que X e Y tinham da mãe no início de sua adolescência. Gostaria de acrescentar que Z, graças à psicoterapia e a determinadas circunstâncias, fora capaz de melhorar consideravelmente sua relação com as filhas: reduziu as tendências fusionais na relação com X e a distância emocional com Y, a ponto de freqüentemente ter a impressão de conseguir viver melhor com Y do que com X. Apesar dessas mudanças, as gêmeas desenvolveram com a mãe uma relação completamente diferente, o que reflete a diferença na imagem da mãe que cada uma criou. X sentia que era intimamente parecida com a mãe e que sua vida era, em vários aspectos, uma continuação da vida dela. Seus principais interesses eram os mesmos que sua mãe expressava abertamente ou cultivava em segredo. X sentia que podia compreender a mãe e aceitá-la quase completamente. Ela sabia como lidar com seus freqüentes momentos de crise, e podia assisti-la e consolá-la. Seus humores, seu estado de ânimo e mesmo suas reações somáticas eram cópia fiel dos estados mentais e psicossomáticos maternos.

Apesar de X ter desenvolvido rapidamente uma notável capacidade de introspecção, isso não lhe permitiu viver os estados emocionais maternos com um mínimo de distanciamento, devido à persistente necessidade de compartilhar as experiências maternas, que freqüentemente a invadiam. As vivências fusionais de X, evidentemente, ainda não estavam suficientemente maduras a ponto de serem utilizadas na compreensão empática das experiências da mãe.

Y estava no extremo oposto. Com sua atitude, dava a impressão de ser completamente incapaz de compreender a mãe. Nos momentos difíceis, durante os freqüentes períodos depressivos de Z, Y mostrava-se impaciente e irritada. Tinha a sensação de ser deliberadamente negligenciada pela mãe; as incoerências maternas lhe pareciam conseqüência de sua maldade e de seu egoísmo. Pensava não ter nada em comum com a mãe e não compartilhar seus interesses.

Dada a relação que Z. havia estabelecido com as filhas desde o nascimento, considero que as atitudes das gêmeas, aqui descritas de maneira muito resumida, não sejam nada surpreendentes. A um primeiro exame, é compreensível que X, que havia desfrutado de maiores cuidados maternos, pudesse mostrar maior compreensão e identificar-se mais completamente com ela do que Y, que jamais fora totalmente aceita. Tal consideração é difícil de ser refutada. Poderíamos acrescentar que a excelente compreensão da mãe por parte de X se devia a sua capacidade de empatizar, enquanto que a incapacidade de compreensão por parte de Y resultava de sua falta de identificação com a mãe. Considero, porém, que é possível aprofundar este ponto de vista.

Valeria a pena nos perguntarmos como X e Y se orientaram em sua relação com a mãe e como julgaram o comportamento e os estados de ânimo maternos. Quando a mãe estava deprimida e necessitava cuidados, qual das duas gêmeas era capaz de compreendê-la melhor? X, que via na mãe um ser indefeso, necessitado de consolo e de cuidados, ou Y, que julgava o comportamento da mãe como agressivo e arbitrário? Não gostaria de me alongar no assunto, mas gostaria somente de sugerir que a atitude das filhas em relação à mãe se baseiam em dois "métodos de compreensão" fundamentalmente diferentes. X mostra uma tendência a identificar-se com as experiências subjetivas maternas, sem dúvida sem sabê-lo e excedendo os limites habituais do conhecimento empático. Y, ao contrario, manifesta agressividade persecutória provocada pelo choro acusatório e pelas queixas maternas. Poderíamos dizer que ambas, X e Y, compreendem a mãe somente pela metade. Usando a definição técnica, poderíamos afirmar que X se identifica com a subjetividade egossintônica materna e Y com a agressividade e o sentimento de perseguição egodistônico. Diferentemente da atitude que um analista deve ter, tanto X como Y reagem por reflexo. X, no que diz respeito a sua imersão empática e Y, cuja experiência é uma reação persecutória de tipo "contratransferencial". O que falta em ambas é a função introspectiva mediadora capaz de filtrar suas experiências e modificar seus sentimentos caóticos, para que possam ser unidos de uma forma mais reconhecível racionalmente.

Não podemos excluir a possibilidade de que, em algum momento no futuro, passada a turbulenta fase da adolescência, as gêmeas possam melhorar consideravelmente sua compreensão em relação à mãe.

É provável, entretanto, que o ponto de partida de seus julgamentos permaneça diferente, ou seja, de natureza predominantemente empática no caso de X, e de natureza reativa ("contratransferencial") para Y. Isto se aplica não somente a suas relações com a mãe, mas também a um contexto social mais amplo.

Esse esplêndido material clínico me estimula a formular a crítica a que eu me referi no inicio, e que retomarei mais amplamente no comentário final ao trabalho de Spazàl: sintonizar com as experiências subjetivas conscientes do outro (o que X faz com sua mãe) é empatia? Este modo de `sintonizar concordante' pode ser definido como empático?

Acredito que o próprio Spazàl nos fornece os elementos para uma resposta negativa: a relação de X com a mãe era "fusional", faltando a capacidade para distanciamento. E aqui devemos fazer referência ao trabalho de Olden (1958), que mostrou que a separação[3] é condição necessária para o reconhecimento empático.

Spazàl diz que "ambas, X e Y, compreendem a mãe somente pela metade". Não há empatia em X, porque falta nela a percepção da agressividade e do sentimento de perseguição egodistônico da mãe (elementos que Y vivencia por reflexo, mas sem reflexão).

A verdadeira empatia é, para mim, uma condição muito mais complexa; ela abrange um amplo espectro óptico em que estão incluídas todas as tonalidades de cor, das mais claras às mais escuras; além disso, é um contato profundo e progressivo compartilhado com a complementaridade objetal do outro, não apenas com sua subjetividade egossintônica.

---

[3] N.R.: Usa-se aqui o termo separação no sentido da separabilidade, termo sugerido por Didier Houzel para indicar o processo de diferenciação, de tomada de consciência de ser separado, da consciência da alteridade.

Na "discussão metodológica" posterior, Spazàl seleciona na literatura psicanalítica duas orientações epistêmico-metodológicas: uma "orientação contratransferencial" e uma "orientação empática".

Para ilustrar, ele cita respectivamente *Impasse and Interpretation*[4], *de Rosenfeld* (1987), e *The psychology of the self: a Casebook*[5], sob a direção de Goldberg (1978). Ele acrescenta, a seguir, sua opinião pessoal segundo a qual a contratransferência e a empatia não devem ser consideradas em si mesmas como métodos de investigação, mas como *posições emocionais*; considera que na prática clínica comum, os analistas tendem a dirigir sua atenção introspectiva tanto para o aspecto empático como para o contratransferencial de própria experiência.

No plano prático, todavia, Spazàl assinala que freqüentemente o analista não consegue compreender facilmente se está vivenciando um estado emocional contratransferencial ou empático, e esta dificuldade de distinguir entre as duas condições é um tipo de *disfunção* de sua capacidade introspectiva, *devida à intensidade da reação emocional.*

Segundo Kernberg (1988), a escuta empática é particularmente difícil com pacientes *borderline* e psicóticos que, através do uso intenso da identificação projetiva, produzem efeitos elevados de dissonância e divergência comunicativa, capazes de provocar no analista, desejoso de seguir empaticamente a vivência do paciente, um estado de confusão ou de dissociação psíquica.

Nesses casos, o analista deve concentrar-se na auto-análise, com função terapêutica voltada para o paciente (Bollas, 1987).

Spazàl concorda com Kohut (1984) e com Goldberg (1978) em relação à impossibilidade de uma atitude empática com esse tipo de pacientes. Não estou plenamente de acordo: de fato, acredito que é impossível manter uma postura "concordante" com esses pacientes, mas, para mim, "identificação concordante" e empatia não são a mesma coisa.

Se esperamos entrar em empatia com um paciente psicótico "concordando" com sua subjetividade, que por si já é fragmentada, e que re-

---

4 N.T.: Impasse e interpretação. (Tradução livre)

5 N.T.: A psicologia do *self*: um livro de casos. (Tradução livre)

presenta somente uma pequena parte de sua psique, precária e instável como uma folha ao vento, só podemos esperar rápidas desilusões; justamente quando acreditamos ter sua mão entre as nossas, descobrimos com consternação que temos nada mais que um coto artificial; quando acreditamos que ele está conosco em determinado lugar, um momento depois percebemos, com desalento, que ele se retirou, subdividindo-se em dois ou três "outros lugares" diversos.

Considero que Pao "tem razão": com esses pacientes, a empatia pode ocorrer algumas vezes, depois de muito tempo, mas não como o resultado de uma "atitude empática", isto é, de uma "disposição concordante", como a entendem os autores citados. É fruto de um longo, complexo, árduo esforço de compreensão, que pode resultar da construção paciente de uma rede de comunicações conectadas entre si, de um intercâmbio nas duas mãos de direção suficientemente contínuo, da observação de um campo suficientemente ampliado e de interações mentais ativas dentro de cada um.

Assim também "tem razão" Rosenfeld, com seu trabalho de perceber as identificações projetivas, e procurar torná-las reintrojetáveis pelo paciente.

Daí nasce, para mim, a possibilidade de empatizar progressivamente com os pacientes graves que recorrem à cisão ou fragmentação, mais do que pela aproximação baseada na "concordância" subjetiva, que freqüentemente tem a consistência de um castelo de cartas, no caso destes pacientes.

"A situação muda radicalmente, escreve Spazàl, se o paciente mostra-se capaz de auto-observação, fazendo bom uso do método da associação livre (...) Neste caso, será possível um contato empático sem maiores dificuldades, se a capacidade mental do analista não estiver limitada por fatores que dependem preponderantemente dele mesmo".

Trata-se, neste caso, de pacientes menos perturbados, em cujas comunicações não existem grandes divergências; Spazàl nos adverte como, nestes casos, a tendência de basear-se exclusivamente nas reações contratransferenciais pode conduzir a erros na compreensão do paciente.

Ele assinala dois fatores que levam o analista a escolher preferencialmente uma ou outra orientação cognitiva:

a) a pertinência a uma determinada escola de psicanálise;

b) a atitude cognitiva básica utilizada por um indivíduo para se aproximar de seu próprio ambiente intersubjetivo,: fator dificilmente modificável, mesmo por uma análise bem sucedida.

Estes dois fatores interagem na escolha que o analista faz de seus pacientes, e podem criar dificuldades no caso específico em que a formulação teórica da escola psicanalítica a que pertence imponha uma aproximação cognitiva demasiadamente divergente de sua tendência cognitiva básica original. De qualquer modo, é fundamental que o analista disponha de plasticidade e de prontidão para se mover entre a esfera contratransferencial e a empática, e vice-versa.

Assumindo a existência de um "pluralismo psicanalítico" (Wallerstein, 1988), Spazàl se detém nas conseqüências práticas e teóricas determinadas pelo uso preferencial de um ou de outro método cognitivo.

Tomando como referência os trabalhos já citados de Rosenfeld (1987) e de Goldberg (1978), ele revela, baseando-se em informes clínicos, como na orientação empática o acento cai na descrição das experiências do paciente, enquanto que na orientação contratransferencial maior ênfase é colocada na vivência do analista; na aproximação empática, a questão da experiência do analista se limita a questionar se o analista consegue alcançar uma atitude empática ou não.

Outro aspecto fundamental consiste no fato de que, enquanto as comunicações compreensivas do analista procuram uma sintonia com a subjetividade do paciente, as de tipo interpretativo tendem a desestruturar a subjetividade existente

Ainda: os analistas que privilegiam as intervenções compreensivas parecem dar grande importância ao conceito de "análise como processo"; a orientação empática dá mais espaço à iniciativa do paciente e a sua atividade de auto-investigação, reforçada pelo suporte do analista; "É deixada ao próprio paciente a tarefa de obter, graças à atividade de livre associação, uma desestruturação regulada e controlada da própria subjetividade (...) o perigo vem, entretanto, do fato de que setores importantes da realidade psíquica do paciente podem ficar à margem de sua percepção consciente".

Por outro lado, a orientação contratransferencial privilegia a reintegração dos aspectos projetados da própria realidade psíquica; isto normalmente confere um sentido de maior profundidade psicológica a este tipo de análise, enquanto que nas análises com orientação empática corre-se mais o risco de superficialidade e estagnação.

Ainda no tema dos riscos, deve ser assinalado que a desestruturação causada por uma interpretação contratransferencial pode favorecer a instauração de um clima persecutório, o que não ocorre com as intervenções psicanalíticas de tipo empatizante.

Na orientação empática, o *working through*[6] é um processo que se dá na mente do paciente, e existe a possibilidade de que ele tenha flashes de *insight* também fora das sessões.

Já na orientação contratransferencial, o lugar em que se dá preferentemente o *working through* é, ao contrario, a mente do analista, e o *insight* do paciente decorre principalmente das interpretações recebidas.

Spazàl conclui sua exploração comparativa focalizando as duas diferentes esferas de transferência que surgem a partir das duas orientações examinadas. São elas: a) *uma área de relação de pulsões e objetos*, para a orientação contratransferencial; b) *uma área de relação de sustentação ou de objetos-self*, para a orientação empática.

Concluindo: na orientação empática "o paciente tende a desestruturar sua própria subjetividade e a ampliar consideravelmente a consciência de si mesmo, desde que sustentado por adequada continência analítica. Estas observações redimensionaram o papel da interpretação como veiculo principal do retorno do reprimido".

Na aproximação contratransferencial, o analista pode aproveitar a introspecção da própria subjetividade a serviço do processo psicanalítico, utilizando elementos da própria consciência que, à primeira vista, parecem não ter qualquer conexão com o paciente, mas que constituem o instrumento transformador indispensável, que é a interpretação.

Em seu trabalho, Spazàl move-se com eqüidistância em um campo comparativo amplo e delicado. Como já mencionei, preciso formular uma critica de fundo: não acredito que empatia seja a mesma coisa que disposição concordante. Para dizer francamente, nem

---

[6] N.T.: trabalho de elaboração.

acredito que seja verdadeiramente legítimo falar de uma "atitude" ou "orientação" empática.

Como exporei na segunda parte deste livro, considero a empatia um evento intra e interpessoal não programável, e penso que a orientação assim chamada "contratransferencial" tem, em várias situações e com suficiente elaboração, probabilidades não menores do que a assim chamada "empática" de fazer surgir situações de empatia,

Acredito, finalmente, que exista inclusive uma "compulsão a empatizar", cujos infelizes resultados no plano clínico nada mais são do que uma perda definitiva das possibilidades de contato empático.

A verdadeira empatia raramente pode se realizar somente no plano da ressonância concordante; o ser humano é demasiadamente complexo; as vicissitudes das relações entre humanas são demasiadamente complicadas para serem registradas por uma escuta dirigida somente à subjetividade consciente de nosso interlocutor; uma disposição perceptiva similar é quase sempre necessária, mas freqüentemente insuficiente.

Tenho a clara impressão que se trata, acima de tudo, de uma questão terminológica; o conceito de empatia não deve ser limitado à concordância com o que é egossintônico para o paciente, pois, assim sendo, a empatia deixa de ser verdadeiramente um conceito psicanalítico. A empatia psicanalítica, como veremos, é uma função mais complexa.

PARTE II

UMA PERSPECTIVA CONTEMPORÂNEA

Capítulo 7

O *SETTING* INTERNO DO ANALISTA: ANÁLISE COM O EGO E ANÁLISE COM O *SELF*

> É difícil que surja infelicidade por não poder sondar o que se passa na alma do outro; ao contrário, uma grande infelicidade necessariamente ocorre a quem não conhece os movimentos de sua própria alma.
>
> Marco Aurélio Antonino, *Pensieri* , cap.2

Tradicionalmente, os estudiosos da psicanálise têm se dedicado a um acurado e até mesmo minucioso estudo da literatura científica, adquirindo assim uma autoridade teórico-semiológica específica que lhes permite desenvolver funções ativas de investigação, contextualização, decifração e tradução dos elementos da vida psíquica.

Silenciosamente, na privacidade de suas análises pessoais e no encontro cotidiano com os pacientes, os psicanalistas cultivam a arte do contato[1] com o próprio mundo interno e com o das outras pessoas. A

[1] Com referência à relação entre "contato" e "empatia" devemos recordar que alguns autores (Di Chiara, Carloni) preferem o primeiro termo ao invés do segundo. Di Chiara (1982) considera-o particularmente útil em relação dialética com o conceito de "distância psicoanalítica", para evidenciar uma disposição dinâmica interna do psicanalista que se baseia em uma vivência de separação consciente. Ele define o "contato psicanalítico" como "a capacidade de colocar-se em contato com as experiências psicológicas infantis, saber viver, tornar presentes as vivências que foram próprias da infância". Carloni (1984), em seu esplêndido trabalho *Tatto, contatto e tattica,* preocupa-se, em particular, com as modalidades metafóricas de contato: "Assim como com o tato físico se experimenta, se apalpa, com o contato psíquico (que se serve do primeiro e dos outros sentidos, além desse sexto e mais importante que chamamos empatia) se observa, se sente, se estuda a disposição dos outros, articulada e condicionada pela vulnerabilidade individual".

sensação, no final do dia, de ter trabalhado suficientemente bem, acompanha-se habitualmente daquela de ter vivido "de dentro" os encontros mais significativos do dia, talvez na espera silenciosa, ou na discreta função de testemunha.

Psicanalistas levam muitos anos para aprender a conjugar as capacidades de sentir e pensar de modo integrado; particularmente a capacidade de sentir, que os torna capazes de ajudar outros a fazerem o mesmo, é uma conquista arduamente alcançada e que necessita ser apreciada, alimentada e protegida.

As centenas de horas que o analista devota a seu trabalho inclui experiências desagradáveis, carregadas de sensações negativas, indiferenciadas, anti-emocões, tais como tensão, esvaimento, vazio, analgesia psíquica, desconexão interna, às vezes até somatizações ou estancamento da rica disposição representacional. Tais experiências propiciam ao analista *insights* sobre a delicadeza e a importância de sua vida afetiva, sem a qual sua profissão se transformaria no esforço heróico de ter que estar sentado por horas a fio e, principalmente, distanciado de uma extensa parte de si mesmo.

A dureza da tarefa do analista consiste em ter que trabalhar inclusive quando trabalha mal, o que é necessário por vários motivos, e também útil, porque o fato de trabalhar mal, com freqüência tem um sentido profundamente vinculado à situação analítica em curso e, portanto, é um oportuno objeto de investigação, ou até mesmo um estágio inevitável no processo analítico.

"Trabalhar mal", na realidade, significa não estar em contato consigo mesmo, e menos ainda com o paciente ou, para dizer de um modo mais teórico, não funcionar em um nível de integração suficiente que permita ao próprio ego de trabalho entrar em contato com o *self*, para reconhecer e elaborar suas vivências durante a experiência psicanalítica.

Nas notas que se seguem, procurarei definir a acepção aceita de alguns conceitos básicos, e descrever de forma sintética alguns padrões característicos de contato entre vários aspectos do analista e do paciente durante a relação psicanalítica. Embora neste capítulo eu não vá incluir material clínico propriamente dito, por falta de espaço, tentarei manter-me o mais próximo possível do que vivemos diariamente com nossos pacientes.

O ego, o self e o inconsciente

Usarei o termo "*ego*" no sentido proposto por Lapanche e Pontalis (1967): 1) núcleo de consciência e conjunto de funções mentais ativas; 2) instância organizadora das defesas; 3) instância mediadora entre a realidade externa, o id e o superego. Entretanto, privilegiarei a primeira das três acepções, e especificarei quando estiver me referindo às outras duas.

Entende-se usualmente por "*self*", de modo muito sintético, o conjunto de representações referentes à pessoa, quando ela é o objeto (potencial ou factual) da própria experiência subjetiva.

O "*self*" não é uma instância psíquica, mas sim um conteúdo do aparato psíquico, do mesmo modo que as representações dos objetos, diferentemente do ego, do id e do superego, que são componentes dinâmicos do aparato psíquico.

Sendo um conteúdo dotado de continuidade no tempo, configura-se como parte da estrutura interna da psique cuja localização é bastante complexa. Variadas e freqüentemente conflitantes representações do *self* estão distribuídas no ego, no id e no superego (Kohut, 1971). Em decorrência disso, o *self* é em parte consciente e em parte inconsciente.

Pessoalmente, considero que uma definição mais ampla do conceito de *self* seria mais útil e próxima da verdade. Conforme tal definição, *o self* não corresponderia *tout-court* à personalidade total, como foi substancialmente proposto por Klein (1959), mas àquela realidade interna (que inclui representações de objetos) que se revele *duradoura, característica e constitutiva* do mundo mental da pessoa, e que *possa* ser objeto de sua experiência subjetiva.

De um lado, portanto, sinto-me em sintonia com o pensamento de Bollas (1987) quando descreve o *self* como "uma série de relações intra-subjetivas que se repetem no curso da vida e dão o sentido de presença ao longo do tempo".

Por outro lado, considero que o *self*, como realidade interna duradoura, estável e constitutiva, possa ser teoricamente representado através de uma topografia espacial que vai do "nuclear introjetivo" ao "orbital interiorizado".

Procurarei explicar com um exemplo:

Recordo um livro que teve grande sucesso nos anos cinqüenta, O *Caderno do Major Thompson,* de Pierre Daninos, que apresentava uma descrição bastante espirituosa de tudo que seria encontrado se um inglês fosse "dissecado": com uma longa lista de objetos bastante característicos, pouco a pouco se representava uma parte orbital do *self* (Wisdom, 1961) que abriga o mundo objetal externo interiorizado (um chapéu de coco, um retrato da família real, uma bolinha de críquete, a carteira de um Clube, a gravata com as cores da Universidade etc...).

A parte nuclear do *self,* ao contrário, é aquela em que os elementos que foram mais autêntica e profundamente objetos de identificação introjetiva formam um núcleo orgânico compacto com a constituição somatopsíquica da pessoa; nesse nível não se pode desenvolver um trabalho psicanalítico de desidentificação que não seja desnaturalizante e destrutivo, e deveríamos falar de identidade profunda, equivalente ao "verdadeiro *self*" de Winnicott, 1965.

Incidentalmente, Daninos, cuja finalidade era caçoar cordialmente dos ingleses, baseava seu jogo humorístico na apresentação dos objetos "orbitais" dos ingleses como absolutamente "nucleares", com um efeito reducionista e caricato. Os objetos "orbitais" do *self* do major Thompson eram, em geral, representações de objetos concretos, evocativos, mas dinamicamente carentes de vida própria. Por serem duradouros, característicos e constitutivos, deveriam, em minha opinião, ser considerados como elementos do *self.* Muitos dos objetos que encontramos em nosso *self* e no de nossos pacientes são muito mais dinâmicos.

O conjunto formado pelos objetos internos, pelo self nuclear e por suas relações pode transmitir uma atmosfera emocional básica do *self,* cujas flutuações ocasionais são perceptíveis no estado de ânimo do paciente, no cenário de seus sonhos, e no clima da sessão. O analista pode escolher observar esse cenário onírico, ou tomar parte ativa nele. No primeiro caso, trabalhará prevalentemente com o *ego*; no segundo, estará colocando em jogo *também* seu próprio *self.* Se tomar esta via, não poderá sair incólume da sala de análise, e para poder aceitar esta condição deve nutrir uma firme confiança na consistência de sua própria identidade.

Realiza-se, de fato, um encontro de "áreas intermediárias" (Winnicott, 1971) que lembra a experiência biológica original de ser ao mesmo tempo dois e um, com todos os benefícios e riscos potenciais, com todos os equivalentes e derivados que posteriormente voltaremos a encontrar, sobre a mesma base, nos desenvolvimentos sociais e culturais de nossa existência (para este último aspecto ver Chianese, 1997, pp. 200 sg.).

O analista necessita também ter verdadeiramente elaborado um *luto profundo, que diz respeito à arcaica ilusão onipotente de poder controlar os próprios afetos e até mesmo poder escolhê-los.*

Ao ego do analista é então solicitado, inicialmente; um ato de fé na eficácia da técnica, fato de caráter bastante paradoxal, que lembra o fato de devermos manter o peso do corpo inclinado sobre o esqui, quando se esquia, mesmo contra as tendências naturais, ou o deixar-se flutuar na água quando se está aprendendo a nadar. Tradicionalmente supõe-se que o analista adote um modelo de atenção (livremente) flutuante (*gleichschwebende Aufmerksankeit*), que o induza a deixar-se surpreender pelos conteúdos mentais prevalentemente ideativos, mnêmicos ou viso-representacionais. A esse modelo tradicional se agregaria uma disponibilidade para o contato interno que pode transformar a formalidade da sessão em uma experiência emocional pessoal compartilhada[2].

Aqueles psicanalistas, que com o tempo estruturam um ego de trabalho articulado e sensível, estão em condições de conseguir ressonâncias parciais conscientes e pré-conscientes de amplo espectro (Bolognini e Borghi, 1989) que incluem várias áreas do ego e do *self* dos pacientes, e de evitar a armadilha da identificação, classicamente inconsciente, anti-afetiva e anti-analítica .

Para introduzir um último problema teórico, o das intersecções entre o *self* e o sistema consciente/pré-consciente/inconsciente e, respectivamente, o *self e* instâncias psíquicas, utilizarei um personagem literário popular, o famoso dom Camilo di Guareschi. O Crucifixo com que dom Camilo dialoga, seria mais bem definido como um representante do superego ou como um objeto do *self* do próprio dom Camilo?

---

[2] Alguns foram mais longe, descrevendo como característica do psicanalista não só a sensibilidade, mas também uma específica *disponibilidade* interna espacial e funcional ("pró-identificação projetiva") (Di Benedetto, 1998).

Podemos notar que o Crucifixo não é um elemento predominantemente inconsciente, porque dom Camilo passa diante dele, pára e freqüentemente conversa com ele, embora às vezes tente escapulir, e que o nível dos diálogos entre eles é pré-consciente, pois é bastante surpreendente para o sujeito.

Por outro lado, nós leitores nos divertimos, e no fundo ficamos quase gratos a dom Camilo porque ele não se surpreende muito com o fato sensacional de "seu" Crucifixo falar; não há o horror decorrente da estranheza da alucinação; estamos mais que nunca na dimensão do impossível plausível "disneysiano", em que a ilusão (Milner, 1952) permite o acesso regressivo ao simbólico e ao onírico.

Assim, enquanto lemos, nos identificamos com dom Camilo e, através de um sentimento de humanização, experimentamos o fato de que uma porção inicialmente inconsciente do superego encontra canais pré-conscientes de comunicação com o ego, e progressivamente esta cena *duradoura, caracterizante e constitutiva* se estrutura como parte do *self* do personagem dom Camilo.

O Crucifixo, então, faz cada vez menos parte do inconsciente de dom Camilo, embora mantenha uma raiz inconsciente que lhe permite ocasionalmente nos surpreender e se tornar um objeto dotado de uma autonomia original própria. Torna-se cada vez mais um elemento pré-consciente ou consciente da experiência do *self*, sem perder sua natural função superegóica.

Creio que isto não é um problema de mera definição acadêmica: além da legítima necessidade de estabelecer termos e conceitos consensualmente validados, existem diferentes tendências técnicas derivadas das diversas articulações possíveis da questão.

Se enfatizarmos o aspecto superegóico, a técnica clássica parece privilegiar o reconhecimento consciente do superego, ou analogamente, em outros casos, do id, e favorecer a maturação do ego central do paciente que o tornará sobretudo suficientemente livre, responsável e capaz de conduzir por si mesmo a própria vida, propiciando instâncias-interlocutoras e fazendo tentativas de exploração do inconsciente, em uma perspectiva predominante de conhecimento, crescimento e emancipação do ego-persona.

Se, por outro lado, valorizarmos o aspecto "objeto (superegóico) do *self*", o que parece assumir maior importância é o processo de representação e internalização relacional, que produz um enriquecimento do mundo interno, e as perspectivas prevalentes serão as da integração e da vivência profunda de reconhecimento do *self*.

A experiência nos ensina que em uma boa análise esses dois processos de desenvolvimento estão destinados a se encontrar e se combinar harmonicamente, a despeito do que possam dizer os diversos e proeminentes teóricos da teoria da técnica. O resultado é então uma persona com um *ego legítimo e um e self rico*. Nem sempre, porém, ao término dos tratamentos as proporções internas resultam tão harmoniosas, e isto, a meu ver, proporciona um campo de discussão particularmente estimulante.

Sobre algumas modalidades características de contato psicanalítico

As situações que descreverei não devem necessariamente ser consideradas como produto de atitudes inflexíveis e monocórdias de funcionamento analítico, pois creio poder compartilhar com muitos colegas o fato de tê-las vivenciado e de revivê-las em diferentes momentos ao longo de certas análises, também como produto da flutuação dos níveis de integração interna, que equivalem a uma espécie de metereologia interior.

De todo modo, a ordem de apresentação indica um gradiente de integração "em progresso", que pode corresponder, em linhas gerais, à evolução do modo de trabalhar de um psicanalista.

Contato entre o ego do analista e o ego do paciente

ANALISTA *(concluindo)* "... então é evidente que seu lapso, pelo qual posso deduzir que não tinha desejado faltar à sessão de ontem, nos mostra o outro lado da moeda".

PACIENTE: "É verdade, é muito convincente; só que não sinto isso".

ANALISTA (*cientificamente):* "Como o lapso ocorreu, devemos levá-lo em conta ao reconstruir o acontecido".

PACIENTE (muito seriamente*)*: "Certo, é uma informação muito útil, que deveremos levar em conta".

Além do trabalho sobre o clássico lapso do paciente ou da tentativa de reconstrução sistemática que resultam *"fora do timing"* (isto é, fora da área de relação emocional naquele preciso momento), o nível inicial mais freqüente é este: o analista ocasionalmente se dá conta de um elemento incongruente (fantasia, lembrança, sensação, simples representação visual etc.) que interrompe a continuidade do significado consciente de seu processo secundário e, com um conjunto de funções egóicas ativas, busca o significado subjacente ao incidente.

O inconsciente do analista, que "recebeu" algo do inconsciente do paciente (Freud, 1922), encontrou uma brecha na trama da censura. O analista técnico ou científico, que trabalha nos planos superiores do observatório do ego, "faz a festa" com o "meteorito", elemento inconsciente que caiu diante de seu nariz, e se dispõe a analisá-lo com todo o instrumental tecnológico com que está aparelhado.

O "meteorito" é, assim, descoberto e estudado em um ambiente (laboratório consciente do ego do analista, e às vezes do paciente) que é diferente daquele do qual provém (mundo interno do paciente), e toda a cena inicialmente tem um caráter de eventualidade ocasional, enquanto o que se segue, via de regra, é metódico. Os elementos que compõe o "meteorito" e o significado da descoberta são utilizados para reconstruir um modelo compreensível de uma parte da vida psíquica do paciente, e são comunicados pelo ego consciente do analista ao *ego consciente do paciente.*

Neste nível de percepção e de trocas entram em jogo predominantemente as representações de palavra *(Wortdarswtellungen*), e seu poder evocativo é relativamente modesto em relação às representações de coisa (*Dingdarstellungen).* Analista e paciente, ao explorar e descrever sua situação realizam então uma atividade equivalente a localizar-se em um mapa: vêem, por exemplo, onde é Roma, qual é a distância entre ela e outras cidades, ou quais estradas a atravessam, mas não realizam a experiência de estar em Roma e de conhecê-la vivencialmente. Subjetivamente, experimenta-se então uma sensação característica de *bidi-*

mensionalidade, porque *não se entra no mundo interno* e se compartilha um espaço de superfície. Este é um modo informativo e explicativo de trabalhar em análise (*Erklärung*), diferente da compreensão pela experiência (*Verständnis*), que também tem sua razão de ser em certas circunstâncias, como, por exemplo, em situações de desorientação ocasional (não de confusão, porque seu poder estrutural de contenção é muito limitado!) em que um distanciamento de perspectiva da vivência pode resultar vantajoso. E, mais geralmente, este modo de trabalhar cognitivamente pode propiciar elementos úteis para uma elaboração posterior, quando as condições de contato interno sejam, *para ambos*, mais favoráveis.

Certamente *a disposição essencialmente ativa do ego consciente* não permite a experiência de contato com o *self* que nasce de um "deixar-se ser de um modo reflexivo", e o elevado grau de atividade dá lugar à tentativa de forçar um caminho penetrando nos canais pré-conscientes bloqueados por uma força igualmente ativa do ego defensivo inconsciente. Nas piores sessões, durante o contato ego analista-ego paciente, operam funções que lidam com objetos rarefeitos: é como pedalar uma bicicleta com a corrente solta; analista e paciente desenvolvem raciocínios estéreis, fala-se de palavras, o *self* está distante, a relação verdadeira está oculta.

Quais os afetos do analista e o sentimento de si mesmo nesta configuração? Poder-se-ia dizer que, em geral, nestes casos o analista está "vestido de analista", no sentido que, distante do contato com suas próprias emoções, defende-se delas identificando-se com um estereótipo que se apóia integralmente na valorização idealizante de uma busca supra-pessoal (ideal do ego de trabalho). Também o precioso e complexo conceito de "aliança terapêutica" freqüentemente é utilizado inadvertidamente para justificar um certo distanciamento da experiência real da relação.

Desejo salientar que não estou descrevendo aqui o trabalho de um analista atrapalhado, que toma gato por lebre,[3] funcionando toscamente no nível do Ego. Bastante ao contrário, este perfil pode adaptar-se muito

[3] N.T.: tradução livre de "lucciole per lanterne", que seria tomar vagalume por lanterna, no original.

bem a um profissional atento e correto, objetivo e inteligente. Todas estas qualidades podem estar presentes, por exemplo, nos terapeutas com tendências obsessivas, descritos por Greenson (1990), e não constituir absolutamente dotação suficiente para o acesso a um contato empático. Entre as muitas situações em que se pode estabelecer um contato ego-ego limitado e limitante, a mais interessante é talvez exatamente aquela em que analista e paciente temem e desejam inconscientemente a inexistência ou a inconsistência dos limites: o empobrecimento, a rigidez e a superficialidade da vivência relacional impedem um tipo de contato cuja potencial riqueza, liberdade e profundidade parecem representar um perigo para a organização estrutural de ambos.

Contato ego analista-ego/self paciente

Esta modalidade de funcionamento se realiza preponderantemente quando o analista está em condições de operar em *uma condição suficientemente estável de receptividade pré-consciente, mantendo seu próprio centro de gravidade experiencial no ego consciente,* e o paciente, ao contrário, está mais disponível para estabelecer contato e intercâmbio mais profundos e completos.

Esta situação pode ser assim metaforizada: um esquimó faz um buraco circular no gelo e pesca através daquela abertura com um anzol ou um arpão; ele então traz desse mundo submarino para a atmosfera, algo que faz parte de um ambiente que é biologicamente inaccessível para ele.

O esquimó não sabe se pescará, nem o que pescará (embora com o passar do tempo a experiência lhe permita fazer previsões acuradas baseadas nas estações do ano), mas sabe que é desse modo que se pesca. Ele faz isso automaticamente e, como o faz habitualmente, o ato de pescar já não é mais algo especial que o surpreende.

O analista que se encontra nesta situação realiza um *contato predominantemente visual com o mundo interno do paciente,* e é capaz de descriminar com suficiente acuidade e objetividade sua configuração e desenvolvimentos inconscientes e pré-conscientes. Ele também é capaz de perceber as intrusões projetivas do paciente, podendo reconhecê-las como elementos não-*self* e, formulando hipóteses dinâmicas, ele poderá retornar aos processos internos do paciente. Poderíamos dizer que um analista sagaz é o que pode objetivar e analisar, com competência, cenários extensos da vida onírica do paciente. O que especificamente ele não consegue fazer é *lidar de modo criativo com aquilo que observa em termos de transformação, restituição e trocas psicanalíticas.* A falta de contato emocional com o próprio *self* faz dele um pintor sem tintas: *não querendo sentir, não pode fazer sentir.*

Justamente o tratamento das projeções do paciente é o banco de provas da atitude interna do analista: se trabalhar somente com seu ego, o analista tenderá a apressadamente pôr o foco nas projeções do paciente como tais, e considerá-las como anomalias disfuncionais do ego do paciente, de caráter ilógico e irrealista. Ele evitará a todo custo utilizá-las (mesmo quando possível) para reproduzir em si mesmo o clima onírico que o paciente está vivenciando e para reconhecer-se como agente de potencial transformação dentro da cena.

Tendo reconhecido as configurações fantásticas que germinam na sessão, o analista tenderá a dar uma *interpretação descritiva saturante a respeito delas, o* que agirá como fixador de uma cena: torna-la-á estaticamente visível bloqueando os processos profundos de aproximação entre o *ego* e o *self,* o que requer sempre a criação de uma atmosfera em que haja ao menos um mínimo de convivência. Em síntese, as intervenções do analista tendem a ser objetivas, prematuras, prolixas, metódicas e conclusivas.

Este analista "preservado" é como uma criança inteligente, observadora e perspicaz cuja mãe a havia privado do contato corporal e impedido de brincar com materiais e espaços supostamente "perigosos" tornando–a melancólica e fóbica. Este analista "preservado" observará seus pacientes por detrás de uma vitrine, oferecendo interpretações freqüentemente realistas e precisas, capazes de alimentar no paciente a esperança de estabelecer contato. Essa esperança nunca morre completamente, porque é quase como se o paciente sentisse que o analista "poderá melhorar".

Certa vez, quando eu trabalhava mais ou menos desse modo, um paciente, que naquele dia estava muito mais integrado do que eu, assinalou o fato com certa resignada serenidade: "Doutor, o senhor hoje me parece um daqueles nobres Manzonianos[4], que por caridade cristã serviam pessoalmente a mesa para os pobres, mas tomavam o cuidado de nunca sentar e comer com eles!"

No entanto, devo esclarecer que a configuração de contato que descrevi, refere-se a casos em que o analista, defensivamente, *não pode* participar do encontro com uma grande parte de si próprio. Há outras situações, totalmente diversas, nas quais o analista, conscientemente, *decide* adotar uma atitude de espera, de afastamento e de distanciamento parcial, porque é taticamente útil.

Contato ego/self do analista e ego do paciente

Esse tipo de contato ocorre como algo totalmente natural nos inícios de muitas análises, quando a comprovada capacidade de contato empático do analista lhe permite reproduzir em si mesmo um modelo preciso e bastante útil da organização defensiva do paciente, situada geralmente na parte inconsciente do ego (Shafer, 1959, 1983). Isto lhe permite compreender o que o paciente pode se permitir pensar e experimentar naquele momento e, conseqüentemente, o ajuda a decidir como se comportar como analista.

O analista utiliza a ressonância de próprio *self* (Kelman, 1987) para identificar, comparativamente, as áreas subdesenvolvidas ou inacessíveis do *self* do paciente, mas, com o próprio *self*, também vivencia os modos, os níveis e a força com a qual o ego defensivo inconsciente do paciente habitualmente suspende, sufoca ou suprime o contato subjetivo do paciente com o próprio *self* (Bollas, 1987). É precisamente esta experiência de sintonia que, por vezes, induz o analista a refletir sobre quão seriamente enfermo está um paciente, independentemente da sintomatologia externa mais ou menos evidente.

O contato amplo e profundo com o próprio *self* possibilita ao analista receber, experimentar e discriminar as partes da vida mental do paciente (objetos e funções) que foram cindidas e projetadas nele.[5]

---

[4] N.T.: Manzoniano: refere-se ao escritor italiano Alessandro Manzoni, (séc.XIX), católico extremado e "bom moço". O termo manzoniano poderia ser entendido como beato, "carola".

[5] A este respeito é interessante o conceito de Mitchell (1993) de "Capacidade de resposta auto-reflexiva": "A capacidade de resposta auto-reflexiva ao paciente é uma habilidade extremamente

O analista que pretende facilitar os movimentos espontâneos e conflitivos profundos do paciente em favor da reintegração do contato ego–*self*, raramente dispõe da ousadia de um conquistador ou da destreza de um investigador. Seu traço característico é a *paciência*, porque o contato com o *self* do paciente é uma espécie de terra prometida, e a falta dele pode ser fonte de frustração por um longo tempo; esse contato equivale profundamente a uma espécie de objeto de amor perdido (Greenson, 1960); o analista re-encena internamente a perda e o difícil e fatigante reencontro. O ego consciente observador do paciente é, em geral, o aliado de superfície do analista, que colabora com a manutenção do *setting* e com a elaboração psicanalítica como um todo. O *ego defensivo do paciente,* guardião do inconsciente e seqüestrador do *self, é o verdadeiro interlocutor profundo do analista,* e, não raro, leva anos para que se dê a passagem, na mente do analista, de uma dialética antagonista para uma cura transformadora dessa instância do paciente fundada em representações e afetos de base autêntica e benevolentemente parentais.

Esta passagem crucial se realiza quando o analista consegue entrar em *contato experiencial* com a angústia e com os conseqüentes processos defensivos primitivos do paciente, ao invés de limitar-se a deduzi-los engenhosamente: a esta altura, também a parte mais obscura e sabotadora do paciente geralmente é incluída na cura, e não mais combatida.

Além destes percursos naturais das análises, nas quais o aparecimento da configuração que chamo "Contato entre o ego/*self* do analista e o ego do paciente", com seus desenvolvimentos mais ou menos complexos, forma parte de um adequado processo evolutivo, podem ser observados aspectos substancialmente perversos desta mesma configuração. Isto ocorre, por exemplo, quando o analista se permite um elevado grau de envolvimento e de comunicação emocional com pacientes intensamente narcisistas, cujas emoções se recusam a tomar parte do encontro com uma indiferença soberana, e com um grande quinhão de auto-complacência e auto-justificação.

---

sofisticada, e pressupõe que a mente do analista, assim como a do paciente, se caracterize por estados e organizações do *self* descontínuos e móveis, uma vez que é gerada em campos interpessoais de influência recíproca, e que a auto-reflexão seja por si, sempre e necessariamente prospectiva e extremamente seletiva".

Nessas circunstâncias, alguns analistas podem se deixar levar oferecendo um "exemplo de humanidade" mostrando e comunicando seus próprios sentimentos, esperando talvez induzir no paciente uma disposição análoga. Mas ao fazer isso corre o risco de mergulhar masoquisticamente em uma piscina vazia: um analista "lírico", e um paciente frígido (veja-se também Lopez, 1976). No outro extremo, uma fácil demonstração de contato ego-*self* por parte do analista diante de um paciente inibido nesse sentido e destituído narcisicamente, pode suscitar fortes sentimentos de inveja e oferecer para o paciente uma experiência humilhante. Em outros casos, um analista particularmente atento, e que conscientemente se apercebe da situação dinâmica do paciente, pode encontrar um meio de estimular uma *competição* positiva no paciente, deixando transparecer sua boa relação ego-*self* de uma forma que não seja perturbadora para ele (Bollas, 1987). Esta almejada delicadeza poderia ser considerada como elemento de um "comportamento psicanalítico".

Contato do ego/self do analista com o ego/self do paciente

Não podemos decidir *ipso facto* sermos empáticos; quando sentimos ter perdido o contato interno, a auto-análise é ao mesmo tempo um dever e uma possibilidade.

O "reencontro de si" é o ato reconstitutivo necessário para se ter acesso à alteridade e que permite a recuperação das funções psicanalíticas, desativadas pelo distanciamento interno.

Milella (2001) define esta passagem como "auto-empatia": "Quando o evento auto-empático ocorre durante o trabalho do analista, ele vivencia uma experiência difusa de reparação e integração dos próprios objetos pessoais e profissionais". Quando, por outro lado, estamos bem integrados e conseguimos trabalhar de modo empático, sentimos que, na alegria ou na dor, *as coisas estão nos devidos lugares,* e experimentamos gratidão em relação a nossos mestres e, indo mais para trás, em relação a nossos pais; tendo-nos dado a experiência de contato, compreensão e participação, nos propiciaram os meios para poder recriar, na vida e no trabalho, essa condição tão útil e fecunda. Creio que há muito de verdade no que nos diz Greenson (1966): no fundo, além de ser uma ciência e uma profissão, a psicanálise é também – humanamente falando - uma belíssima forma de viver.

Penso que desde o primeiríssimo encontro com o paciente, alguns dos *afetos básicos do psicanalista,* assim como algumas representações básicas, contenham e alimentem a relação psicanalítica: os desenvolvimentos emocionais subseqüentes na relação, de sentido positivo ou negativo, são possíveis e garantidos pelo afeto de base, fundado geralmente no reconhecimento profundo, grato e de admiração pelo aspecto criativo, fértil, dos objetos internos.

O que sucede dentro do analista quando trabalha com um bom nível de contato interno?

Dispondo do rico patrimônio representacional contido no *self,* com facilidade o analista representa, em sua mente, as vivências contratransferenciais; direi que as representações de coisa levam então leve vantagem sobre as representações de palavra[6], desde que, *ao combinar-se, as segundas adaptem-se às primeiras (rem tene, verba sequentur)*[7]. Assim, na mente do analista, a experiência gera a explicação.

Os canais pré-conscientes se ampliam e as funções exploratórias do ego (ego observador) podem iluminar, aprofundar e fazer contato com partes do id: *o analista não deduz,* mas *vê mais.* A névoa defensiva se dissipa, ele consegue *insight,* mas amplia também seu *self;* o que vivencia torna-se, às vezes, parte dele.

O processo primário se alterna com o processo secundário, segundo o modelo de regressão a serviço do ego (Kris, 1952) que está na base de muitas formas de criatividade.

Os processos introjetivos prevalecem sobre os projetivos ("en-patia") em uma condição de consciência da separabilidade que produz sintonia (consciente e pré-consciente) e não identificação (em geral, inconsciente).

---

6 Concordo aqui com o que afirma Racalbuto (1994) em *Tra il fare e il dire* (Entre o fazer e dizer) (cap.1) : "Se é verdade que o analista deve "cuidar" do vínculo entre as "coisas" e as "palavras" (por exemplo , encontrando palavras que dêem "alma" às coisas), é também verdade que em alguns casos são as coisas libidinalmente densas que tornam "vivas" as palavras".

7 **Rem tene, verba sequentur!** [Tosi 48]. Persiste no assunto, que as palavras adequadas virão.

Os processos projetivos do paciente vivenciados pelo analista não são sempre somente objeto de descrição e atribuição (= "isto é coisa sua"), mas mais freqüentemente são *tratados*, por exemplo, a sintonia e a capacidade de jogo criativo permitem a interpretação no sentido de *ser intérprete* (dar conscientemente voz e palavra a uma parte muda do paciente), e também no sentido de fornecer uma explicação ao ego.

Através de uma atitude articulada que utiliza também *role-reponsiveness*[8] *(Sandler, 1976)*, o analista percebe as necessidades do ego do paciente e as integra empaticamente, até permitir-lhe um funcionamento psicanalítico autorepresentativo.

Os afetos do analista: 1) sempre estão presentes; 2) não podem ser determinados por ele; 3) são, ou melhor, podem ser instrumento de trabalho.

Certamente sabemos que alguns afetos do analista, quando inconscientes, podem perturbá-lo e induzi-lo a erros técnicos. Sempre me tocou o fato de que mesmo certos afetos conscientes podem se tornar um obstáculo ao trabalho (por exemplo, a simpatia pode, em alguma medida, escotomizar aspectos da transferência negativa, ou vice versa); fico ainda mais intrigado com a idéia de que, mesmo em estado de completa consciência, certos afetos do analista possam ser empregados com objetivos técnicos.

Os afetos do analista constituirá o tema do próximo capítulo. Entretanto, antes de iniciá-lo, desejo desculpar-me com os leitores: ao reler estas últimas páginas dei-me conta de que provavelmente a densidade da linguagem técnica pode ter excedido o limite de atenção de vocês.. Para continuar no tema, eu diria que meu ego inundou o ego do leitor com abstrações: de "*self*" se "escutou" pouco. Por isso, será melhor retornarmos à sala de análise, pelo menos por um momento.

PACIENTE: "Tive um sonho: eu era criança e estava sentado nos degraus externos da escola. Havia um pássaro ferido na cabeça, sangrando, e não conseguia voar. Chega a mulher, a mãe, ou a namorada do

---

[8] N.T.: em inglês no original.

pássaro, não sei bem, para ajudá-lo. No final, o pássaro consegue voar. Eu observo e sinto-me alegre, feliz e calmo."

ANALISTA: *(comovido):* "Quem te lembra aquele pássaro?".

PACIENTE: "A mim" (*despede-se com olhar muito profundo).*

Capítulo 8

EMPATIA E CONTRATRANSFERÊNCIA: OS AFETOS DO ANALISTA COMO PROBLEMA E COMO RECURSO

O problema dos afetos do analista durante o curso de seu trabalho perpassa a história da psicanálise desde seus inícios, do ponto de vista teórico, clínico e institucional.

Não reproduzirei aqui, como se faz classicamente nesses casos, as citações das conhecidas notas de Freud ou de seus colaboradores, que propunham uma descrição do *setting* interno desejável para o analista no exercício de sua profissão.

Direi somente que a necessidade inicial de apresentar à comunidade científica, aos potenciais pacientes e – não menos importante – às suas famílias, uma figura de terapeuta confiável, emocionalmente neutro e impermeável às habituais vicissitudes das relações, totalmente identificado com o ideal suprapessoal de busca da verdade, e imune às inevitáveis complexidades interativas próprias do ser humano, foi substituída (primeiro com forte resistência e depois com certa resignação) pelo reconhecimento de que as coisas não são – e não podem ser – tão simples assim: a linearidade estilizada do profissional livre de conflitos e tão senhor de suas próprias emoções, que poderia receber uma grande variedade de pacientes com imperturbável constância funcional, mostrou-se totalmente inverossímil.

Em troca da perda desta ilusão, em seu primeiro século de vida a psicanálise foi muito enriquecida pela ampliação progressiva dos conhecimentos sobre continência, analisabilidade e utilidade técnica dos afetos do analista.

Constatou-se, antes de tudo, que a possibilidade de percepção dos próprios afetos conferia à vivência do analista um natural sentido de realidade e de verdade na experiência de trabalho que, caso contrário, se conduzida em regime de isolamento ou de cisão emocional, poderia resultar desrealizante, fictícia, falsa, e conseqüentemente empobrecida. Além disso, do ponto de vista econômico o trabalho do analista é freqüentemente mais dispendioso e fatigante quando uma grande quantidade de energia é consumida para defender-se do contato com seus próprios afetos, do que quando os vivencia diretamente (o que aos leigos parece um paradoxo ou algo difícil de compreender).

Em segundo lugar, os analistas têm sido progressivamente tranqüilizados pela evidência que, se esse contato é mantido, e os afetos vivenciados são em alguma medida reconhecidos, os riscos de comportamentos impulsivos e reativos do próprio analista são substancialmente reduzidos: o *"acting in"* do analista ocorre mais freqüentemente em um contexto de repressão, de apatia, de distanciamento cindido, do que da experiência suficientemente consciente dos afetos.

Em terceiro lugar, constatou-se que, se os afetos forem suficientemente discriminados de seus componentes transferenciais *a priori* (por exemplo, a transferência sobredeterminada do analista em relação ao paciente em razão de particulares conotações físicas, sociais, profissionais, de gênero sexual etc.), os afetos evocados contratransferencialmente pela convivência psicanalítica podem contribuir – depois de adequado "*working through*" – para o conhecimento dinâmico daquilo que os suscitou.

Estas e outras considerações desenvolvidas pela comunidade psicanalítica, resultantes de décadas de reflexão, coloca-nos hoje em condição de tratar os afetos do analista não só como algo que não pode ser eliminado, mas também como um bem precioso para ser levado em grande consideração, como recurso a ser protegido e como instrumento de percepção a ser utilizado com precisão.

A higiene mental do analista, entendida como o empenho em manter-se suficientemente inteiro e bem integrado, não está absolutamente em contraposição com a preocupação ética e técnica visando seu bom funcionamento profissional. O analista não pode estabelecer um verdadeiro contato empático com os afetos do paciente se perder o correspondente contato balanceado em relação a seus próprios conflitos, mergulhando na anestesia ou no *contágio emocional* (Bolognini, 1991; para conhecer melhor o conceito de "contágio emocional" ver o excelente estudo de Bonino, Lo Coco e Tani, 1998).

Ao mesmo tempo, para não incorrer em idealizações fáceis, devemos estar conscientes de alguns aspectos da questão que devem, sem dúvida, moderar nosso otimismo e induzir à cautela:

1 – Os afetos dos analistas, como os de todos os seres humanos, não são previsíveis, nem podem ser escolhidos e, portanto, não são programáveis nem mesmo com fins terapêuticos.

2 – Freqüentemente são muito complexos, e sua vivência consciente será sempre parcial; um contato completo e constante do ego central consciente com os afetos e com as vivências profundas do *self* é pura utopia.

3 – Independentemente de nossas preferências teóricas, os afetos nos criam constantes problemas, especialmente porque a quota de afetos negativos quase nunca está à altura das expectativas narcísicas ideais, com base nas quais todo analista – em maior ou menor extensão - ama secretamente auto-representar-se (Abend, 1986).

4 – Finalmente, os afetos do analista, ocasionalmente de modo ainda mais direto e desconfortável do que os sonhos, colocam-no em contato com seu inconsciente, pondo em evidência suas correspondentes dificuldades associativas ou representacionais, isto é, vivenciando os afetos sem saber porquê ou vinculados a quê.

Mas, um século de psicanálise nos ensinou a ter paciência e confiança nos processos integrativos que são levados adiante, a despeito de mil obstáculos, pelas funções psicanalíticas da mente.

Esta confiança permite a muitos analistas de hoje tolerar por períodos prolongados a ausência ou a incompreensibilidade dos afetos, sua aparente falta de sentido ou sua transformação degenerativa em tensões não dirigidas ao objeto, como verificamos freqüentemente no tratamento de pacientes graves.

Creio que esta possibilidade de aventurar-se, com certa confiança de base, nos territórios desérticos da "não afetividade", no reino tempestuoso da desafetação e, em geral, de tudo que é "aparentemente pouco humano", é fruto da contribuição teórica e clínica de muitas gerações de psicanalistas.

Entretanto, também acredito que uma boa planta nasce de uma boa semente, e que deveríamos ser gratos a Freud - embora positivista, médico e neuropatologista que privilegiara uma postura rigorosamente científica - por não ter usado em seu *setting* o avental branco (potente símbolo de assepsia e de não contaminação emocional); por não ter-se deixado aterrorizar pelo cataclismo afetivo de Breuer com Anna O.; por ter abordado o telefone (1912) como metáfora de receptividade transformadora e o espelho como símbolo de uma função reflexiva/restitutiva/objetivante e, sobretudo, por ter utilizado um recurso corajoso e muito humano de auto-análise, o que certamente ajudou a muitos investigadores posteriores na manutenção de um contato sadio com sua própria humanidade, mesmo em circunstâncias muito adversas, complexas e potencialmente alienantes sob múltiplos pontos de vista.

O material clínico que apresentarei se presta bem, a meu ver, para descrever as vicissitudes contratransferenciais no trabalho psicanalítico.

No decurso desse tratamento ocorreram desacordos entre meu ego de trabalho e as vivências de meu *self*. Em certos momentos me parecia ter encontrado o fio da meada, em termos racionais, mas em algum lugar dentro de mim eu sentia que não era assim.

Sei ter caído em identificações, das quais não tinha consciência, com objetos internos e partes do *self* do paciente: o "trabalho contratransferencial" (Di Benedetto, 1998) em parte se constituiu em dar-me conta disso, e em parte em empregar frutiferamente a experiência e o conhecimento assim adquirido em relação à natureza desses objetos e dessas partes, e também à qualidade, tonalidade e atmosfera das relações entre eles.

Penso que a experiência contratransferencial é condição necessária para entrar verdadeiramente no mundo interno do paciente; isso não garante, em absoluto, um bom grau de empatia (se permanecermos identificados contratransferencialmente, limitar-nos-emos a repetir a mesma cena interna, sem poder compreendê-la e interpretá-la); creio, porém, que *ter passado pela experiência contratransferencial, elaborando-a,* pode permitir o desenvolvimento de uma empatia ampla e profunda, não limitada à concordância egossintônica. Estas considerações constituem o campo-base natural para uma atitude favorável ao desenvolvimento de mudanças profundas no paciente.

Também acredito, como escreve Tuch (1997), que é importante não só compreender *como* se sentem os outros, mas também *porque* se sentem assim em relação a suas características e história pessoal, mantendo articulado e complexo o sentido do trabalho psicanalítico.

Aldo, o administrador sem coração.

Um dos meus primeiros pacientes psicanalíticos me proporcionou, nos anos iniciais de sua análise, verdadeiros "baldes de água fria" emocionais; esse tratamento redimensionou muitas das minhas ilusões residuais sobre a possibilidade de regular intencionalmente os afetos do analista em uma determinada situação, ensinando-me, em compensação, muitas coisas.

O mais importante de tudo, e que posteriormente retomei e desenvolvi em diversos trabalhos, é que a empatia é uma condição complexa, multifacetada e indecidível, e que para entrar verdadeiramente em contato com o paciente em sua totalidade e complexidade (e não com uma área interna especifica!) é necessário muito tempo, muita convivência psicanalítica e muito *working through.*

O administrador Aldo chegou para o primeiro encontro com vinte minutos de atraso, atraso esse anunciado no meio do caminho por uma chamada telefônica um tanto ambivalente e reveladora de seu conflito. Incomodava-o a idéia de ter que se "submeter a uma entrevista", e ao mesmo tempo temia não ser bem recebido.

Encontrei-me frente a um homem de 42 anos, vigoroso, distinto e seguro de si. Inicialmente me pareceu arrogante (esta foi minha primeira impressão), mas capaz de se tornar simpático a mim devido a certas expressões fugazes, que nunca duravam mais de alguns segundos, nas quais seus olhos pareciam admitir alguma dificuldade e procurar compreensão. A maior parte do tempo, entretanto, não era assim; sua postura básica era a do "durão".

Disse-me imediatamente que nunca ouvira falar de mim, e que eu parecia muito jovem, mas que confiava no ilustre colega que lhe havia indicado meu nome; senti-me intimamente grato ao colega, ainda que não tenha achado particularmente agradável ser colocado na Segunda Divisão.

O administrador Aldo pretendia iniciar a análise – ainda que nela não tivesse muita confiança – para curar um profundo sentimento de infelicidade e de vazio que sentia ter sempre carregado consigo, desde a infância, mas que de alguns anos para cá tinha se tornado mais difícil de suportar, e era acompanhado de um sentimento geral de distanciamento em relação aos outros e de irritabilidade em relação aos filhos; este último aspecto era o que mais o impressionava.

O sustentáculo de sua existência era a relação com sua esposa, mulher afetuosa, agradável e totalmente dedicada a ele; na prática, desejaria que ela só se dedicasse a ele, e se dava conta que sentia seus dois filhos, uma menina de 12 anos e um menino de 8, como irmãozinhos rivais que lhe roubavam a mãe.

Aldo tivera uma infância particularmente infeliz, embora fosse de família abastada, devido às desavenças entre seus pais e ao temperamento difícil da mãe. A discórdia entre seus pais parecia ter produzido uma dissonância e uma falta de conexão com aspectos de seu caráter que funcionavam bem. Filho único, quando garoto havia acompanhado o pai em situações de trabalho e de lazer, e havia introjetado algumas aptidões positivas do pai.

Podia definir-se realisticamente como um homem de sucesso, abastado, reconhecido social e profissionalmente, esportista, acostumado a viajar, hábil negociante. Além disso, tinha *hobbies* que cultivava com autêntico prazer no sótão de sua casa: mecânica, marcenaria, e vários tipos de "faça você mesmo" artesanais.

Não podia, porém, compartilhar nada disto com ninguém, a não ser com a esposa; não tinha amigos, nem havia querido tê-los por intolerância aos sentimentos de rivalidade, de inveja, de ciúmes, e pela necessidade de se sobressair, de ser o único e de derrotar o Outro.

Desde o início precisei experimentar sua intolerância em relação a mim.

Ele me estudava e me avaliava. Mesmo recostado, tentava ter-me sob controle e verificar minha real consistência, oscilando entre duas opiniões diametralmente opostas sobre mim. De um lado, por eu ter menos idade que ele e pela modéstia de minha casa em comparação com a sua, dava-me pouco valor e o dizia francamente; por outro lado, minha técnica não parecia oferecer resultados imediatos observáveis concretamente, razão pela qual tomava corpo a idéia de que eu era, profissionalmente falando, um "engodo". Teria podido livrar-se de mim em um segundo, mas, naquele momento, quem o teria ajudado? Esta situação me trazia à mente alguns filmes em que os gangsteres não podiam se livrar do prisioneiro porque ele era o único que sabia onde estava escondido o dinheiro, ou algo do gênero. A expressão clássica seria: "Maldito seja!!!! Ele só serve vivo!...".

Por outro lado, Aldo começou a ter a esmagadora sensação de que eu era uma pessoa perfeitamente sadia, inteira, e dotada de uma cultura prodigiosa. A idealização "trabalhava" para criar o necessário objeto transformador. Isto perturbava profundamente sua auto-estima; em suma, tolerava mal o objeto de que tinha necessidade.

A mãe do administrador Aldo era uma mulher desconfiada no limite da estupidez; suspeitava de todos, não confiava em ninguém, a ponto de renunciar a todo possível contato, benefício ou nova aquisição.

E foi este - bem mais do que qualquer conflito com a imagem paterna idealizada e a rivalidade edípica - o verdadeiro *leit-motiv* desta análise, sobre a qual se projetou verdadeiramente a "sombra do objeto" de modo característico. Ocasionalmente se manifestava uma eventual veia depressiva, e ele se definia como um "patife". Descrevia, então, o modo como tinha destratado um familiar ou um conhecido, a maneira sádica com que se havia aproveitado de alguém mais fraco para obter vantagens financeiras; o espírito hipercrítico e polêmico com que destroçava os comentários das pessoas. Sendo inteligente, sabia fazer essas coisas com maestria.

No início do tratamento, eu o considerei basicamente como portador de uma patologia de caráter de tipo aloplástico, porque parecia atacar exclusivamente a análise e a mim. Depois de vários meses comecei a compreender o quanto ele também se submetia a essa forma de mortificação.

Como se pode perceber, meus sentimentos em relação a este paciente sofriam oscilações bastante óbvias, em sentido positivo e negativo, segundo as diferentes fases da análise e, particularmente segundo a predominância de uma contratransferência concordante ou complementar. Para ser mais preciso, se eu me identificasse com a parte "patife", ou com a mãe desconfiada, rindo sarcástica e sadicamente em uníssono com ele, sentia-me como uma espécie de Don Rodrigo ou de guarda medieval, e fantasticamente me convertia em seu cúmplice, envolvido em negociações sujas e danos a terceiros, quase como um "capanga de aluguel".

Se me colocava no lugar dos terceiros prejudicados, tremia de raiva contra ele. Quando ele me deixava vislumbrar seu *self* magoado, ofendido, eu me sentia solidário e tendia a esquecer o reverso da medalha (que, entretanto, havia-me sido apresentado de modo convincente poucos minutos antes); este é um exemplo da facilidade com que podemos nos identificar projetivamente com um objeto interno perseguidor.

Resumindo: neste tipo de tratamento, tanto os afetos positivos como os negativos podem constituir um problema. Os afetos negativos, freqüentemente fruto de suas críticas e de sua hostilidade, despertavam em mim uma reação de contra-ataque que eu mantinha sob controle, tentando converter em técnica ou, ao menos, em questões psicanalíticas do tipo: por que ele está fazendo isso? Do que está se defendendo? Que parte de si ou de um de seus objetos internos foi projetada e está me atacando? Que parte dele está no comando neste momento, com a qual está totalmente identificado? Quem é contra quem? etc.

Por vezes, o trabalho psicanalítico tinha sucesso e meus afetos mudavam correspondentemente, à medida que o paciente reconhecia e elaborava seus temores e sofrimentos que estavam na raiz de seu ódio. De um modo completamente natural e sem nenhum esforço deliberado, seu progressivo contato com o sofrimento levou-me a um sentimento de solidariedade humana para com ele. Outras vezes, persistia em mim uma dificuldade insuperável em relação a ele.

Uma de suas lembranças tornou mais compreensível minha persistente atitude negativa: referia-se a sua tentativa recorrente, por volta dos sete-oito anos, de atingir com um jato de urina, da varanda de sua casa, os brinquedos das outras crianças que brincavam no pátio abaixo.

Esta cena estava totalmente em sintonia com o *hic e nunc,* com os ataques sádicos uretrais corrosivos a meus brinquedos/instrumentos psicanalíticos. Mais em geral, seu "atirar coisas do alto para baixo" denegrindo os objetos com sua hostilidade/urina, claramente representava seu sentimento de superioridade e prazer em degradar e sujar quem lhe parecesse mais feliz e afortunado do que ele.

Geneticamente falando, naturalmente fomos associando tudo isso a seu sentimento de inferioridade, mas, sobretudo e principalmente ao penoso isolamento vivenciado quando criança (a mãe não confiava nos outros garotos e o proibia de sair para o pátio interno). Esse jato de urina poderia parecer até um meio de contato impróprio e patético, assim como a expressão de seu ódio e de sua inveja em relação àqueles garotos, em outros tempos, e agora em relação a mim.

O administrador Aldo contribuiu e concordou com esta reconstrução, mas os sentimentos que eu vivenciava em relação a ele permaneciam como antes: hostilidade e ressentimento.

Em um primeiro momento, cheguei a reprovar-me secretamente, lamentando minha impaciência e irritabilidade; houve, porém, uma súbita mudança quando o paciente, ainda que reconhecendo como provavelmente verdadeiro o fato de que originalmente existira a defesa frente ao sofrimento, deteve-se para considerar o forte prazer narcísico que se havia concentrado e fixado naquela operação.

Aqui devo tê-lo sentido "totalmente honesto" ao reconhecer aquele prazer sádico, pois meu estado de ânimo em relação a ele se tranqüilizou sem grande esforço.

A confirmação da exatidão de minha percepção surgiu com o que Aldo trouxe na sessão seguinte, após uma semana de ausência já programada em função das férias.

Coerente com seu caráter, o administrador Aldo era um caçador. Um conhecido seu, caçador muito mais aficionado do que ele, convidou-o para uma semana de caça na Hungria, e ele aceitou, o que implicava a perda de quatro sessões.

Voltou transtornado.

Tinham ido caçar na Hungria, às margens de um lago onde nadavam centenas de patos selvagens. Disparando freneticamente com seu rifle automático, o amigo realizou literalmente um verdadeiro massacre, aliás, sem mérito algum, pois todos os patos estavam muito próximos, e se atrapalharam reciprocamente na tentativa de levantar vôo; a água do lago ficou vermelha de sangue, mas o amigo continuava disparando como um louco.

Aldo gritara: "Basta! Basta!", e o outro, irritado, dera-lhe um empurrão.

Algo se rompeu entre eles e - o mais importante - nele.

Escutei com intensa emoção seu relato, que era dramático e adequado ao evento narrado.

Neste caso, decidi não fazer comentários ou interpretações; o paciente estava plenamente em contato com os vários níveis internos condensados por essa cena; estava profundamente perturbado, mas não oprimido, destruído ou absorvido pela poderosa sensorialidade desta cena, e não era o momento certo de traçar muitos arabescos em torno do fato.

Tive a clara percepção de que, se tivesse interferido como um professorzinho, para formalizar "as possíveis chaves de leitura" daquela narração, teria dissipado em boa parte um patrimônio de experiência e de *insight* alcançados neste caso por via natural e que estava diretamente disponível, como sucede somente em certos momentos fundamentalmente importantes na vida de qualquer um de nós.

Uma mudança interna já operante havia produzido aquele acontecimento. Aquele evento, bem como a narração dele, tinham produzido mudanças ineludíveis; como confirmação disto, a mais evidente conseqüência desta experiência inesperada foi um renovado interesse e cuidado em relação a seus filhos.

Como assinalei antes, mesmo os afetos positivos eram, em certo sentido, um problema durante esta análise.

Começarei com uma observação de caráter geral da qual estou convencido: nas relações humanas, não só os analistas, como também todas as pessoas, tendem a sentir-se profundamente tocadas e "liricamente" comovidas quando uma pessoa habitualmente insolente, fria e cruel se comporta bem em relação a elas.

A gentileza ocasional de uma pessoa violenta, ou um momento de ternura de um "homem de gelo" têm um poder incalculável de sedução, pois mantêm afastadas temporariamente algumas angústias básicas do interlocutor, suscitando a ilusão de ter afortunadamente se enganado ao ter sofrido ou sentido medo. Sucessivas desilusões ("baldes de água fria") nos tornam ainda mais receosos do que antes.

Algo do gênero deve ter acontecido comigo em relação ao paciente em questão. Depois de um período de altos e baixos emocionais, que me levou um pouco além da articulação equilibrada das percepções complexas e realistas do positivo e do negativo, fui impulsionado em direção ao pólo "entomológico" (emocionalmente dissociado), que era precisamente o lugar ocupado pela mãe do paciente.

Durante a análise, o administrador Aldo trouxe para uma sessão uma recordação embaraçosa, seguida por uma observação-fantasia. Ele havia notado que depois de tocar a campainha de chegada, eu abria a trava de segurança da porta de minha casa mais ou menos quando ele chegava ao patamar inferior. Ver minha mão e meu braço saírem do apartamento para executar esse gesto ritual, trouxe-lhe à mente um período de masturbação recíproca com um amigo, quando tinha cerca de dezesseis anos, uma idade que a mim não pareceu tão tenra. Tinham sido anos difíceis, e essas práticas, dizia ele, eram uma espécie de "torneio de consolação dos excluídos"; depois disso, uma vez iniciadas as relações com garotas, rapidamente esqueceu-se daqueles episódios.

De um lado, instintivamente considerei esse nível de comunicação analiticamente muito positivo; o fato de que essas lembranças tivessem voltado à sua mente e que, a despeito de seu embaraço e de sua vergonha, tivesse conseguido falar sobre isso comigo, testemunhavam um aumento de confidencialidade em relação a mim e certa confiança básica na ajuda psicanalítica que ele estava recebendo.

Permaneci, porém, desconfiado (como sua mãe, e como ele em relação à mãe) devido aos desapontamentos que ele me causara anteriormente. Dediquei mais atenção ao seu aspecto potencialmente perverso e manipulatório-resistencial naquela cena masturbatória, temendo não ser suficientemente "técnico" nessa ocasião e fiar-me muito ingenuamente em minha percepção afetiva positiva ao avaliar aquele desenvolvimento psicanalítico .

Fiquei muito grato, *a posteriori*, a meu "superego de trabalho" (Shafer, 1983), por recomendar-me prudência, um período de espera e auto-análise. Se eu tivesse mostrado minha desconfiança, provavelmente teria perdido a oportunidade de testemunhar o progressivo crescimento da confiança do paciente em mim e na análise. Mais do que me manter verdadeiramente neutro e aberto à percepção da transferência negativa, eu poderia ter atuado inconscientemente uma vingança impulsionada por meu ressentimento devido aos "baldes de água fria".

Na realidade, uma certa necessidade de controlar o outro, no *hic e nunc,* fora trazida à tona por aquela recordação e fantasia, mas não era o elemento prevalente.

O analista capaz de fazer contato e implicar-se intimamente (aquele que abria "a tranca da casa" para acolhê-lo) era uma estranha mistura de objeto externo "não-eu" e de objeto narcísico gemelar, algo intermediário. Participar da "Segunda Divisão" (aspecto masturbatório) permitiu temporariamente a ele sentir-se mais próximo do analista, reduzir a distância entre eles (Bolognini, 1997a), e diminuir os sentimentos de inveja em relação ao analista: uma fase intermediária, dinâmica, preparatória para a relação com um objeto externo não-eu.

No conjunto, esta história de "trancas que se abrem e fecham" (na infância, impedindo-o de brincar com as outras crianças no pátio; na análise, reabrindo novas possibilidades de contato) refletia as dificuldades e os bloqueios no contato intrapsíquico entre áreas internas.

Na segunda parte da sessão, o paciente sentiu-se suficientemente confiante para falar de suas relações sexuais com a esposa que, embora boas e gratificantes, ele tendia a espaçá-las muito por temer que o tornassem desvitalizado e sem forças para o trabalho. Isto nos permitiu trabalhar produtivamente suas angústias básicas e suas defesas anais e fálicas contra elas, em um clima psicanalítico fértil e possível.

Trarei um último fragmento clínico como prova de que a verdadeira neutralidade psicanalítica não consiste na ausência de afetividade, mas sim em uma temporária suspensão de julgamentos e em manter-se aberto às complexas percepções e aos desenvolvimentos imprevisíveis no processo e no campo psicanalíticos.

Freqüentemente, perto do final de uma boa análise, o casal parental é descoberto, aceito e algumas vezes até revalorizado. Ocasionalmente, até mesmo um genitor "negativo" pode tornar-se progressivamente mais humano.

Para o Administrador Aldo, entretanto, a figura materna mudou com o passar do tempo, de uma fonte de ira para uma fonte de dor, forçando-o a um verdadeiro período de luto. Tornou-se evidente que este homem aparentemente cínico e insensível sofria tanto não só porque sua mãe não o havia amado mas, mais particularmente, porque ela não deixou que ele a amasse.

Durante algum tempo pensei, um pouco escolasticamente, que o bom relacionamento com sua esposa e a péssima relação com sua mãe constituíam a manifestação externa de uma cisão interna. Com o passar do tempo, fui forçado a mudar minha opinião. Sua mãe sofria de dores atrozes nas costas; para piorar as coisas, tinha uma cama quebrada, inclinada para um lado, o que naturalmente era contra-indicado e aumentava suas dores. Aldo a havia estimulado a comprar uma cama nova, mas a velha senhora (a despeito de sua fortuna) havia encerrado a conversa dizendo que seria um gasto exorbitante e inútil. "Ela tem sido exatamente assim nos últimos trinta anos", disse-me ele, antecipando uma eventual pergunta de minha parte.

Então, o filho comprou uma cama para a mãe e levou-a pessoalmente, como presente, todo contente com a idéia de montá-la para ela, dado que entendia de carpintaria.

Voltou na sessão seguinte despedaçado: sua mãe recusara seu presente insultando-o e advertindo-o que não a procurasse por algum tempo.

O administrador Aldo, antes cínico e frio, iniciou a sessão com lágrimas nos olhos e um nó na garganta, e depois de alguns minutos rompeu em prantos. Compartilhei profundamente seus sentimentos e não me senti mais como um analista "lírico". Pelo contrário, como analista eu estava bem consciente de todo o trabalho que fora necessário para alcançar esse estágio. Eu compreendi o problema econômico do "preço" narcísico ("exorbitante") a ser pago para a progressiva recuperação de sua relação objetal básica. Isso se tornou possível graças a seu investimento conflituoso em mim e na experiência de análise. Eu sabia também que a atitude de reparação em relação à sua mãe, o desejo de oferecer a ela "uma boa cama", derivava do fato de ele ter recebido uma "cama suficientemente boa" na análise, e como conseqüência, a possibilidade de acolher e cuidar de seu sofrimento.

Reparar aquela cama quebrada que correspondia a uma estrutura interna que "não acolhia nem sustentava, como uma mãe sem continência", significava talvez reparar também os maus efeitos de uma cena primária violenta, isto é, as eternas rixas violentas entre seus pais.

Nas semanas seguintes, Aldo entendeu que devia aceitar a situação e viver a vida a seu modo, deixando sua mãe para trás. Ele sentia menos raiva e mais dor. Reconhecendo o objeto e os sentimentos que ele lhe despertava, identificava-se menos com ele e tornava-se cada vez menos "patife".

Emocionalmente, eu estava mais próximo dele sem nenhum esforço intencional (como podem notar, neste último parágrafo não me ocorreu antepor o "administrador" a seu nome). Não era necessário que nenhum autor me prescrevesse "usar a empatia" como método psicanalítico: acontecia, e pronto.

Sentia-me como uma testemunha muito emocionada que, distante dele alguns passos, participava do "velório" de sua mãe morta, sem descontinuidade, incompatibilidade ou contradição entre a função de analista e a ressonância emocional de um ser humano comum com suficiente maturidade, compreensão e capacidade de respeitar.

O luto de Aldo também inspirava um novo sentido de respeito porque não se referia somente à relação com um objeto externo ou interno; envolvia também *um modo de ser, uma parte componente do seu* self, *do qual tinha progressivamente retirado um certo narcisismo auto-laudatório e auto-legitimador.* E, frente à dor que acompanha uma profunda mudança econômica e estrutural no paciente, a resposta emocional natural é o respeito. Não é um procedimento técnico.

Reflexões sobre o caso

Os pioneiros da psicanálise temiam a interferência dos afetos do analista no desenvolvimento adequado do processo terapêutico (pressuposição realista, pois eles se moviam em um terreno novo e pouco conhecido de uma técnica nascente). Agora, depois de um século de aprendizado científico e reflexões podemos trabalhar com maior liberdade e com menor uso defensivo do isolamento afetivo ou de cisões emocionais, *precisamente porque estamos mais conscientes da complexidade da relação psicanalítica e de nossa atitude interna.*

Aos leigos isto também pode parecer paradoxal, mas a prudência, o maior conhecimento e o respeito à sua complexidade podem conduzir a um nível de compreensão mais seguro, no qual os afetos constituem ao mesmo tempo um instrumento de investigação e um componente essencial do quadro geral. Essencialmente, não devemos desconsiderar nossos afetos, nem lhes atribuir uma função mágica omnicompreensiva.

Salientarei, no material clínico citado, dois pontos em que os afetos tiveram funções diferentes: um, refere-se à hostilidade e ao ressentimento que eu continuava sentindo pelo paciente, a despeito de sua concordância com minha reconstrução sobre o significado e as origens de seus ataques sádico-uretrais corrosivos (outrora, o jato de urina sobre o brinquedo das outras crianças, hoje, o desprezo e sarcasmo em relação a mim e a meu brinquedo-análise).

A posteriori, e depois de adequada elaboração, considero que a persistência de minhas vivências negativas era um indicador precioso, inesperado e egodistônico de um obstáculo oculto: a complacência narcísica obstinada do paciente. Se não tivesse sido reconhecida e posteriormente analisada, teria tornado estéril e superficial o trabalho de reconstrução da ligação com o passado.

Neste caso, os afetos do analista funcionaram de alguma maneira como um "obstinado" cão de caça que não obedece ao chamado do dono e continua explorando uma certa área, porque seu faro lhe diz que ali há algo de importante.

O outro ponto refere-se à minha desconfiança em relação às possíveis tendências manipulatórias do paciente referentes à "mão que abre a tranca" do meu consultório (lembranças e fantasias de manipulação recíproca), desconfiança essa nem ilícita, nem estranha, e menos ainda egodistônica: simplesmente se revelava excessiva e inapropriada, uma vez que o conjunto da complexa situação ia emergindo dos desenvolvimentos e das sucessivas integrações.

Para mim, essa desconfiança era um bom exemplo de contratransferência clássica com identificação complementar, isto é, identificação inconsciente do analista com elementos de um objeto interno do paciente (Racker, 1953, 1958).

Na controvérsia entre os que advogam a contratransferência total (Heimann,1950; Racker, 1953,1958; Pão,1979, 1984;Searles, 1979; Di Benedetto, 1991, 1998) e a contratransferência clássica (A. Reich, 1951, 1960; Gitenlson, 1952; Fliess, 1953; Arlow, 1985; Brenner, 1985; Pick, 1985; Semi, 1998), eu me colocaria em uma posição intermediária. A contratransferência pode ser uma preciosa fonte de conhecimento, mas seria demasiado otimismo negar o risco de poder tornar-se um obstáculo, levando às vezes a identificação verdadeiramente enganosa, na pressa de admitir sua utilidade técnica imediata e relativamente fácil. Algumas vezes é possível utilizar a contratransferência como fonte de conhecimento, como dizem Lichtenberg, Lachmann e Fosshage (1992), quando o analista conscientemente "veste"o papel que o paciente espera dele. Mas, mais freqüentemente as coisas não funcionam assim, e o analista cai em um processo de identificação que é, por definição, inconsciente.

Em alguma medida isto foi o que aconteceu comigo: a identificação "desconfiada" com o objeto materno do administrador Aldo, tornou-me incapaz de aceitar a condição temporária de duplo sintônico compreensivo.

Como se pode ver aqui, o afeto por mim experimentado não era, tecnicamente falando, um "afeto–guia" iluminador, mas o epifenômeno enganoso de um evento repetitivo que, sendo inicialmente intrapsíquico (no interior do paciente), passou a ser interpessoal. Inconscientemente tornei-me o equivalente materno.

Uma certa cautela metódica e a contínua elaboração da contratransferência nos permitiram compreender, *in itinere*[1], o significado daquela situação. Após esta experiência contratransferencial fui podendo compreender melhor a estrutura profunda do mundo interno do paciente. De maneira geral, considero *a experiência contratransferencial uma condição necessária (ainda que não suficiente) para conseguir empa-*

[1] N.T.: *in itinere*, no original; significa: durante o percurso.

tizar com as partes internas egodistônicas do paciente (Bolognini, 1995, 1997b; Orange, 1995; Di Benedetto, 1998).

Espero que, através dos dois diferentes momentos evidenciados nesse material clínico, eu possa ter conseguido mostrar, clara e concisamente, como o analista não pode nem eliminar seus afetos, nem pretender ser capaz de "decidir" quais afetos deveriam ocorrer, nem lhes atribuir o estatuto ideal de elemento sempre esclarecedor e terapêutico, e nem mesmo temê-los como sempre anti-científicos e geradores de confusão.

Capítulo 9

EMPATIZAR E COMPARTILHAR: UMA DISCRIMINAÇÃO NECESSÁRIA

Estou tão absolutamente convencido de que a psicanálise contemporânea corre o risco de sucumbir a uma "retórica do compartilhar" que durante um recente congresso permiti-me fazer uma "gag" personificando um analista "empatista" que, convocando os colegas para uma batalha imaginária contra a patologia mental, exortava-os assim: "Todos aos vossos postos de comparte'!"[1]

O ponto é sempre o mesmo: em psicanálise, tudo que é demasiadamente intencional e programático corre grande risco de tornar-se uma impostura, um fracasso ou de naufragar no ridículo; creio também que o compartilhar não pode ser decidido *a priori;* menos possível ainda é decidirmos "como" compartilhar; acredito na força do inconsciente e em sua imprevisível irredutibilidade, assim como creio, por outro lado, nos contínuos progressos dos analistas na arte de navegá-lo e atravessá-lo.

Mas, justamente como na navegação, nada é dado para sempre, e de uma vez por todas.

Feitas essas considerações, permanece o fato de que compartilhar da experiência mais profunda do paciente parece ser uma das novas dimensões específicas da psicanálise de nosso tempo; não a única, e nem sempre necessária com todos os pacientes (cada um tem sua história e suas necessidades), mas tampouco a menos importante. Atualmente entendemos que *a transformação deve preferentemente acontecer em um*

---

1 N.T.: O trocadilho, no original, junta a palavra *combattimento,* (combate), com *comppatimento,* (compartilhar.

meio relacional, e que *a mente do paciente se fortalece e se organiza quando o analista consegue desenvolver sua função* com competência e humanidade, precisamente *lá onde os objetos primários haviam sido inconsistentes no momento da necessidade.*

Observamos que os psicanalistas contemporâneos dispostos a compartilhar o campo intersubjetivo (Baranger, 1993) parecem temer menos do que os pioneiros o envolvimento emocional na sessão, em função de sua experiência de formação mais extensa e aprofundada, traduzida freqüentemente por maior capacidade de articulação interior.

Esses analistas parecem muito mais propensos, ou pelo menos "resignados", em certo sentido, a amar e odiar, a temer e a esperar, a sofrer e alegrar-se com seus pacientes; em suma, a transformar-se em alguma medida junto com eles, além de tentar conferir um significado compreensível às coisas.

Esse abrandamento transgeracional de defesas técnicas tem levado a um natural enriquecimento e maior aprofundamento do campo psicanalítico; por exemplo, o fato de uma vivência perturbadora, um elemento deformado, ou mesmo um simples detalhe incongruente, serem acolhidos, levados em consideração e tratados na sessão como algo compartilhável e passível de ser trabalhado pelo conjunto das duas mentes antes de ser oficialmente estabelecida, e prematuramente definida, sua proveniência individual ("tratar" as identificações projetivas, antes de "atribuí-las a"[2]) possibilitou mudanças significativas em áreas que eram, há um tempo, inacessíveis porque carregadas de sentimentos de persecutoriedade, ou frágeis demais do ponto de vista do equilíbrio narcísico.

Essas mudanças técnicas marcadas por co-penetração, compartilhamento e colaboração resultam também da observação da freqüência cada vez maior de patologias vinculadas a processos muito precoces que

---

[2] Esta é minha utilização pessoal do conceito de "campo", baseado no registro do aparecimento de um elemento do qual, antes de atribuí-lo precisamente ao paciente ou ao analista, cuida-se de verbalizá-lo e tratá-lo em um regime de suspensão temporária e deliberada da indagação acerca das origens desse elemento.

envolvem necessidades não satisfeitas de compartilhamento; essas necessidades amiúde têm premência de serem acolhidas, reconhecidas e elaboradas, muito antes que a fase de identificação e enfrentamento do Édipo assuma uma autêntica consistência.

Similarmente, uma atenção sempre maior é dirigida ao ambiente relacional (real e onírico) em que a análise se desenvolve; podemos ver, nesse sentido, as reflexões de Viederman (1991)[3] sobre "clima" e "atmosfera" do tratamento, e as de Borgogno (1992)[4] sobre um modelo de "comunicação personalizada, impregnada de naturalidade e de 'tensão' relacional não captativa".

Estas considerações introdutórias não devem ser entendidas, naturalmente, como uma idealização dos psicanalistas de hoje, ou do atual "estado da arte"; porém, estou convencido de que uma técnica psicanalítica cada vez mais viva, articulada e complexa foi desenvolvida, fato que a literatura só reconhece parcialmente porque, como dolorosamente sabemos, é difícil encontrar palavras adequadas para descrever as passagens mais intensamente verdadeiras, e transformadoras de nossa jornada de trabalho, e ainda mais difícil é formular os conceitos que organizam teoricamente nossas observações. Há um aspecto "público" e um aspecto "privado" da técnica psicanalítica (Sandler, 1993).

Pretendo sustentar e desenvolver a hipótese de que um dos motivos pelos quais faltam na literatura descrições relevantes a respeito da riqueza da práxis, reside no fato de que boa parte do material clínico que poderia ser relatado, apresentaria o analista trabalhando *em momentos e em conjunturas clinicamente pouco atrativos,* além de difíceis de serem enquadráveis claramente do ponto de vista teórico.

Portanto, inclino-me a pensar que freqüentemente as modalidades com as quais trabalhamos e conseguimos sintonizar com nossos pacien-

---

[3] Viederman (1991) oportunamente faz uma distinção entre o *clima de análise,* isto é, o tom emocional prevalente na relação, em parte criado pelo analista, e *a atmosfera,* que mais estritamente reflete as vicissitudes transferenciais habituais.

[4] N.R.: Borgogno,F. Psicanálise como Percurso. R.J.: Imago, 2004, p. 88. O autor utiliza a expressão "não captativa", no sentido de uma relação que não é imposta por meios capciosos.

tes dependem muito pouco de nossa vontade, e diferem tanto dos ideais em que nos inspiramos para fundamentar nossa *analytic attittude,* que hesitamos frente à idéia de relatar aos colegas como nos comportamos efetivamente na prática cotidiana, *mesmo que o resultado tenha sido bom.*

"Sim, o paciente se sentiu melhor e até me agradeceu. Mas, que tipo de analista vão pensar que sou, caso relate como *verdadeiramente chegamos* a essa transformação clínica?!?"

Este capítulo é baseado na experiência de como muitos dos difíceis e autênticos momentos de compartilhamento foram possíveis justamente quando o analista perdeu a postura interna, o domínio, o belo estilo, conservando, no entanto, o amor e o respeito pela psicanálise, para reencontrar-se depois, *malgré lui*[5] e um tanto inesperadamente, no terreno da experiência compartilhada.

Por vezes, o campo compartilhado pode incluir áreas de cuja existência nem o analista e nem o paciente suspeitavam antes de vivenciá-las diretamente; outras vezes, como veremos, nos movimentamos em terreno já conhecido, mas o que é novo é a força com que determinadas experiências vividas pedem para ser re- experimentadas.

Em ambos os casos, surge o traço específico da imprevisibilidade do diálogo psicanalítico (Eiguer, 1993) e às vezes parece que o elemento surpresa torna-se inevitável devido ao inesperado florescer do *insight* na relação analítica (A.Reich, 1951; Faimberg e Corel, 1990; Smith, 1995).

Com a ajuda da clínica procurarei discutir o sentido e os possíveis desenvolvimentos terapêuticos dessas situações.

Procurarei, sobretudo, evidenciar como "compartilhar" e "empatizar" não são de modo algum a mesma coisa, apresentando uma sessão em que se constata massivamente o primeiro fenômeno, enquanto o segundo está ausente: uma distinção desses dois tipos de experiência, *a posteriori,* preciosa para o nosso trabalho de discriminação e clarificação conceitual.

---

[5] N.T.: *malgré lui:* expressão em francês que significa "apesar dele próprio".

Sara, um caso de derrotismo contagioso.

Sara é uma senhora de 45 anos. Foi uma paciente muito grave: aos vinte e dois anos de idade fora internada em hospital psiquiátrico com diagnóstico de "depressão maior"; foi submetida a uma dezena de eletrochoques, e depois tratada com fármacos e psicoterapia de apoio, até a alta.

Aos vinte e oito anos iniciou uma psicoterapia de orientação psicanalítica que durou nove anos, com um psiquiatra que a ajudou muito e de quem se recorda com gratidão e afeto autênticos; ele decidira, junto com ela, terminar o tratamento devido a intenso e crescente sentimento de inutilidade das sessões, não obstante as evidentes melhoras obtidas: Sara estava empregada, trabalhando com suficiente regularidade e suas crises depressivas ficaram menos freqüentes, embora continuassem sendo muito sérias e terrivelmente penosas.

Aos quarenta anos iniciou comigo uma psicoterapia com duas sessões semanais, que dois anos depois se transformou em uma análise.

É uma mulher inteligente, solitária, muito dura com os outros e consigo mesma; desde o início do trabalho com ela tive a sensação de que exigia muito de mim, muito mais do que a maioria dos outros pacientes.

Uma sessão com Sara: A paciente inicia a sessão com seu silêncio habitual, mal humorado e desafiador, prosseguindo assim por vinte minutos; cria-se uma atmosfera taciturna e carregada, que associo a uma cor cinza-escuro.

A seguir, Sara expressa a idéia da inevitabilidade da interrupção da análise, idéia que aparece praticamente a cada duas ou três sessões: "O senhor não me entende, nunca teve um verdadeiro contato comigo".

Não me desconcerto demasiado. Penso que há cinco anos ela me diz estas coisas, cinco anos que tenho tentado trabalhar pacientemente, escutando e elaborando essas fantasias; penso que tampouco desta vez interromperá a análise.

Enquanto Sara continua calmamente e com voz firme seu discurso de acusação, consulto em pensamento meus colegas internos (com os pacientes mais difíceis, tenho necessidade de fazer isso) e alguns autores, procurando obter deles o encorajamento para exercitar mais minha paciência e tenacidade.

Recapitulo internamente que, depois de um par de anos dedicados em grande parte a acolher amplamente suas vivências de abandono, dediquei-me também a uma análise focada em alguns aspectos particulares de Sara evidenciados na relação comigo e com pessoas de seu ambiente, e que haviam emergido progressivamente como elementos específicos e estruturados de seu caráter; eram aspectos difíceis de chamar pelo respectivo nome (intransigência, rigidez, avidez) sem correr o risco de feri-la em seu amor–próprio. Devido a essa dificuldade, o *insight* acabou surgindo por meios indiretos, com um efeito sutil e delicado, e sustentado por tentativas de reconstrução genética que tornaram mais compreensíveis e aceitáveis as origens daqueles aspectos tão danosos para sua relação consigo mesma e com os outros.

Nesse momento intervenho, dizendo perceber que ela está repetindo uma seqüência que já nos era conhecida, uma mensagem de desconfiança que pedia para ser acolhida e compreendida para que pudéssemos, juntos, retomar o caminho.

De modo geral, até a metade da sessão meu aparato teórico-crítico me dá sustentação eficaz; a paciente me ataca, reclama sobre minha falta de compreensão, desvaloriza-me tecnicamente, mas eu continuo pensando que temos trabalhado suficientemente bem e, utilizando a boa presença consultiva dos "colegas internos", considero que nesse momento Sara não está em condição de recordar quão bem temos trabalhado juntos, e que desta vez, também, não irá interromper a análise.

Sara fala calma e pausadamente: "Percebo que hoje o senhor nem sequer se aborreceu; evidentemente o senhor também compreendeu que realmente estamos por terminar".

De alguma maneira, mais ou menos a partir desse momento perco minha segurança interna e descubro-me pensando, com surpresa, que talvez desta vez ela possa de verdade interromper a análise.

"Não é sua culpa, doutor, eu sei que o senhor fez o melhor por mim, mas quis modificar-me, ou talvez apenas ajudar-me; o problema é que o senhor simplesmente não é o terapeuta adequado para mim".

Invadido por uma crescente sensação de incompetência constitucional, começo a pensar do mesmo modo. Sinto que ela tem razão, que é verdade; *não luto mais,* a terapia acabou, termina aqui; sinto uma dor profunda, mas vejo que nesse momento as coisas são realmente assim.

Nesse ponto, meus pensamentos vagueiam penosamente entre a preocupação pela paciente, a ferida narcísica por meu fracasso técnico e uma sensação de inutilidade de meus esforços frente às forças que sobredeterminam a repetição.

Em seguida, meu sofrimento e minha ira são substituídos por uma resignação depressiva, *à qual me rendo.*

Faltava um minuto para o final da sessão.

Sara dá um suspiro de alívio, e diz: "Agora me sinto melhor!"

Em poucos instantes, *sem que eu tenha podido definir o que havia acontecido,* as nuvens se abrem e o sol desponta, inclusive para mim. É o final da sessão, nos cumprimentamos sorrindo; vê-se que Sara sorri um pouco para si mesma. Vai embora toda contente: a análise não tinha terminado.

Fico com a pergunta: a análise "precisava" passar por isso?

Reflexões sobre o caso

É comum para o analista, em situações críticas, recorrer a alguns referenciais teóricos que podem orientá-lo; por exemplo, com material dessa natureza é possível recorrer a Rosenfeld e ao conceito de identificação projetiva evacuativa (1965), ou à "identificação projetiva desesperada", teorizada por Ahumada (1984) como tentativa de conexão com o objeto básico, ou a Bollas (1987) e à necessidade do processo de *self experiencing,* alinhado com o pensamento de Winnicott e de Masud Khan.

Ou ainda, com referência mais especifica ao conteúdo dos estados emocionais compartilhados nessa ocasião, podemos encontrar conforto a respeito do desespero do analista nas páginas de Rupp (1954) e nas encorajadoras considerações de Farber (1958): "O terapeuta deve ser capaz de sentir real desespero como representante de um outro, e também de si mesmo; é quando ficamos despojados de todo artifício e apoio, de toda sustentação técnica de nosso ofício, que chegamos o mais próximo possível da realidade."

Mas, enquanto fechava a porta do consultório atrás de Sara, que saía toda contente, eu pensava: "E essa, como poderei algum dia falar a meus colegas sobre isso?..."

Eu havia me deixado arrebatar pela corrente de emoções, como um principiante; no entanto, eu também estava contente, embora me tenha ficado evidente que naquela sessão eu perdera a postura interna e o domínio da situação. Inesperadamente, lembrei-me do instrutor de judô que durante vários meses havia nos mantido, jovens e arrojados principiantes, ocupados em aprender a arte de cair, tanto que, anos depois, não nos surpreendemos ao ver um grande mestre japonês abrir sua apresentação com uma série de exímias quedas, intercaladas com marcantes expressões de humildade. Caindo, eu tinha mergulhado de cabeça, sem prever, no mundo interno de Sara.

Deixemos de lado, por um momento, os conflitos narcísicos do analista em relação ao próprio ideal psicanalítico, e ocupemo-nos do sentido compreensivo dessa seqüência clínica.

Sara havia me tratado como uma parte dela mesma que fora rejeitada por outra parte; sua mãe a tratava assim, apenas um outro elo de uma cadeia transgeracional que perpetuava implacavelmente "o tradicional comércio de infelicidade entre os seres humanos", como o definiu Money-Kyrle (1951) com amarga sabedoria.

O campo psicanalítico hospeda e recoloca em cena, de modo condensado, o intrapsíquico e o interpessoal.

Creio que na sessão relatada encontramos todos os elementos que caracterizam um *enactment*, conceito do qual talvez se abuse, mas que em casos como este se presta para manter no campo da reflexão e da analisabilidade uma cena complexa, rica de significados inconscientes condensados, que não se reduz a mera descarga de excitação, como o *acting-out;* ela requer a participação involuntária do analista e do paciente para a encenação manifesta, ainda que não consciente, de um texto registrado "nas profundezas" e que busca representação para poder ser considerado e analisado.

Trabalhando *a posteriori* sobre o ocorrido, penso que podemos nos perguntar: em que momento Sara sentiu-se bem? Quando tentei propor-lhe uma explicação, substancialmente correta, não apenas cognitiva, mas também continente, daquilo que estava ocorrendo nela e entre nós?

Não. Sara sentira-se bem - e reafirmou isso enfaticamente na sessão seguinte - quando me sentiu machucado, falido, amargurado, como ela; quando sentiu que, de fato, eu desistira. Naquele momento, a experiência do compartilhamento parece ter possibilitado a *passagem da transferência para a relação.*

E ainda: em que consistiu seu "sentir-se bem"? Podemos pensar em uma mudança de condição ocasional, superficial e transitória, ou em uma mudança estrutural na paciente? E o que o analista poderia eventualmente ter feito para desenvolver um trabalho posterior mais aprofundado, mais incisivo, mais "psicanalítico" (supondo, *a priori* que isso fosse possível naquela situação)?

Procurarei reconstruir como as coisas podem ter se passado, e oferecer uma chave de leitura plausível.

Inclino-me a pensar que a mudança da condição de Sara, depois de ter evacuado em mim seus penosos conteúdos profundos, tenha sido ocasional e transitória, mas não superficial. Para explicar melhor o que penso, recorrerei a uma particular fantasia de funcionamento da mente na qual ela é figurada como um órgão oco dotado de musculatura lisa, como sugere o termo "evacuação", e alinhado com as concepções bionianas.

Creio que Sara tenha efetivamente "se sentido melhor", do mesmo modo como se sente melhor um paciente quando uma cólica abdominal tenha passado, e que seu sentir-se melhor teve relação com um sofrimento profundo, e uma necessidade também nada superficial: a necessidade de livrar-se de algo intrinsecamente indigesto.

Creio que o *self* de Sara estava marcado por um sofrimento não passível de representação até aquele momento, e que buscava um continente externo dotado de capacidade introjetiva e de funções transformadoras.

De meu ponto de vista, a profundidade da ferida proto-experiencial de Sara pode ser testemunhada pela intensidade e autenticidade das sensações que me foram transmitidas, e pela força demonstrada ao "arrancar-me" de minha disposição de trabalho que, em si, não era nem um pouco desprezível; as considerações a que recorri para "manter-me em pé" não eram impróprias, e em princípio eu as subscreveria novamente.

A natureza "transitória" da mudança de Sara ou, se preferirmos, a legítima dúvida acerca da natureza estrutural dessa mudança naquela específica situação, pode ser invocada porque não fica claro o quanto o ego do analista e o da paciente possam ter reescrito, representado e formalizado de modo duradouro, precisamente no nível egóico, uma experiência que fora vivida, dramatizada e experimentada por ambos, predominantemente no nível do *self*.

Ainda utilizando a metáfora da cólica, poderíamos dizer que obviamente depois de uma cólica um paciente fica melhor do que durante a mesma, mas que para considerar o paciente curado deveríamos não apenas resolver seu sintoma com antiespasmódicos, mas também identificar e tratar as causas patogênicas do espasmo que gerou a cólica. Na realidade, creio que a situação deve ser vista em termos simultaneamente mais relativos e mais complexos.

Em primeiro lugar, vale notar que o ego do paciente se reestrutura funcionalmente e recupera a capacidade de trabalho psicanalítico quando seu *self* ganha condições de vivenciar experiências mais fáceis de suportar; podemos reconhecer esta dinâmica na notação clínica de que Sara, ao final da sessão, "vê-se que até sorri um pouco para si mesma"; recuperação de um nível, ainda que modesto, da função egóica de auto-observação, que se tornou possível pelo alívio pós-evacuatório da tensão.

Em segundo lugar, considero provável que a mágoa de Sara (e a necessidade correspondente a ela) foi justamente a de não ter podido dispor de um objeto continente que lhe "ensinasse", via experiência, a conter e transformar; e, se é verdade que uma única e ocasional sessão deste gênero não pode ter mudado sua vida, e de fato não mudou, é também verdade que, em muitas análises, mudanças gradativas e duradouras são produzidas por uma cadeia sempre menos ocasional e casual de sessões em que analista e paciente vivem e elaboram experiências como essa, mês após mês, ano após ano. De fato, a análise de Sara caminhou dessa maneira e pouco a pouco produziu mudanças estruturais; um tijolo não faz uma casa, mas sem cada um dos tijolos não se constrói casa nenhuma.

Terceiro ponto: interpretação. Somente algum tempo depois tive condições de dar a Sara uma interpretação sobre o acontecido. Foi uma interpretação reconstrutiva, do tipo: creio que você, naquele dia, sem saber, me utilizou assim...; como, uma época, você teve necessidade de...; como todas as vezes que....

Essa interpretação *a posteriori* foi útil, pois deu ao acontecido um significado compreensível, esclareceu sobre as necessidades que estavam em jogo, deu ao ego uma orientação e uma chave de leitura, e "fixou" positivamente a capacidade de futuramente entender eventos similares.

Porém, creio poder dizer que esse precioso trabalho de *finissage*[6] em nível egóico não constituiu o núcleo transformador profundo dessa seqüência clínica; esse núcleo pode ser encontrado, e neste caso específico devo enfatizá-lo, na experiência compartilhada. Um trabalho mais com o *self*, do que com o ego.

Com relação à atitude do terapeuta na sessão que relatei, o elemento que considero mais especificamente de interesse psicanalítico consiste na *disposição para aceitar o acontecido.*

Os especialistas em caiaque que se aventuram nas correntezas mais turbulentas podem contar, quando porventura capotam, com sua capacidade de realizar com suficiente naturalidade a manobra denominada "esquimó", que consiste em auxiliar o movimento rotatório ao longo do eixo, re-emergindo do lado oposto ao da queda.

Por meio dessa manobra, não se opondo à imersão, recuperam sua posição.

---

[6] N.T.: finissage: acabamento

O compartilhar como fator terapêutico

Compartilhar constitui uma *fase necessária* do processo psicanalítico. Como disse Dante: "entender não pode, quem não experimenta". É uma fase necessária em diversos níveis e segundo modalidades específicas para cada caso, *com todos aqueles . pacientes que vivem um distúrbio em seu contato consigo mesmos*, isto é, com pessoas que não somente têm necessidade de serem informadas acerca de sua vida interior, mas que precisam ser ajudadas a ganhar experiência dela, utilizando, para essa finalidade, a relação e a convivência mental compartilhada com o analista.

Em certo sentido, o próprio critério *ex adiuvantibus*[7] sugere convincentemente, como hipótese genética sobre a falha subjacente, que o que está faltando basicamente é a função constitutiva de um objeto primário capaz de deixar-se penetrar pelos elementos compartilháveis da experiência, antes de devolvê-los de forma digerível.

O analista, em outras palavras, teria mesmo que se tornar uma pessoa suficientemente capaz de sentir e pensar junto com um outro ser humano, e interessado em gerar e fazer crescer no outro uma vida mental rica, respeitando a singularidade do desenvolvimento do outro.

Mas, compartilhar profundamente as experiências emocionais não é algo que possa "ser decidido" pelo analista como ponto de partida programático: em princípio, ele somente pode se permitir estar mais ou menos alerta para a inevitabilidade e imprevisibilidade de tal acontecimento, e em relação a essa maior ou menor consciência – bastante mais difícil de cultivar do que comumente se acredita – poderá estar mais iludido, ou menos, quanto a poder assumir ativamente uma atitude conveniente para alcançar tal objetivo. A teoria da técnica e o narcisismo do analista parecem confrontar-se, em relação a esse ponto, com alguma dificuldade.

Nas descrições sobre a "postura psicanalítica ideal", abundantes na literatura, os riscos de ilusão e a "retórica do compartilhar" estão sempre

---

[7] N.T.: a partir de uma situação de ajuda, ajudar, acompanhar alguém. Comunicação pessoal de Adélia Bezerra de Menezes

à espreita. As esplêndidas contribuições de Schaffer (1983) que descrevem com ironia o analista que acredita poder apresentar-se como empático ("Tenho um ritmo preciso! Quem pode querer algo mais?") são um exemplo de refinada consciência autocrítica de um autor competente, que sabe como tolerar, e no fundo reconhecer, a impossibilidade de o analista escolher "seu modo de ser em análise".

Relação entre compartilhar e empatia

Ao mesmo tempo, o compartilhar tampouco pode ser entendido como ponto de chegada do processo psicanalítico, uma vez que necessita de elaboração adicional e permite desenvolvimentos ulteriores.

Nesse sentido, é esclarecedora a *relação entre o conceito de compartilhar e o de empatia:* do meu ponto de vista, quando as coisas vão especialmente bem, a empatia constitui o resultado final integrador decorrente de um processo maduro de compreensão, quando um padrão de sentir e pensar harmonicamente comuns tomam forma; o compartilhar é a necessária premissa básica, mas não o produto final, e muito menos a garantia.

O compartilhar como precursor da compreensão empática

Compartilhar uma emoção ocasional, assim como estados mais organizados e duradouros do *self*, podem ser experienciados pelo paciente e pelo analista de modo tão intenso, ou tão conflituoso, e com tamanha irrupção de resistência (esta também compartilhada), que a vivência em um deles, ou em ambos, perde as características de pensabilidade; os mal-entendidos nascem freqüentemente nesse terreno.

Se, entretanto, nos mantivermos fiéis ao conceito (nascido da clínica) de empatia como condição privilegiada que permite ao psicanalista sentir com o paciente e pensar no paciente (e frequentemente com ele), seríamos levados inevitavelmente a concluir que compartilhar, muito freqüentemente, não coincide com empatia, devido à quantidade ou à qualidade da vivência que é, ao menos temporariamente, não representável.

Examinando a evolução dessas condições, Strayer (1993), Feshbach (1982) e Bonino e Giordanengo (1993) demonstraram que uma boa capacidade de identificar emoções nem sempre corresponde a compartilhar; essa idéia induziu Bonino, Lo Coco e Tani (1998) a considerarem, de modo mais geral, que "a perspectiva teórica que identifica o reconhecimento das emoções com o compartilhar empático não é (...) sustentável".

Seria como dizer que uma pessoa pode, da praia, mas no seco, compreender que aqueles outros estão tomando banho em uma água demasiadamente fria (compreender sem compartilhar), ou, no caso em que a pessoa esteja habituada à água fria, ao tomar banho junto com outros que não estão acostumados, não perceber que eles sentem frio (compartilhar sem compreender).

Portanto, as duas funções podem não coincidir.

Vicissitudes do compartilhar

Em condições ótimas, o analista consegue um bom contato emocional consigo mesmo e com o paciente, e mantém um nível adequado de domínio técnico do processo; o compartilhar das vivências se realiza em grau significativo, mas parcial, de modo a não seqüestrar completamente as funções egóicas do analista (Bolognini e Borghi, 1989).

Esta *condição harmônica* é mais facilmente alcançada não somente quando o analista se encontra em um estado pessoal felizmente equilibrado, mas também quando o par analítico atravessa, em função do desenvolvimento de suas relações, uma fase suficientemente estável de ampliação do campo da consciência e de comum acesso ao pré-consciente.

O período inicial de tratamento, quando configurado segundo o modelo da "lua de mel", e os períodos finais das análises mais bem sucedidas, permitem amiúde a experiência de um clima psicanalítico desse tipo; lamentavelmente, porém, esse clima está longe de constituir a regra geral.

De fato, em toda análise há fases durante as quais analista e paciente, resistindo às emoções, entregam-se a um tipo de navegação costeira, metódica e, acima de tudo, regular, em que o domínio técnico do processo por parte do analista não parece estar em perigo, ao menos superficialmente (Bolognini, 1991).

Nesse tipo de configuração, analista e paciente se encaminham, sem dar-se conta, para micro-traumas inesperados, constituídos pela emergência da relação inconsciente; tentando resistir a essas forças emergentes, poderão às vezes ficar sujeitos a mal entendidos, com conseqüências na atmosfera da sessão que podem nos fazer lembrar as vicissitudes de Monsieur Hulot, de Jacques Tati.

Em suma, prevalecerá uma *condição de organização defensiva do par*, algo de considerável interesse clínico, se observado externamente ou *a posteriori*, conquanto repete com muita probabilidade uma específica e bem caracterizada organização defensiva intrapsíquica do paciente.

Como se pode observar, refiro-me a uma forma predominantemente inconsciente de compartilhar, que é também paradoxal: compartilhar inconscientemente um temor inconsciente de compartilhar; isto coloca um problema de base: o compartilhar só é compartilhar se for verdadeiramente consciente, ou não?

Prefiro considerar que podemos compartilhar também as coisas de que não nos damos conta, mas que se originam do mundo interno do paciente, e são experienciadas de modo autêntico e intenso, a ponto de produzirem algum efeito em nós; não me refiro às coisas compreendidas sobre o paciente, mas às coisas vividas junto com ele, mesmo que não compreendidas.

Compartilhar prolongadamente estados de sofrimento do self é uma situação clínica cada vez mais freqüente; nela, o analista atravessa, juntamente com o paciente, longos períodos profundamente marcantes do ponto de vista emocional, vivenciados durante muito tempo como inevitáveis e imodificáveis; nessas circunstâncias, o analista está em contato com o paciente (quase sempre *obtorto collo*[8], porque estão presentes no campo sensações penosas), mas tem a impressão de ter perdido o domínio técnico do processo a partir do momento em que a eficácia e a influência de suas intervenções ativas se revelam quase nulas.

---

[8] N.R.: *obtorto collo*: expressão latina usada para indicar a aceitação de uma situação, mesmo contra a própria vontade.

Recordo, como exemplo, as sessões vividas com uma paciente que havia entrado em contato com uma área seriamente deprimida e desvitalizada de seu mundo interno. Por quase um ano percorremos os rastros de uma relação primária análoga, extenuados por dezenas de sessões paupérrimas de associações e vazias de sentidos, enquanto seus exaustivos relatos retornavam, com freqüência, à descrição de uma viagem através do deserto que vai até o Mar Morto: única representação possível e (transmissível) daquela área interna. Essa experiência será mais extensamente discutida no capitulo 11.

Na travessia desses estados de *self*, o analista parece convocado a exercitar particularmente a virtude da tenacidade, à espera de fases mais gratificantes do ponto de vista de sua participação técnica na análise.

Como bem observa Lucio Russo (2001): "Assim, o analista fica encarregado do inconsciente do paciente. Esse `ficar encarregado' não deve ser entendido no sentido clássico de entrar na relação com uma atitude de neutralidade benevolente e utilizando a interpretação de transferência. O analista tolera receber dentro de seu próprio espaço psíquico o não analisável do inconsciente do paciente. Não se trata de uma posição construída artificialmente segundo uma técnica, mas de um fenômeno real que ocorre inevitavelmente quando o analista deixa de usar como defesa os parâmetros da análise clássica." Eu iria um pouco mais além do que Russo, no sentido que, em minha opinião, esse fenômeno (o compartilhar) acontece inevitavelmente, *de qualquer modo* e, em certos casos o analista tem maiores probabilidades de adquirir algum conhecimento sobre o que se passa quando deixa de usar, como defesa, qualquer teoria, ou seja, quando não pretende precocemente saturar a vivência com significados, para poder melhor controlá-la e evacuá-la, ao invés de vivenciá-la para traduzi-la em palavras "a partir de dentro"; a criatividade das representações do analista toca o paciente, quando ele percebe a autenticidade vinda da experiência, prova verdadeira de que o analista estava lá, "naquele lugar" com ele.

Quando o analista consegue usar a teoria *não como defesa*, mas como complemento natural, então o trabalho evolui para melhor: isso, porém, não ocorre quando se está em contato com o impensável.

Capítulo 10

O ANALISTA BOM E O BOM ANALISTA: EMPATIA E ÓDIO NA CONTRATRANSFERÊNCIA

> Escrever receitas é fácil; difícil é nos entendermos com as pessoas.
>
> F.Kafka, *Um médico em campo.*
>
> Quem quer atravessar uma porta aberta sem inconvenientes deve levar em conta que os batentes são duros.
>
> R. Musil, *O homem sem qualidades*

Enquanto reunia as idéias para escrever este capítulo, caiu em minhas mãos um diário clínico de muitos anos atrás, no qual reli, com o sabor do reencontro, as seguintes notas:

> 12. Janeiro. Levanto-me da poltrona e mato uma traça no tapete; há dias ela passeava pela sala durante as sessões e eu, imóvel em função do *setting*, nada podia fazer contra ela.
>
> Eu a esmaguei durante uma sessão com M., sete anos de análise comigo e dez anos de terapia anterior com o Dr. F., que a ajudou muito. Há diversos meses, M. usa as sessões de modo parasitário; é uma paciente que tratei com empenho e que atualmente está muito mudada, mas que há algum tempo evita movimentos e iniciativas em direção a objetos externos à análise.
>
> É evidente que se opõe à separação, e que eu tolero cada vez menos esta sua pós-maturidade.
>
> 15 Janeiro. Falamos de seu "ter-me ali". Aconteceu o mesmo com seu primeiro terapeuta, que para se libertar teve finalmente que encerrar suas

atividades (mas depois M. descobriu que as havia reaberto em outro lugar!...). Sua força é o sentimento de culpa que tende a impor ao outro, com silêncios e expressão inflexível da face.

Minha associação: li em algum lugar que a polícia italiana tinha tentado, anos atrás, substituir os cães pastores por mastins napolitanos. Um fracasso: estes, não soltavam a presa nem sob comando, nem a chicotadas; era preciso meter a cabeça deles na água para que abrissem a boca.

Talvez uma associação assim remeta a uma dificuldade no desmame de M., do mesmo modo como minha contratransferência consciente: de qualquer jeito, estou exausto!

Relatei integralmente o texto dessas anotações, com todos os "assassinatos" "esmagamentos" e mastins napolitanos, para desenhar com poucos traços uma atmosfera clínica hiper-carregada, com micro-atuação e ataque letal à traça.

Recordo que essas anotações me foram muito úteis nas sessões seguintes, pois evitaram que eu atuasse minha contratransferência negativa e minha intolerância originalmente inconsciente em relação à paciente.

Com M., falamos de memórias, medos, e dor de separação. Nesse meio tempo, como minha raiva contra a traça e contra os aspectos parasitários de M. foi se tornando consciente, notei como aquilo que tinha sido reprimido estava, em certo sentido, sendo convertido em técnica. Fiquei mais ativo em chamar a atenção de M. para certas questões, assim como no trabalho de reconstrução e interpretação. Minha postura e esse manejo do trabalho analítico indubitavelmente contribuíram para o término do tratamento um ano depois (não sem alguns protestos da paciente).

A paciente procurou-me um tempo depois e parecia estar bem. Trabalhava, tinha uma vida social ativa, e inclusive tinha aprendido a nadar e a mergulhar na piscina. Em suma, tinha se tornado "separada". Quando relembramos o modo como conseguia evitar a separação, sorriu de modo matreiro.

A análise da contratransferência negativa havia sido preciosa para mim e, além de me proporcionar uma conduta técnica muito útil, contribuiu para uma ligação empática com a paciente.

Certamente a partir dessas notas não se terá a imagem de um analista "bom" e, narcísicamente falando, devo dizer que lamento. Será que poderei encontrar conforto para esse pesar nas contribuições científicas de colegas ilustres que se ocuparam desses aspectos de nosso trabalho? Eu espero.........

Em algumas passagens bastante agradáveis de sua correspondência com Edoardo Weiss (Weiss, 1970), Sigmund Freud, claramente relaxado e à vontade (Weiss lhe era simpático e por vários motivos não tomava partido nos conflitos e intrigas entre alunos, o que induzia Freud a se expressar de modo mais informal), não esconde as ressonâncias negativas que lhe suscitavam alguns pacientes específicos.

Um deles é um certo doutor A. Em carta datada de 3 de outubro de 1920, Freud diz: "No momento em que você me pede um parecer desapaixonado, não gostaria de esconder meu pensamento a respeito. Creio que ele não seja um caso favorável, sobretudo para a análise livre. Duas são as coisas que lhe faltam: a primeira, aquele conflito de sofrimento entre seu ego e as pulsões instintuais pois, de fato, está muito satisfeito consigo mesmo e sofre apenas pelo antagonismo das condições externas; a segunda coisa que lhe falta é aquele tanto de normalidade do ego que lhe permitiria colaborar com o analista. Ao contrário, ele tenderá sempre a enganá-lo, a fingir para livrar-se do Senhor".

Depois, Freud conclui com indubitável franqueza: "Na pior das hipóteses, gente como o Dr. A. deve ser despachada para o outro lado do oceano, por exemplo, para a América do Sul, deixando que procure e encontre ali o próprio destino".

Bem, aqui Freud não parece propriamente "bonzinho": o doutor A. não lhe agradava nem um pouco (de resto, por motivos bem documentados). E nem devia lhe agradar muito um jovem esloveno colocado na reserva pelo exército ao final da Primeira Guerra Mundial, e que, segundo nos informa Weiss, "tinha enganado muita gente e tinha um ego muito imoral".

Em 26 de Maio de 1922, Freud, respondendo ao colega, não recorre a eufemismo ou rodeios: "O segundo caso, o esloveno, é evidentemente um malandro desonesto que não merece teus esforços. Nossa habilidade analítica fracassa com gente desse tipo e, mesmo com toda nossa perspicácia, não conseguimos penetrar nas condições dinâmicas dominantes. Não respondo a ele diretamente, e suponho que o senhor o dispensará".

Em linguagem psicanalítica moderna, poderíamos dizer que Freud havia empatizado (no sentido técnico do termo) até que muito bem com os componentes perversos e destrutivos desses pacientes, identificando-os e discriminando-os com grande precisão[1]. Essencialmente, ele não era um masoquista, e tampouco tinha intenções de entregar-se a fantasias de onipotência terapêutica.

Winnicott, em seu famoso trabalho *O ódio na contratransferência (1947)*, nos dá uma ajuda fundamental para manter um contato sincero e honesto com nossos próprios sentimentos, quaisquer que sejam eles.

Winnicott estava especialmente preocupado em distinguir as emoções subjetivas do analista, que decorrem principalmente de aspectos reprimidos de sua própria personalidade e experiências (origens da transferência do analista), da "contratransferência objetiva" ou, se preferirmos, dos sentimentos de amor e ódio suscitados nele por um determinado paciente.

O analista não deve negar o ódio que sente pelo paciente; certamente, em sua análise pessoal deve ter se libertado das mais importantes cargas inconscientes de ódio ligadas a seus próprios conflitos internos. Deve também conseguir suportar longos estados de tensão e de raiva, até que o paciente esteja em condições de reconhecer e modificar seu comportamento, o que é particularmente verdadeiro na análise de psicóticos. É essencial que o analista esteja bem consciente de suas reações internas.

---

[1] Considero muito úteis os critérios de "diagnósticos diferenciais" formulados por Simona Argentieri em *La malafede, nevrosi del nostro tempo (A má-fé, neurose de nosso tempo)* [1992], destinados a distinguir disposições mentais específicas: "Se na boa-fé a adesão à própria convicção é total, e na mentira cínica existe a consciência do engano aos outros, na má-fé o engano se destina, em certa medida, também a si mesmo. É necessário distinguir os casos de má-fé também daquelas situações de dúvida ou de ambivalência (potencialmente muito mais sadias), nas quais existe a consciência da dificuldade e da ansiedade que implica o ser habitado por tendências opostas e contraditórias."

Segundo Winnicott, em certos casos o ódio do analista é absolutamente exigido pelo paciente: se ele busca um ódio objetivo e justificado, deve poder obtê-lo, de outro modo não poderá sentir que pode receber uma expressão objetiva de amor. Parece-me que isto deve ser entendido tanto no sentido da *autenticidade,* mas no sentido da *capacidade de continência* dos afetos; mais adiante, de fato, Winnicott especifica que não se pode esperar que um psicótico em análise tolere seu ódio pelo analista até que o próprio analista não seja capaz de odiar o paciente.

Capacidade de continência é um ponto crucial desde a relação mãe-criança. Winnicott assinala que quando uma mãe, por temor a uma eventual reação agressiva, não pode aceitar sentir ódio pela criança que a maltrata, ela é compelida a assumir uma atitude masoquista.

A contribuição de Winnicott se encerra com algumas reflexões sobre a questão da interpretação do ódio do analista pelo paciente: trata-se de uma intervenção bastante difícil e delicada, que requer um sentido adequado de *timing* e capacidade de contato com o paciente. Sem essa intervenção, a análise corre o risco de ficar incompleta. O problema central, me parece, é iluminar a ambigüidade do analista.

O tema da ambigüidade foi explorado diligentemente por Jose Bleger (1976), que desenvolveu uma teoria sobre a necessidade de o analista transformar sua particular mescla de emoções inconscientes ambivalentes em uma plena consciência de seus componentes conflitantes.

Esse ponto foi retomado e desenvolvido por Gino Zucchini (1989), com uma eficiente metáfora; ao escrever sobre "do saber odiar para poder amar", relembra-nos que a ambivalência é como uma "mistura confusa na qual açúcar e sal se juntam no mesmo recipiente. Como resultado, não se pode adoçar o café e nem salgar o risoto".

Penso que um psicanalista, mais do que qualquer outra pessoa, precisa ter condições de distinguir os diversos recipientes internos, particularmente o do sal, porque mais freqüentemente o psicanalista gosta de representar-se como um generoso distribuidor de açúcar.

Também Kernberg (1988) considera que é possível ser estabelecido "um nível mais alto de empatia, que consiste em tolerar a ambivalência nas relações objetais, na capacidade de tolerar o amor e a agressividade em si mesmo, e de integrar o próprio conceito de *self* e o próprio conceito de objeto".

Finalmente, é de grande interesse o capítulo *Outras dificuldades em conter a identificação projetiva,* no valioso texto de Rosenfeld, publicado postumamente, *Impasse e Interpretação* (1987, p.243). Ali, Rosenfeld reconstrói o significado de um violento ataque de raiva sentida por um colega na relação com um paciente (Charles) que o havia exasperado criticando seus procedimentos e confrontando-os com os de Alice Miller, extremamente idealizados, deduzidos de um livro que estava lendo.

O terapeuta atuou, pondo em dúvida com o paciente se seria oportuno continuar o tratamento, e isso deflagrou uma serie de reações e contra-reações muito intensas no diálogo entre eles.

Por uma questão de espaço, não entrarei em maiores detalhes, mas remeto o leitor ao texto de Rosenfeld. Assinalo apenas que depois de ter explodido sua raiva, o analista subitamente foi capaz de recuperar sua capacidade de compreender e de funcionar. Rosenfeld enfatiza o quão essencial é para o analista esclarecer para si mesmo seus sentimentos em relação ao paciente: "A necessidade de ocultar sua mágoa e seu ressentimento arrasadores em relação ao paciente havia acarretado uma atuação (...) Repentinamente, então, deu-se conta de quanto Charles o havia idealizado (...) É muito interessante que isso não tenha causado a interrupção da análise, mas tenha levado o doutor A. a recuperar sua função terapêutica e a aumentar a colaboração entre paciente e analista".

Terapêutico, portanto - é bom esclarecer para evitar mal-entendidos - não é o fato de ter havido uma atuação, mas sim o de ter iluminado (mesmo que às custas da atuação) os sentimentos agressivos que invadiam o analista.

É indubitável que muitos pacientes, especialmente os *borderline*, podem induzir uma séria crise no analista por meio de seus violentos e súbitos extravasamentos de agressividade e ataques ao continente. Gabbard (1990) sugere que, para ampliar a capacidade de continência, procuremos um ponto de contato empático com a necessidade compulsiva desses pacientes de separar as más representações de si mesmo e do objeto projetando-as no exterior para controlá-las e impedi-las de destruir as boas representações.

Representando a situação interna do paciente desse modo, o analista melhoraria sua própria tolerância aos ataques, e também sua função como continente.

A empatia e a contratransferência negativa adequada

Schafer (1983), continuando suas observações sobre o "empatizar" como atividade cognitiva complexa, assinala o risco de limitarmos o conteúdo dos sentimentos ligados à empatia restringindo-os às experiências emocionais consideradas "boas" para serem vivenciadas em análise, e evitando empatizar, por exemplo, com o orgulho desmesurado, as tendências sociopáticas, o sadismo, as atitudes parasitárias, etc. [2]. Por essa razão Schafer afirma que em algumas situações clínicas o distanciamento do analista pode resultar empaticamente tão adequado quanto o é, em outras, a compaixão. Este é um tema que eu gostaria de continuar desenvolvendo.

É sabido que o termo "empatia" freqüentemente é associado, nas acepções mais superficiais, a uma atmosfera psicanalítica dadivosa, farta e fusional. Neste sentido, é facilmente confundido com os sentimentos positivos que associamos ao termo "simpatia" (*mitgefühl).*

Pretendo assinalar que, em certos casos, é mais realístico e proveitoso sintonizar com o paciente através de uma atitude de empatia *parcial*, ou seja, com suas vivências e características até mesmo francamente negativas, se dominantes em sua personalidade, ao menos em certos estágios da análise.

Evitaríamos, assim, projetar no paciente as fantasias das partes boas ou idealizadas de nossos próprios objetos internos, para garantir o conforto de uma atmosfera civilizada através da negação da realidade. Veríamos as coisas como são, cônscios, certamente, de que à nossa sintonia empática não poderá faltar certo grau de complexidade. Para isso, nossa sensibilidade perceptiva deverá certamente estar disponível para captar, por exemplo, o desespero por trás da dureza; a angústia da insuficiência por trás da grandiosidade; a confusão por trás da falsidade, e o sinal de antigas feridas por detrás do sadismo.

Mas, deveríamos estar preparados, também, para não "ter que amar" o paciente de imediato, assim que ele se apresenta a nós. Não

---

[2] Esta posição é compartilhada também pela maior parte dos psicólogos do *self*. Por exemplo, Ruggiero (1996) afirma que "mediante a introspecção e empatia percebemos o *self* que ama, que brama, que odeia, o *self* destrutivo e hostil, etc.".

deveríamos fazê-lo por força do ofício, nem por qualquer concessão à civilidade, que é meramente uma atitude que leva a um clichê profissional idealizado e irreal.

Uma coisa é ter confiança nas possibilidades de uma pessoa evoluir, com base na experiência psicanalítica e nos *insights,* para postular a existência de um núcleo cálido, relacional e germinativo em todo ser humano, para além das couraças e das camadas rochosas de todo tipo, e confiar nas possibilidades de desenvolver uma vivência psicanalítica frutífera. Outra coisa é o analista se armar com um otimismo e bonomia escotomizante para representar o paciente como sempre e apenas um gatinho perdido que finalmente recuperou no analista a mãe desaparecida, dispondo-se a instaurar prematuramente um clima de proteção, ao invés de auto-representação e elaboração.

Como se sabe, a falta de uma acurada e realística percepção empática dos aspectos negativos do paciente pode criar situações de conluio inconsciente, bloqueio, e escapismo. Pode banalizar a relação, assim como mascarar a discriminação entre agressividade e hostilidade do paciente[3].

Mais facilmente um analista excessivamente "adaptado" pode ficar enroscado, sem se dar conta, em modelos de relação que, no nível da fantasia, são perversos. Outro risco é comprometer a postura analítica adiantando-se unilateralmente em direção a pacientes com forte estruturação narcísica cujo centro de gravidade emocional é tal, que irão resistir soberanamente estáticos a cada oferta de engajamento.

O olhar do analista deve ser suficientemente desencantado para detectar realisticamente aquelas forças e aspectos do paciente que irão se opor tenazmente à análise. Algumas vezes, levará um longo tempo, e muito trabalho analítico, para que sentimentos positivos por um paciente possam ser desenvolvidos. Uma parte desse trabalho deverá ser desenvolvida dentro de nós mesmos, na tentativa de compreender os

---

[3] Enquanto a agressividade tem "como intenção última aproximar-se do objeto, e freqüentemente é uma tentativa de se relacionar, ou, por que não, de poder se diferenciar, dado que garante a possibilidade de descobrir onde está o um e onde está o outro, a hostilidade (*hostis),* ao contrário, tem a intenção de destruir, humilhar e, sobretudo, triunfar sobre o objeto" (Giannakoulas, 1996).

traços particulares que tornam o paciente desagradável, hostil e aparentemente distante. Tais sentimentos negativos podem estar ligados inclusive a eventuais e perturbadoras analogias com aspectos, experiências ou fantasias nossas, ou pertencentes aos nossos objetos internos.

Outras vezes, para além de nossas elaborações e ajustes contratransferenciais, uma apreciação realística do paciente e da situação analítica, não precocemente "enamorada", pode nos dar alguma idéia, ainda que rudimentar, da tarefa que estamos prestes a enfrentar.

Para ilustrar melhor minhas idéias, relato alguns elementos de uma experiência clínica vivida anos atrás.

Um paciente, jovem médico muito ambicioso e com desmesurado orgulho fálico, chega transtornado e furioso a uma sessão do terceiro mês de análise, falando impropérios contra uma dona de casa que ele havia atropelado com seu carro, um quarto de hora antes, nas vizinhanças de uma feira do bairro.

Depois da batida, o paciente saíra rapidamente do carro para constatar os danos à carroceria; atacara a infeliz que jazia no solo, machucada e dolorida, com impropérios e ameaças, porque a cesta dela havia riscado a pintura metálica de seu automóvel novo. O desabafo explosivo do paciente continuou por toda a sessão, sem nenhuma tendência a amainar.

Pensei que essa reação poderia inconscientemente apontar para a possibilidade de que a análise pudesse desgastar e arranhar seu esmalte narcísico auto-suficiente (a dona de casa que voltava da feira com as cestas cheias de comida constituía um equivalente de representação materna). Considerei que naquele momento era melhor não estimulá-lo de nenhum modo. Entretanto, não pude deixar de refletir comigo mesmo sobre o fato de que tinha atropelado, com seu automóvel, a dona de casa-análise.

Duas semanas depois o paciente interrompeu a análise.

Durante muito tempo perguntei-me sobre o sentido da interrupção, pronto para penitenciar-me por eventuais falhas técnicas: deveria eu ter interpretado, naquela sessão do incidente, o que havia acontecido com a dona de casa? Teria eu falhado em "dar espaço" para o paciente em minha mente? Teria eu deixado de dar prioridade, em minhas fantasias durante a sessão, a alguma representação do *self* necessitado do paciente com o qual eu poderia ter sintonizado, com boa vontade, acima de qualquer sentimento que ele tivesse despertado em mim como pessoa real? Parecia-me que havia alguma verdade em cada uma dessas hipóteses.

Entretanto, com o passar do tempo comecei a refletir também sobre outros aspectos da questão. Para começar, desde a época do nosso primeiro encontro, o paciente nunca parecera consciente de estar doente. Sabemos bem como por trás de muitas solicitações de análise, motivadas na superfície por múltiplas razões culturais, existe um pedido oculto de ajuda por sofrimentos não reconhecidos, mas autênticos e, às vezes, até mesmo intensamente dramáticos.

Mas, nesse paciente, o poderoso investimento na resistência havia sempre parecido tão persistente, e motivado por um tipo de narcisismo auto-legitimador, que me deixou dúvidas, desde o início, se seria o momento de dar início a uma análise. Não teria sido mais oportuno fazê-lo esperar, deixando-o primeiro amadurecer o sentimento de necessidade?

Em segundo lugar, recordei com certo embaraço o fato de ter saboreado, por ocasião da primeira entrevista, o prazer inconfundível de um desafio. Essa análise deve ter-me parecido, desde o início, uma tarefa arriscada e talvez impossível, mas literalmente impossível e não no sentido geral e filosófico com que Freud tinha igualado as três tarefas: educar, governar e analisar. Impossível no sentido literal, o mesmo que ele tinha usado quando avaliara o "doutor A." e o "jovem esloveno", ambos já citados a propósito de sua correspondência com Weiss.

Certamente, eu também, jovem analista ambicioso, tinha uma pintura metalizada narcísica para proteger, um resto de ilusão de onipotência terapêutica para defender, e tomei rapidamente em análise meu paciente "impossível", sem dar o justo valor à acurada e complexa percepção empática inicial do mundo interno do paciente. Se eu o tivesse feito, teria sido mais capaz de pensar melhor sobre os tempos e os estágios de seu eventual trajeto pela psicanálise. Tal trajeto, com a sabedoria da experiência vivida, avalio que teria sido de muito maior valor.

Apoiado nessa breve história clínica, eu gostaria de fazer aqui uma pequena digressão para examinar o problema da definição diagnóstica em casos de pacientes severamente perturbados que suscitam fortes sentimentos contratransferenciais negativos.

Algumas vezes ouvimos falar sobre o fenômeno do "narcisismo destrutivo" e do "superego arcaico sádico" como se fossem essencialmente equivalentes. Rosenfeld (1971, 1987), entretanto, não usa esses dois termos como sinônimos, e deixa sempre a entender que o primeiro é uma conseqüência direta do segundo.

Não há muitas dúvidas sobre essa seqüência patogênica, mas desejo enfatizar uma diferença clínica entre *dois grupos típicos de pacientes* que com o tempo me habituei a distinguir, com a impressão de ser útil em termos da prática diagnóstica.

O primeiro grupo é constituído por pacientes que acredito serem melhor caracterizados pelo que eu chamei de seu *superego arcaico sádico.* Nesses pacientes, a identificação com o objeto primário mau e com sua resultante relação perturbada parece ser, embora intensa, parcial e relativamente superficial. Se assim for, persistirá uma relação interna perceptível entre partes do *self*, se bem que de qualidade fortemente sadomasoquista. As partes libidinais são como que subjugadas e dramaticamente maltratadas, *mas permanecem, ao menos em parte, preservadas no psiquismo da pessoa.*

Clinicamente, essa estruturação é típica de pacientes hipercríticos que, no entanto, são ocasionalmente autocríticos também; podemos reconhecer neles, com freqüência, um ataque inconsciente à sua própria criatividade; além do mais, nos casos em que o uso da cisão é particularmente pronunciado, tais ataques são algumas vezes dirigidos contra sua própria integridade física e psíquica.

Esses pacientes sujeitam o analista a ataques críticos contínuos e perturbadores que, de certo modo, reproduzem na relação interpessoal analítica seus conflitos intrapsíquicos. Entretanto, o elemento clínico de maior relevância é o fato de que, apesar dos ataques, o analista usualmente guarda e conserva (espontaneamente, e não por meio de aculturação) boas representações internas das duas partes do paciente, a sádica e a libidinal. Em conseqüência, o analista desenvolve uma contratransferência provavelmente multifacetada, e então ao menos parcialmente positiva.

Gambara (1990) apresentou o caso de um paciente que é ilustrativo neste contexto. Esse paciente, mesmo tendo feito o analista passar por "poucas e boas", sempre foi "hospedado" por meio de anotações das sessões em uma ficha branca. Isto ganhou um rico significado no momento em que o analista se deu conta de que tendia a escolher fichas coloridas para os vários pacientes, e que as cores variavam de acordo com a atmosfera emocional das sessões de cada um deles.

Gambara foca sua atenção particularmente na qualidade emocional que marca a relação terapêutica por longos períodos. Nesse sentido, a ligação entre seu trabalho e estas minhas observações está justamente em que ambos identificamos, em pacientes hostis e bastante destrutivos, elementos profundamente arraigados da personalidade que têm uma ressonância positiva no tratamento.

Mas, o que eu gostaria especificamente de destacar aqui, do ponto de vista clínico, é *a representabilidade, em fantasias e dentro da mente do analista, das duas partes do paciente, a sádica e a libidinal.* O resultado é que uma boa parte da análise converte-se em *um trabalho dedicado a promover a individuação e ajudar o ego a se separar do superego sádico.*

O real ponto de partida para esse trabalho é dado justamente pelo contato com a contratransferência. Na verdade, os "dados" para esse trabalho derivam em grande parte da análise das vivências do *self* do analista em resposta ao contato com o paciente; a elaboração posterior permite a representação daqueles elementos percebidos, assim como a visualização de uma realidade tão profundamente arraigada que permaneceria substancialmente imperceptível se nos baseássemos em outros métodos de investigação clínica.

O segundo grupo tipológico, no qual eu incluiria meu paciente da "pintura metalizada", é melhor definido pela expressão *narcisismo destrutivo,* como classicamente entendida por Rosenfeld. Aí estariam incluídos os pacientes cuja identificação com o objeto mau é muito mais profunda e completa, e a grande maioria dos elementos libidinais são cindidas e projetadas. Como resultado, esses pacientes apresentam uma capacidade muito limitada para relações objetais internas. Manifestam poucos conflitos internos juntamente com um estado substancialmente egosintônico e complacente .

Os conflitos manifestam-se plenamente na esfera inter-pessoal; são freqüentes as vivências de triunfo e desprezo, como descritas por Klein, resultantes dos esvaziamentos projetivos que aliviam e empobrecem o *self.* A autocrítica tende a ser escassa e a criatividade não é absolutamente anulada, mas, ao contrário, perversamente desenvolvida e cultivada a serviço de uma destrutividade aloplástica unidirecional.

De meu ponto de vista, o *fator clínico que diferencia* este segundo grupo em relação ao primeiro surge do próprio "laboratório interno" do analista; de fato, com este segundo grupo de pacientes, o processo de *representabilidade em fantasias das duas partes do paciente, a sádica e a libidinal, é muito difícil para o analista.*

Em uma atmosfera contratransferencial marcado por desumanidade, hostilidade, frieza e mesmo medo, o analista acaba como que fazendo um tipo de ato de fé, no sentido de postular que a parte libidinal existe, sim, nesse tipo de paciente. Então, a *função específica da análise,* após longo período de continência, essencial para a constituição de um espaço interno, seria a de dar início a *um processo de reintrojeção,* dentro do *self,* de algo que possa ser amado, e que dê origem a uma primeira semente da capacidade de amar.

Aparte de qualquer possível idealização do próprio papel profissional, o analista que ousa se defrontar com tratamentos deste tipo deve estar preparado para experiências de frustração e privação. Este tipo de jornada analítica implica a revisitação de um deserto relacional árido, seco e aparentemente sem fim. As poucas experiências que tive nessas circunstâncias de trabalho ensinaram-me que esse é um deserto que o analista atravessa, não em um *jeep,* mas a pé, de mãos dadas com o paciente, em regime de sofrimento compartilhado.

Para concluir, não me resta senão esperar uma percepção sincera e livre de ilusões dos sentimentos contratransferenciais negativos no curso do nosso trabalho. Ignorá-los ou negligenciá-los não nos tornará melhores analistas; ao contrário, ao fazê-lo, correríamos um risco muito maior de atuar nossas reações, ao invés de registrá-las e compreendê-las.

Tudo isto, evidentemente, de nenhum modo autoriza o analista, em nome de uma "espontaneidade equivocada" a se comportar de maneira pouco humana e civilizada com os pacientes. Citando La Rochefoucauld, não cabe ao analista "usar como franqueza sua brutalidade incontida", e também não deve aceitar que os outros o façam.

O que se espera de um analista, se ele está conscientemente comprometido com sua auto-análise, é que ele diga a si mesmo a verdade, para além de qualquer idealização e no interesse de seus pacientes. Esse é o nosso direito, e a nossa obrigação.

CAPÍTULO 11

EMPATIA E EMPATISMO

> Há uma enorme diferença entre a falsa empatia, superficial e artificial, e a empatia autêntica, à qual se chega através de falsos indícios, mal entendidos, e um profundo trabalho pessoal por parte de ambos, analista e paciente.
> S.A Mitchell, *Influência e autonomia em psicanálise.*

Como vimos na primeira parte deste livro, foram escassas as contribuições especialmente destinadas ao tema da empatia na literatura psicanalítica até o final dos anos cinqüenta, quando então surgiram, em rápida sucessão, as históricas contribuições de Olden (1958), Schafer (1959), Kohut (1959) e Greenson (1960).

Desde então, a situação foi gradativamente se transformando e o tema da empatia subitamente sofreu um crescimento inflacionário, convertendo-se na meta ideal do analista, uma espécie de pedra filosofal multiuso[1] potencialmente capaz de resolver qualquer dificuldade clínica e influir profundamente no curso de uma grande variedade de controvérsias teóricas, de tal modo que, atualmente, a julgar pelos relatos clínicos, se o analista "empatiza" parece que seu trabalho já estaria pelo menos meio caminho andado.

A meu ver, a invasão do conceito de empatia se deve em grande parte ao crescente sucesso da Psicologia do *self,* baseada no modelo de Kohut (1959, 1971, 1977, 1984), modelo esse suficientemente conhecido para ser aqui descrito.

Acredito que nós, analistas, devemos muito a esse modelo, porque ele freqüentemente nos permite, ao desempenharmos as funções de ob-

1 N.T.: "bonne à tout faire"- expressão que significa "criada para qualquer serviço"

jeto-*self*, desenvolver nossa capacidade de acolhimento e compreensão das necessidades narcísicas arcaicas dos pacientes que, de outro modo, em alguns casos poderiam ser muito apressadamente classificadas e tratadas – uma atitude que tenderíamos a justificar, no que diz respeito ao paciente, pela alegação de que estaríamos engajados em um processo de reconhecimento e adaptação que estaria ocorrendo preponderantemente em nível egóico.

Contudo, acredito que as concepções dos psicólogos do *self*, que habitualmente costumam respeitar a complexidade do tema (Kohut muito apropriadamente mencionou a "introspecção vicariante" destinada à percepção de "estados psíquicos complexos"), com freqüência são indevidamente simplificadas por aqueles que as citam de forma sumária e fora de contexto, acabando por trazer restrições e em alguns casos distorções do conceito de empatia tal como usado comumente na teoria e na clínica. Este é o tema deste capítulo.

A tendência teórica prevalente na atualidade é a de qualificar como disposição "empática" aquela que, como se viu na parte histórica, poderia mais apropriadamente ser definida como "concordante", em contraposição a "complementar", segundo formulações de Deutsch, 1926, e depois de Racker, em 1958.

No plano clínico, também vem se difundindo a idéia de que o analista "deve", ou ao menos "deve tentar" ser empático em relação ao paciente; quanto a isto, os psicólogos do *self* têm responsabilidade mais direta e precisa.

Estes dois pontos, a meu ver, devem ser seriamente considerados se não quisermos simplificar e empobrecer a sutileza e o alcance do instrumento psicanalítico arduamente conquistado no curso de um século de experiência, e também para que a empatia – compreensivelmente desejada e procurada por todo psicanalista – possa manter seu caráter mais realista de meta, ao invés de um método dentro do processo terapêutico.

Neste capítulo, me ocuparei de certas incongruências teóricas e clínicas (que, a meu ver, podem ser atribuídas a restos de ilusões narcísico-onipotentes) que podem surgir do desvirtuamento e do abuso desse conceito, que por isso mesmo tenderia a degenerar no que se poderia denominar "empatismo". Emprego esse termo para descrever uma situação em que, por excesso de intencionalidade e de sobredeterminação dogmática, o psicanalista pretenderia ser empático para além do nível de seu envolvimento inconsciente nas vicissitudes da transferência e da contratransferência, arriscando perder a liberdade de associar, a atitude de neutralidade e a capacidade de suspensão e espera em relação ao natural desenvolvimento de sua relação interna e externa com o paciente e com o processo psicanalítico como um todo.

A disposição empática entre "concordância" e "complementaridade"

Como vimos em seu trabalho de 1990, por mim brevemente resumido, Spacal, aponta a distinção feita por Berger (1987) entre empatia como um "estado emocional vivenciado pelo terapeuta em contato com seu paciente como sujeito", e contratransferência como um "estado emocional vivenciado pelo terapeuta no contato com um *objeto* do mundo interno do paciente" (distinção que a meu ver já reflete, pelo modo como foi formulada, a tendência teórica discutida neste capítulo). Adotando a distinção proposta por Berger, Spacal apresenta uma extraordinária contribuição clínica baseada na descrição das relações (internas e externas) de duas gêmeas univitelíneas (X e Y) com a senhora Z, sua mãe.

A relação da jovem X com a mãe era intensamente fusional, caracterizada por total compreensão de suas vivências subjetivas, em um clima de grande concordância e ampla aceitação.

Sua irmã Y, ao contrário, fora criada com distanciamento e desapego, e parecia não ser capaz de compreendê-la, acabando por reproduzir, na prática, a atitude materna de irritabilidade e pouca sintonia com ela.

Qual das duas gêmeas era capaz de compreender melhor a mãe quando ela estava deprimida e lamuriosa? X, que percebia a mãe como um ser indefeso e necessitado de cuidados, ou Y, que julgava o comportamento materno como agressivo?

Spacal considerava que ambas, X e Y, compreendiam a mãe somente pela metade: X se identificava com a subjetividade egossintônica da mãe, e Y, com sua agressividade e seu sentimento de perseguição egodistônicos.

Em minha opinião, X se encontrava envolvida em uma imersão "empática" concordante, e sua identificação cognitiva era no mínimo tão incompleta quanto à de Y, cuja experiência era uma reação persecutória de tipo "contratransferencial".

"O que falta a ambas, conclui Spacal, é a função introspectiva de mediação capaz de filtrar suas experiências e favorecer a modificação de seus sentimentos caóticos, de modo a que pudessem ser combinados em forma de um conhecimento mais racional".

Penso, como Spacal, que a relação de X com a mãe era fusional, sem capacidade de distanciamento, mas eu acrescentaria ainda que, a meu ver, a empatia é algo diferente. Aqui, faço referência ao excelente trabalho de Olden, 1958, que demonstrou que a separabilidade é condição necessária para o reconhecimento empático. *A verdadeira empatia é, a meu ver, uma condição de contato consciente e pré-consciente caracterizado pela separabilidade, complexidade e articulação.* Trata-se de um amplo espectro perceptual que inclui todas as tonalidades de cores emocionais, das mais claras às mais escuras e, acima de tudo de *um contato progressivo, compartilhado e profundo com a complementaridade do objeto, com o ego defensivo e com as partes cindidas do outro, assim como com sua subjetividade egossintônica.*

De resto, os riscos de uma "concordância" excessiva são bem conhecidos. Schlesinger (1994) afirma que se ouvirmos o paciente muito "de perto", isto é, muito identificados com um único aspecto dele, corremos o risco entrar em conluio com suas defesas e resistência; a transferência do analista é a principal responsável pela identificação com uma das partes conflitivas do paciente.

Kernberg (1993) comenta que muitos analistas não pertencentes à escola da Psicologia do *self* consideram que a receptividade do analista não deve se limitar à experiência "central" do paciente (no sentido de consciente e egossintônica), mas progressivamente deve estender-se àquilo que o paciente não pode tolerar em si mesmo e tende a dissociar e projetar (opinião sustentada também por Grotstein, 1981). Ele salienta que quando trabalha com pacientes gravemente perturbados, em que a comunicação verbal está freqüentemente distorcida a serviço da defesa, o analista algumas vezes pode, no esforço de permanecer em contato empático com o paciente, adaptar-se ao estilo de funcionamento dele, reforçando involuntariamente a resistência.

Em outros casos, a absorção total do analista no esforço de compreender as comunicações confusas do paciente pode tornar-se perigosa, se levar à paralisação das funções psicanalíticas de livre associação e interpretação.

Também Widlöcher (2001) considera que "(...) a empatia nos permite conhecer não apenas o pensamento consciente do presente e sua carga afetiva, mas também e especialmente o contexto associativo em que esse pensamento está "encaixado" (*embedded*)[2].

Jogan (1990) assinala três riscos secundários da concordância excessiva: *a)* tal atitude do analista pode encorajar o paciente a querer cada vez mais e desencadear nele uma demanda de "doses cada vez maiores", como na drogadicção; *b)* sedução narcísica recíproca, podendo criar uma cisão estável na mente do paciente, em que a relação psicanalítica permanece idealizada enquanto as outras relações são vivenciadas como más e persecutórias; *c)* o paciente pode desenvolver mais facilmente uma reação negativa ao analista quando se dá conta de sua situação humilhante de necessitado, contrastando com a do analista como provedor onipotente de "bem-estar empático".

Embora pacientes com problemas graves e específicos de coesão do *self* possam se beneficiar substancialmente de uma atitude predominantemente "concordante" do analista, é importante não restringir a potencial amplitude e riqueza de significados do conceito; considerações clínicas devem determinar com quais pacientes seria mais vantajosa uma postura predominantemente concordante e com quais, ao contrário, uma receptividade inicial mais livre e neutra seria mais adequada.

O problema se coloca especificamente com pacientes psicóticos e *borderlines* que fazem uso importante e freqüente da cisão e da identifi-

---

[2] N.T.: Alinhado com a tradição conceitual francesa, Widlöcher privilegia uma descrição de empatia baseada na "construção imaginativa da experiência subjetiva do outro, no qual o elemento fundante é a representação."

cação projetiva. Segundo Kernberg (1989), a escuta empática é particularmente difícil com esses pacientes, pois as dissonâncias e divergências de comunicação são tão intensas que podem provocar confusão ou dissociação psíquica no analista que se empenha em acompanhar empaticamente suas vivências. Também Kohut (1984), Goldberg (1978) e Spacal (1990), a partir de diferentes vértices, concordam em relação à impossibilidade de adotar uma atitude empática com tais pacientes.

Compartilho desse ponto de vista se "atitude empática" for definida como uma postura concordante com o aspecto mais egossintônico naquele dado momento. Entretanto, para mim, postura concordante e empatia não são a mesma coisa, e acredito que a contratransferência complementar, uma vez reconhecida e suficientemente elaborada é, em muitos casos, essencial para podermos verdadeiramente nos sintonizar com o clima do mundo interno dos nossos pacientes, para compartilhar a qualidade e a intensidade de suas relações com seus objetos internos, e para experimentar estados de *self* profundos e complexos ou empobrecimentos projetivos e estrangulamentos defensivos bastante estruturados.

Gostaria de esclarecer que não estou dizendo que contratransferência e empatia são a mesma coisa. Empatia é o resultado final harmônico de um processo, enquanto a experiência contratransferencial é uma passagem freqüentemente necessária, mas não suficiente, para aceder à condição empática. (ver cap.8)

O que estou afirmando é que concordância e complementaridade são usualmente ambas necessárias para poder integrar o "sentir com o paciente e pensar sobre o paciente". Creio que a tendência a equiparar empatia com concordância é atribuível a alguns fatores bastante precisos: 1) o desejo de simplificar as coisas e evitar a dor e o penoso trabalho cognitivo sobre a contratransferência; 2) a esperança onipotente de poder tornar-se "por princípio" empático.

Esta tendência é encorajada pela experiência comum de que a empatia algumas vezes (embora raras) se dá rapidamente, e ocasionalmente inclusive com a imediatez da intuição; isto pode alimentar a ilusão de um processo do tipo *cito, tuto et incunde* (instantâneo, seguro e sem dificuldades). Habitualmente, entretanto, as coisas não acontecem assim, e a empatia só pode ser conseguida após um trabalho longo e complexo.

Estas considerações encontram sustentação teórica em um conceito fundamental no âmbito da teoria da técnica: o conceito de *neutralidade*. Entendida não como frieza sem sintonia de parte de um analista desligado e anestesiado, mas como capacidade de suspensão temporária de julgamento e abstenção da adesão prematura a uma só parte do paciente, a neutralidade em um analista atento à complexidade da situação permite o contato progressivo tanto com aspectos egossintônicos quanto com os egodistônicos.

Embora o próprio Kohut (1984) pareça ter tido forte propensão a privilegiar a escuta de uma parte específica dos pacientes, a parte narcísicamente ferida ou carente, o *homo tragicus*, às expensas da conflitualidade pulsional ou dos processos de cisão-projeção, ele aceita a idéia de que a neutralidade – no sentido de *substancial disponibilidade de observação* – é fundamental para a empatia psicanalítica.

Apresentarei agora uma vinheta clínica em que a capacidade estruturada de percepção do analista é atacada por uma paciente que tenta influenciar sua atitude com propósitos defensivos, e induzi-lo, por vários meios, a adotar uma disposição concordante; uma situação em que o analista se viu em risco de tornar-se "empatista", ao invés de empático, mais pelas estratégias defensivas da paciente do que por sua orientação técnico-teórica.

Alessandra, uma jovem de boa família[3]

Relatarei o andamento da última sessão semanal de Alessandra, uma paciente de 26 anos, no segundo ano de análise, que procurou tratamento devido a momentos de aguda ansiedade e sentimento de fracasso pessoal (impossibilidade de terminar seus estudos universitários).

---

[3] Em *Mirror Image and Therapy* (2001) Gisela Schmidt, uma historiadora da arte, de Heidelberg, com formação psicanalítica, propôs uma leitura deste caso clínico como exemplo de *janusian mirroring* (isto é, o espelhamento segundo o modelo de Giano Bifronte, com uma face voltada para o interno e outra para o externo), utilizando a ótica filosófica de Gadamer. Desenvolvendo em seu livro o método da *dupla interpretação* dos processos de espelhamento em quadros célebres em que estão representados espelhos, e em casos clínicos que representavam situações análogas, Schmidt lidou com o texto do caso de Alessandra confrontando-o com *Family Picture*, obra de 1920 do pintor alemão Max Beckmann.

Alessandra é graciosa, de aspecto bem cuidado, inteligência vivaz, embora pareça um tanto inautêntica. Geralmente muito alerta à mais tênue expressão minha, no limite do interpretável, freqüentemente me obriga a adotar uma disposição interna e externa a mais neutra possível, uma escuta vigilante e cautelosa, e tensa expectativa, pois tende a perceber com grande sensibilidade e rapidez, qualquer coisa de mim que possa transparecer: um estado mental, interesse por algum detalhe em particular, etc, e tende a "entrar em sintonia" com isso, abrindo espaço para uma sinfonia de conluios pela qual todo o resto de sua pessoa pode evitar o contato comigo, e especialmente consigo mesma.

Nesta sessão, a paciente chegou ao consultório mais reservada e altiva do que habitualmente, tirou o casaco e pendurou-o com cuidado, *comme il faut*; fez o mesmo com a echarpe e com a bolsa, e deitou-se no divã com movimentos estudados de uma jovem refinada de boa família.

Após breve silêncio, no tom de quem propõe um problema, disse: "Sabe, doutor, sinto-me em dificuldades em relação a meus irmãos; meus pais disseram que vão comprar o apartamento para que eu e Michele possamos nos casar. Devo sentir-me culpada?"

A paciente inclina um pouco a cabeça na minha direção, e deixa entrever uma olhadela de cumplicidade, infantilmente brincalhona; um olhar que parece solicitar fortemente minha adesão, de antemão, a algo que a paciente tem em mente, mas que não está manifesto. Se eu fosse responder sintonicamente àquela parte que ela está me oferecendo, sinto que deveria exclamar prontamente, com absolvição redentora e tranqüilizadora: "Mas claro que não, a senhora não deve sentir-se culpada!"

Imagino que depois de um ano e meio de análise, Alessandra sabia muito bem que eu não lhe responderia de imediato; ainda assim, parece que *tem que* propor esse tipo de diálogo, no qual sinto que está me apresentando um aspecto superficial de si mesma, enquanto o paradeiro de seu verdadeiro *self* é um enigma. Naquele momento, não consigo encontrar qualquer sinal de consonância empática com ela.

"Imagine só! Minha tia conhece um alto executivo que poderia me conseguir trabalho em Milão, onde Michele já está trabalhando... mas não quer ter esse incômodo, e fica inventando uma desculpa atrás da outra... Sinto-me quase perseguida por minha tia; na realidade, sinto que ela não quer que eu me case! Devo afastar-me dela, não é? O que o senhor acha, doutor,?"

Novamente observo a mesma inclinação lateral da cabeça, a mesma pausa de antes, a olhadela de lado observando-me e fazendo o possível para conseguir uma resposta; experimento uma sensação de pressão e dificuldade, como se estivesse sendo manipulado. O mais notável é que Alessandra está se comportando tão *comme il faut* que pareceria um sinal de má educação e mau gosto se eu não lhe respondesse prontamente: "Mas é óbvio! A senhora deve afastar-se de sua tia!" Percebo esse movimento e experimento certo desconforto; tenho a sensação de estar sendo recrutado para fazer parte de uma cena teatral tipo 'sala de visitas', e de estar sendo investido de uma espécie de autoridade oficial – eu deveria agir como árbitro e concordar com ela – coisa que não sinto dentro de mim nesse momento, mas que ela espera que eu represente artificiosamente sob a direção de um terceiro; enquanto isso, pergunto-me: "onde está a paciente? não consigo percebê-la e a situação pode ser tudo, menos empática!"

A sessão prossegue por mais um tempo nesse registro; ouvindo a irrepreensível e um tanto perseguida Alessandra, pareceria que toda sua família queria ajudá-la a casar-se, e que certamente ela "não deveria se sentir culpada", e que todos sofrem porque ela irá embora, mas ela evidentemente não deve deixar que isso a impeça, etc, etc.

Eu ainda não tinha feito nenhuma intervenção; não me sentia inspirado. Penso naturalmente que o conteúdo do que Alessandra está dizendo tem a ver com separação, e que esta é a última sessão antes do fim de semana, mas tenho a sensação de que se eu agora assinalasse isso, resultaria dogmático e inoportuno, fora de *timing*; creio que a chave do material está em outro lugar, porque algo muito importante e particular parece estar se interpondo entre nós e a vivência de separação... Sinto-me também perturbado e intrigado pela educada e "convincente" solicitação de concordância por parte de Alessandra, a ponto de estar quase começando a me perguntar se por acaso não estaria eu criando dificuldades ao ser tão crítico em relação à conduta da paciente... mas, então, a ouço dizer: "... sim, porque de uma coisa tenho certeza: quando estivermos casados, exigirei de meu marido sobretudo uma coisa: *cumplicidade!*"

Era essa a demanda que senti desde o início da sessão, e que não conseguia focalizar e formular com clareza.

Pergunto-lhe: "E por que exatamente cumplicidade e não, por exemplo, solidariedade ou aliança?"

"Bem, porque solidariedade, ou aliança, não bastam; cumplicidade é muito mais. Do meu marido vou querer cumplicidade".

Reflito sobre o fato de que na solidariedade é valorizada a relação entre as duas pessoas envolvidas, que reconhecem os motivos do vínculo recíproco, e compartilham da mesma condição humana.

Na aliança, o acento se desloca para a relação que liga duas pessoas de um lado, e alguma dificuldade ou perigo externo, de outro; é uma palavra mais próxima à dimensão persecutória.

Mas, no caso da cumplicidade, não há dúvidas: não somente é o mundo do "cúmplice" persecutório, mas o cúmplice usualmente participa de alguma forma de alguma atividade ilícita, oculta, atacando ativamente alguma coisa; cumplicidade implica geralmente um terceiro que é prejudicado, e de algum modo tem a ver com perversão.

Digo à paciente: "Tenho a sensação que hoje a senhora está me pedindo cumplicidade, e não compreensão". Pergunto-lhe: "Por que, em relação a quê?" Ao fazer essas perguntas procuro mostrar-lhe meu interesse, mas também um certo distanciamento pessoal. Em outras palavras, ofereço-lhe solidariedade mais do que cumplicidade: proximidade na separabilidade, e não confusão.

Segue-se um silêncio de alguns minutos.

Alessandra então me diz que está começando a sentir muito frio. Está realmente tremendo, abraçando-se a si mesma, com uma expressão desnorteada e angustiada na face.

Tenho a impressão de assistir, no decurso dos últimos dois minutos, a uma importante mudança de cena: a afetada, refinada jovem de boa família está deixando o cenário e uma menininha confusa e perseguida assume seu lugar mais ou menos simultaneamente.

Sempre tremendo, diz que sente grande necessidade de contato íntimo com alguém, que tem medo de ficar sozinha, que tem medo de casar-se, de ir para Milão, de ter que entrar no mundo do trabalho, de deixar sua mãe, o pai, os irmãos, a tia, e, mais cedo ou mais tarde, também a mim e a análise; tudo isso lhe dá medo. Começa a chorar, soluçando, estremecendo toda, e finalmente entrega-se a um pranto convulsivo que é um lamento desesperado.

Nesse momento *sinto surgir em mim um estado de profunda empatia com a paciente* que me permite compreendê-la e entrar em contato mais genuíno com ela.

Foi-se o falso *self* que recusava o medo da separação projetando-o na tia, que negava o sentimento de culpa e a ansiedade ligados à separação, e que vivenciava as ligações afetivas como incômodos perseguidores externos (na realidade, partes não reconhecidas como próprias que "voltavam para si", e com as quais teria preferido nada ter a ver, e que quando postas fora da porta, voltavam pela janela). Tenho agora a clara percepção de ter reencontrado Alessandra: amedrontada pela perspectiva de crescimento e de vida, aterrorizada pelos fantasmas de abandono, mas autêntica.

É esta a pessoa que, aceitando vivenciar o medo, talvez possa encontrar a coragem; é exatamente a pessoa que eu e seu falso *self* "jovem refinada de boa família" deveríamos tirar de circulação e esconder secretamente, como perfeitos cúmplices.

A parte final da sessão – depois de a Alessandra-menina ter sido suficientemente reconhecida, acolhida e confortada – foi dedicada a compreender sua maneira específica de evitamento e de disfarce defensivo; em certo sentido, tratava-se de voltar a acolher – psicanaliticamente – a "refinada jovem de boa família", após ter desativado sua pretensão de invadir, colonizar e controlar a totalidade de seu *self* e o do analista.

De fato, a paciente havia estimulado fortemente respostas-padrão predeterminadas do tipo: "Certamente que não! A senhora não deve sentir-se culpada!", ou então: "Mas claro! A senhora deve realmente afastar-se de seus parentes!", e o havia feito de modo tão polido, tipo "sala de visitas", e convincente que, no momento em que me senti mais invadido por ela, cheguei a perguntar-me se eu "não estaria criando muitas dificuldades, sendo rígido demais"; ali, quase perdi o rumo.

Naquele momento, o elemento decisivo fora a análise da contratransferência, encorajada por meu sentimento de estar sendo forçado a sintonizar-me, como bom cúmplice, com o seu falso *self.* Isso me possibilitou identificar os elementos que me haviam sido impostos intrusivamente.

A "refinada jovem de boa família", tal como as associações finais demonstram, se originava da identificação com um específico padrão de comportamento de sua mãe, caracterizado por escasso contato emocional, maneira predominantemente histérica de expressar-se, além de fácil incorporação e comprovada aceitação social desse estilo de relação.

Essa mãe havia investido tudo no trabalho, e no pouco tempo em que ficava junto com a filha costumava antecipar-se às suas inevitáveis queixas e protestos impondo-lhe firmemente algumas atividades programadas para realizarem juntas, tais como leitura, arrumação do quarto e, sobretudo, alguns artifícios mentais encobridores destinados a evitar o contato.

O trabalho de compreender a "refinada jovem de boa família" ocupou os meses seguintes da análise de Alessandra; foi um longo processo que exigiu uma autêntica *aliança* entre ela e eu.

Quando, ainda mais tarde, Alessandra pôde reconstruir e compreender a história e as dificuldades de sua mãe, o clima psicanalítico transformou-se no sentido de uma maior *solidariedade* para ser suportada e compartilhada.

Empatizar: tarefa ou aspiração?

Freqüentemente experimento um certo desconforto quando leio ou ouço sobre posturas em relação à empatia que envolvem intenção ou desejo: "atitude" empática, escuta "empatizante", "uso" da empatia como "instrumento", etc.

Essas tendências não são exclusivas da escola kohutiana; Modell (1990, cap.3), por exemplo, afirma categoricamente que a "empatia é um ato da vontade".

Minha formação e experiência psicanalíticas com o tempo foram me tirando a *ilusão programática de ser capaz de decidir ativa e metodicamente a realizar uma situação empática.*

É perfeitamente natural e desejável que tentemos compreender a experiência do paciente e estabelecer uma boa relação de trabalho analítico com ele, inclusive por meio de tentativas ativas e intencionais de identificação, mas a verdadeira empatia não é uma marcha que se pode engatar por vontade própria.

Parece ser este também o pensamento de Schafer (1983), autor que estudou a fundo esse tema, e que ironiza com desencantado bom humor os riscos para o analista que se apresenta implicitamente como um "analista empático", aliás, riscos a que está exposto qualquer um que se permita escrever precisamente sobre esta matéria.

Na mesma linha, Brunacci (1994) assinala o risco de uma certa "complacência" que pode reduzir a análise a um tipo de andar sem sair do lugar: "Creio que devemos ser muito cuidadosos para que a ampliação da sensibilidade e da receptividade não se torne, em certos momentos, fonte de excessiva autocomplacência que resultaria em seu cultivo "de per se", em um funcionamento circular como um motor que gira em falso, não inseridas na lógica do diálogo, mas expressas, e de um certo modo"atuadas" independentemente da relação e das necessidades reais do paciente: "Espelho, espelho meu, qual é o analista mais sensível do que eu?".

Berger (1987), autor que realizou até agora o estudo psicanalítico mais completo sobre o tema, observa como atualmente os terapeutas tendem a competir entre si apresentando-se como empáticos, de acordo com as expectativas de seus pacientes.

Além dos irredutíveis ideais internos com os quais o profissional se encontra periodicamente em negociação conflituosa (Abend, 1986), penso que o problema da "decidibilidade", ou não, de ter uma profunda e autêntica postura empática deve ser avaliado de maneira realista, levando em conta as complexas interferências da transferência e da contratransferência originais, e das mutuamente induzidas (Turillazzi Manfredi, 1994) por ambos os componentes da dupla psicanalítica durante o desenvolvimento do processo; tais interferências determinam se é possível alcançar uma condição, ou não, em uma dialética contínua com a capacidade de auto-exploração do analista.

Ainda que a escola teórica da "contratransferência total" tenha alimentado uma perspectiva confiante acerca da percepção das vivências conscientes e pré-conscientes da contratransferência e da possibilidade de sua elaboração, assinalando-as, aliás, como instrumento insubstituível de conhecimento, a posição da assim chamada corrente "clássica", evidenciando as dificuldades produzidas pelos componentes inconscientes da contratransferência parece igualmente justificada ao convidar os analistas a manterem uma posição cautelosa e menos otimista sobre sua utilização tão freqüente, direta e sem problemas.

Acredito que subestimar as dificuldades e complexidades da transferência e da contratransferência pode, muitas vezes, induzir o analista a forçar a busca do contato empático, convertendo essa busca em uma tarefa estereotipada, uma pretensão ou uma postura dogmática[4]. Os pacientes facilmente percebem a rigidez de tal postura, e tendem a tirar proveito dela a serviço da resistência, ou a representá-la indireta e inconscientemente em suas comunicações, como se temessem ferir o analista, mas nunca deixam de assinalá-la.

Lembro, por exemplo, o material clínico de um seminário em que a paciente de um terapeuta resolutamente "empatista" continuava a se queixar de seu noivo, em sua sessão, dizendo: "Quando eu estava triste porque não nos havíamos entendido, a coisa que mais eu temia era que Giorgio, como sempre, quisesse fazer amor para tentar me confortar...". O terapeuta em questão, realmente era bastante viscoso, com contínuas e forçadas tentativas de sintonia, cuja precisão a paciente era freqüentemente instada a confirmar; ela se queixava disso em suas sessões através de relatos deslocados para objetos externos, mostrando que vivenciava um certo sufocamento pela pressão empatística à qual era submetida.

Na realidade, a maior parte dos analistas pode tolerar não estar em um estado de empatia com muitos pacientes por períodos até longos, tentando, no limite do possível, compreender os motivos, mas mantendo fundamentalmente uma posição de escuta confiante e receptiva.

---

[4] É interessante lembrar, a este propósito, o ponto de vista absolutamente laico e comparativo de S.A.Mitchell (1993): "O analista tradicional não pode realmente ser neutro. Os analistas da Psicologia do *self* não podem ser realmente empáticos. O analista que segue uma orientação evolutiva, mesmo com muito empenho, não pode substituir verdadeiramente os cuidados maternos perdidos. O lacaniano não pode tornar-se aquele que sabe das coisas. E o interpersonalista, que poderia realmente *tentar* ser autêntico, encontra-se na mesma contradição como adepto da psicologia popular que *tenta* ser espontâneo".

A compreensão empática freqüentemente só é alcançada depois de um período de não-compreensão ou de confusão (Simon, 1981).

Os motivos das dificuldades no contato empático poderiam ser inseridos (com alguma supersimplificação) dentro de três categorias: a) aqueles inerentes preponderantemente ao paciente e às suas características; b) aqueles inerentes preponderantemente ao analista; c) aqueles inerentes a fases específicas da análise.

No que diz respeito aos pacientes, por exemplo, Greenson (1960) e Semrad (1969) descreveram como alguns deles evitam ativamente o contato empático pelo temor de sofrer demasiadamente; Buie (1981) salientou como muitos temem muito mais o risco de serem abandonados justamente após viverem uma experiência de contato; Pao (1984) relatou como psicóticos e *borderlines* estabelecem e rompem o contato, vivenciando continuamente o "dilema necessidade/medo".

A meu ver, neste grupo também devem ser incluídos os pacientes que, embora possam pertencer a categorias diagnósticas muito diferentes, têm em comum a capacidade de depositar no analista não apenas um único elemento ou estado de ânimo, mas organizações defensivas complexas (como descrito por Anna Freud, 1936); independentemente da severidade da patologia, esses pacientes têm um tipo de habilidade e capacidade de penetração inconsciente que pode induzir o analista a conluios inconscientes, repressão, ou condutas de evitação absolutamente não casuais, mas que reproduzem na dupla psicanalítica o estilo de funcionamento defensivo inconsciente do ego do paciente.

Em um nível relativamente menos refinado, acredito que a paciente Alessandra tinha uma certa capacidade desse tipo, com sua tendência de fazer-me defensivamente seu "cúmplice".

No que diz respeito ao analista, Brenner (1985) e Abend (1986) descreveram com considerável realismo o equilíbrio multifatorial interno que usualmente possibilita a função analítica, e que é fruto de sutis e complexas formações de compromisso intrapsíquicas. Eu acrescentaria que a disponibilidade profunda do analista para realizar um efetivo entendimento empático nada tem a ver com tarefas ou aspirações, mas depende principalmente de quão "*capaz ele é de fazer contato interno consigo mesmo*, com suas memórias, com seus afetos, com sua humanidade em geral (Bolognini, 1991; Milela, 2001)[5].

A célebre frase de Terencio: *homo sum: nihil humani mihi alienum puto,* citada por Schafer, parece ser completamente aplicável à situação psicanalítica no sentido dado por Greenson (1960) de que o psicanalista deveria estar profundamente familiarizado com seus próprios processos inconscientes, de modo a poder aceitar com humildade a idéia de que provavelmente o que não está bem com o paciente, pode ter estado, ou ainda estar, em algum grau presente também nele; isto lhe permitirá compreender o paciente e lidar com os elementos observados a partir "de dentro" ou, pelo menos, "de bem perto".

A meu ver, um analista profundamente aflito, ferido ou com qualquer tipo de sofrimento e sem muitas defesas, e que tenha alcançado um bom nível de separação e individuação, tem boas possibilidades de entrar em ressonância empática com o paciente de maneira compatível com as fases e as vicissitudes do processo psicanalítico em curso; isso também se aplica a um analista ocasionalmente feliz.

Creio, no entanto, que um analista desligado de si mesmo, neuroticamente deprimido ou eufórico, dificilmente conseguiria colocar-se no lugar do paciente, até porque o contato com ele ameaçaria aproximá-lo daquilo que está tentando evitar em si mesmo.

Quanto às *dificuldades relacionadas a fases específicas da análise,* todos os analistas estão familiarizados com as dificuldades encontradas durante períodos prolongados de transferência negativa ou episódios agudos de reação terapêutica negativa (mais silenciosos e mortíferos se devidos à inveja, e mais ruidosos e belicosos se devidos ao ciúme); em minha opinião, entretanto, duas outras situações recorrentes, típicas,

[5] A necessidade compulsiva do terapeuta de verificar se está em contato, ou melhor, de pretender estar em contato com o paciente pode levar a "ansiedades de desempenho" ou mesmo à incapacidade de tolerar separação. A combinação do desejo de ser bem sucedido e a confusão entre o *self* e o outro pode produzir uma situação dolorosamente inadequada para o analista, bem descrita através das palavras de Dom Ottavio na ópera *Don Giovanni,* de Mozart: "Da sua paz / a minha depende / o que lhe apraz / vida me rende / o que a desgosta / morte me dá / é minha aquela ira / seu pranto é o meu / se ela suspira / suspiro também / e não possuo bem nenhum / se ela não os tem." (Don Giovanni, ato I, ária N. II).

ainda que não particularmente freqüentes, são menos conhecidas: a) os enamoramentos inadmissíveis; b) os compartilhamentos prolongados de estados de sofrimento do *self*.

Nos enamoramentos transferenciais "não permissíveis" – que são em geral de tipo erotizado e amoroso, e não de tipo erótico (Bolognini, 1994[a]) – os pacientes atacam resolutamente a capacidade de sintonia empática do analista, com o objetivo de despistá-lo de fantasias e conteúdos emocionais intensamente temidos.

Nos compartilhamentos prolongados de estados de sofrimento do self o paciente induz no analista estados contratransferenciais permanentes, pervasivos, e que permanecem por longo tempo relativamente irrepresentáveis e impensáveis, e que correspondem a áreas de experiência analogamente não mentalizadas do paciente. O analista envolvido nessa situação sente-se freqüentemente perturbado ou em sofrimento, e retorna com o paciente a cenas de ausência e sofrimento, experimentando com ele, por um certo tempo, a impossibilidade de elaborar a situação. O que acontece, nesse caso, é um *compartilhar experiencial, vivencial,* que ainda não é empatia, porque falta pensabilidade; o estagio seguinte, o *compartilhar elaborativo,* este sim pode conduzir à empatia.

Apresentarei agora um caso clínico ao qual já me referi, o da paciente que atravessa o deserto; nesse caso estiveram presentes durante o tratamento esses dois aspectos relativos a fases específicas da análise: "enamoramento transferencial "não permissível" e "compartilhamento prolongado de estados do *self*", assim como uma inútil tentativa "empatística" de minha parte.

Um percurso psicanalítico: do deserto emocional à empatia

Ada, bancária de 32 anos, solteira, bonita, chegou à análise porque não conseguia ter orgasmo. Após dois anos de análise sua qualidade de vida tinha progressivamente se deteriorado: não saía à noite, não tinha namorados, embora fosse não somente bonita, mas também um tipo interessante; no final desse período tinha cada vez menos contato com as amigas, e mesmo esses raros contatos não revelavam nenhum entusiasmo. .

Eu estava ficando preocupado: parecia-me anormal uma involução regressiva tão grave na qualidade de vida de uma pessoa em análise; eu me esforçava para querer sintonizar com o que a paciente produzia nas sessões, com resultados bastante modestos.

Procurava sintonizar-me com ela, e me empenhava em comunicar-lhe a sensação de impotência e tristeza que ela me transmitia; mas, por algum motivo obscuro, não me sentia autenticamente "tocado por dentro", e minhas palavras também não atingiam seu coração.

Eu me dirigia a ela de modo acadêmico.

Ada estava cada vez mais deprimida sem saber por quê; nas sessões, falava pouco, e parecia sombria, desvitalizada e incrivelmente triste.

Como em *Línea d'ombra, de Conrad,* parecíamos dois marinheiros estagnados em um oceano sem ondas, "calmo" pela mais absoluta falta de qualquer sopro de vento. O que mais me surpreendia em Ada, era exatamente a falta de qualquer sinal de elementos pulsionais e de desejo, que haviam desaparecido no vazio; até sua capacidade de sonhar parecia sufocada.

Durante a interrupção de verão, Ada chegou ao fundo do poço; foi de férias para as margens do Mar Morto que, como se sabe, encontra-se em uma depressão e, devido a sua elevadíssima salinidade, não hospeda qualquer forma de vida.

Como durante as sessões comunicava mais depressão do que conteúdos ideativos e associações, eu tinha muito tempo para refletir; abandonei meus esforços de alcançá-la ideal e empaticamente, e consegui representar e formular em minha mente uma hipótese de leitura da situação articulada em dois pontos.

O primeiro ponto era de que a análise estava atualizando e encenando dramaticamente a repetição de uma grave condição depressiva neonatal, em que eu também deveria viver a experiência de impotência desesperada, de falta de contato e compreensão, e assim vir a conhecer um estado "desertificado" e árido *de seu self.*

Se assim fosse, o compartilhar da experiência seria parte do tratamento; porém, era necessário integrar essa vivência com a restituição do seu significado,

O segundo ponto, que não é incongruente com o primeiro, conduzia a uma perspectiva tecnicamente mais dinâmica; freqüentemente retornava à minha mente o axioma segundo o qual, se um paciente emudece, muito provavelmente está associando algo relacionado ao analista, e decidi utilizar essa perspectiva ao comportamento psicanalítico de Ada no último ano de análise, que associei com duas de suas recordações que me haviam voltado à mente em mais de uma ocasião.

Uma delas era um sonho que ela tivera aos vinte anos: era noite e ela vagava pelos terraços e telhados da casa de campo da avó materna, e quando já estava quase chegando "lá onde gostaria de chegar" encontrava um obstáculo superior às suas forças: um degrau/muro muito alto para ela, onde dormia um homem adulto e forte, um caminhoneiro. Tentou várias vezes, mas não conseguiu chegar.

A atmosfera noturno-onírica do sonho, a dificuldade de utilizar elementos estruturais maternos (a casa da avó materna, transitável apenas pelo exterior) e a impossibilidade de alcançar o nível de um possível contato com os aspectos pulsionais ligados ao pai (o caminhoneiro grande que dormia) me pareciam representar a dificuldade de Ada em negociar adequadamente uma passagem fundamental do Édipo: era, justamente, "um degrau muito alto para ela".

A outra recordação era ainda mais significativa: aos dezesseis anos, na sua primeira festa, um rapaz a havia convidado para dançar, e ela, embora desejando, tinha dito não. Para convencê-la, ele começou a tomá-la por um braço e ela resistiu, criando-se uma situação angustiante e percebida por todos.

Mas, ao final, ela não dançou.

Minha hipótese era de que ela devia ser ajudada a aceitar simbolicamente "dançar", e a fazer outra tentativa de ultrapassar o degrau daquele sonho.

Para fazê-lo, eu também devia "entrar na dança" e passar do papel de testemunha (ainda que atenta e participante), a verdadeiro objeto (negado) da relação, cuidadoso ao ser convidativo, porém não insistente, caso contrário obteria o mesmo resultado daquele jovem, exacerbando as dificuldades de Ada (o rapaz da festa não tinha sido minimamente empático, não tendo se dado conta das angústias e da rigidez defensiva dela).

Para mim, o aspecto inovador dessa hipótese era que uma parte importante da transferência não estava reprimida – se assim fosse provavelmente terá aparecido em sonhos ou outro material – mas sim submetida a uma profunda cisão com efeitos bem mais sérios como irrepresentabilidade e não pensabilidade.

Em uma situação psicanalítica menos preocupante, eu teria me limitado a registrar o aparecimento em minha mente dessas reflexões, da mesma maneira como o faria com outros elementos do campo, à espera de um desenvolvimento nas produções da paciente.

Entretanto, neste caso senti que seria útil privilegiar a segunda pista, a do Édipo cindido, e falei sobre isso com Ada. Disse-lhe simplesmente que me parecia estranho que nunca sentisse ou dissesse alguma coisa sobre nós dois.

Desejo esclarecer, que essa intervenção não foi gerada por empatia com a paciente, mas por uma boa sintonia interna com aquilo que eu estava sentindo e pensando naquele momento. Não houve aparentemente nenhum efeito visível imediato, mas como eu conhecia bem o ritmo lento de Ada, não me desencorajei. Nas sessões seguintes, procurei dar-lhe algumas outras pistas desse tipo, como se toda noite eu deixasse um doce no criado-mudo de uma anoréxica para ver se ela o comeria.

Cerca de duas semanas depois revelou-me um segredo: alguns anos antes de iniciar a análise tinha participado de um grupo de treinamento em negócios e administração, conduzido por um experiente executivo. Apaixonara-se profundamente por ele, sem comentar nada com ninguém; depois de algum tempo nunca mais pensou nele! Aliás, não havia mais pensado nisso até aquele momento em que estava me contando o acontecido.

Nesse ponto dei-me conta de que isso parecia um daqueles clássicos casos em que a paciente parece responder aos estímulos e expectativas do analista, produzindo exatamente o tipo de material que ele está procurando.

Não entrarei no mérito teórico e epistemológico dessa questão e me aterei ao aspecto clínico.

Na prática, isso tudo foi útil. A atmosfera começou lentamente a se tornar mais viva, com referências a nós dois, e na ilha de pedra que era nossa análise algumas florzinhas começaram a aparecer sob forma de sonhos amorosos nos quais o parceiro ocasional tinha alguma característica que poderia ser associada a mim, e que a própria Ada era capaz de reconhecer facilmente.

A representação da transferência amorosa (não da transferência erótica defensiva!)[6] em forma de símbolos e sonhos foi possibilitada, neste caso, não tanto pela fidelidade literal ao material produzido pela paciente (fidelidade que havia nos custado um longo impasse), e menos ainda por uma proximidade empatizante que a paciente talvez tivesse tido que impedir para se defender, ou para, em nível mais profundo, fazer o analista experimentar uma desoladora impotência na relação, mas, muito mais por uma particular atenção *àquilo que a paciente sistematicamente não produzia* (função clínica do ego de trabalho, que nada tem a ver com a sintonia empática).

No fundo, talvez, exatamente essa ausência quase absoluta de referências relacionais pode ter constituído, com sinal negativo, o verdadeiro material psicanalítico.

De qualquer maneira, as sessões tornaram-se cada vez mais vivas e ricas do ponto de vista comunicativo, e o desbloqueio do aspecto libidinal e afetivo estendeu-se, em curto espaço de tempo, também às relações extra-analíticas de sua vida.

No sonho dos vinte anos, Ada tinha podido apenas aproximar-se do homem, sem verdadeiramente encontrá-lo, dada sua condição de imaturidade relacional, depois que (e "depois que", para o processo primário, significa "já que") havia percorrido, *a partir do exterior*, os elementos estruturais maternos (simbolizados pela casa da avó materna). Não tinha podido alcançar aquele nível ("o terraço") passando pelo corpo e pela mente da mãe (o interior da casa), como teria sido natural e necessário.

Creio que esse aspecto encontra seu correspondente contratransferencial no fato de eu não ter me sentido "tocado por dentro" (*ein-pa-*

[6] N.T.: Para uma distinção entre as duas formas de transferência, ver Bolognini (1994).

thein; ein-fühlung) por ela durante muito tempo, e por não ter conseguido comunicar-me empaticamente com ela até o momento daquele desbloqueio. Paradoxalmente, ele fora produzido por uma tática psicanalítica "pré-estudada", e não devido a percepções de sintonia empática.

Neste caso clínico, a empatia constituiu uma meta, não um método, e não excluo a idéia de meus esforços empáticos iniciais terem sido prejudiciais; talvez eu não tenha sido muito diferente do rapaz que na festa acabou puxando-a pelo braço quando ela não estava disposta a dançar.

Sim, isto é "empatismo"!

A partir de um certo ponto da análise não precisei mais me esforçar para empatizar ativamente; o contato foi conseguido espontaneamente, no tempo que seria natural que ocorresse. Muito freqüentemente um contato visual ao término da sessão nos permitia retraçar todo o caminho precedente, com intensa consciência e profundo sentimento de compreensão emocional.

Do meu ponto de vista, o curso desta análise mostra como a empatia pode se constituir, por vezes, no *fruto* de um trabalho psicanalítico complexo, e não em seu *instrumento.*

Para concluir esta breve e certamente incompleta revisão acerca das dificuldades de contato empático atribuíveis a fases específicas da análise, eu apontaria também que há períodos em que certos pacientes têm uma genuina necessidade de ficar por conta própria - ao menos em nível mais íntimo - e não querem que o analista se aproxime demasiado de seus estados de mente (Bollas, 1987).

Alguns seguidores dogmáticos de Kohut sentem-se investidos da missão de "empatizar" em qualquer situação, de modo estereotipado e por compulsão teórica, e me fazem recordar a história do escoteiro que forçava a todo custo as velhinhas a atravessarem a rua, mesmo que elas não tivessem, naquele momento, necessidade de fazê-lo.

Entretanto, é importante lembrar que Kohut (1984) também chamou a atenção para um perigo similar dentro de sua própria escola de pensamento, ao descrever o risco de uma "invasão empática", e ao observar que aquilo que se deseja, desde o início da vida, é ser exposto a uma empatia atenuada, e não a uma empatia total e totalizante.

Conclusões

Procurei, neste capítulo, chamar atenção para a complexidade, articulação e profundidade da empatia psicanalítica, assim como para o risco de um voluntarismo dogmático e de uma atitude demasiadamente intencional e defensiva por parte do psicanalista em relação ao "empatizar".

Eu não gostaria que meus comentários fossem mal entendidos; acredito que um certo grau de identificação e concordância deliberada seja obviamente necessária em nosso trabalho, e que uma postura extremada acerca da "indecidibilidade" de empatizar poderia conduzir o analista ao fatalismo, a atitudes demasiado passivas e, por fim, a negligenciar sua responsabilidade, ou seja, a aspectos que considero deletérios ao trabalho.

Minhas considerações são destinadas especialmente à manutenção de uma receptividade articulada no analista e à redução de seus aspectos narcísicos e onipotentes residuais que poderiam levá-lo, não a uma feliz e sutil chegada à empatia, mas ao fenômeno do empatismo, em que o analista força o contato a qualquer custo, na ilusão de poder controlar melhor o processo.

Acredito que a efetiva e autêntica empatia é fruto de um conjunto de válidas identificações concordantes e complementares bem elaboradas e integradas, e que o compartilhar é um precursor da empatia, da qual constitui a necessária premissa experiencial em estado bruto, mas não o produto final, nem sua garantia (Bolognini, 1995). Penso que em algumas fases do processo psicanalítico a empatia pode ocorrer com uma freqüência relativamente maior, como, por exemplo, na idealização, fase "lua de mel" da transferência, durante a qual o analista também pode desfrutar de uma ocasional, transitória e consciente contratransferência positiva, e também na fase final, cálida e realista, das análises bem sucedidas – se o analista for suficientemente experiente. Essa empatia genuína pode ser facilitada por um constante monitoramento auto-analítico do terapeuta, voltado ao reconhecimento da contratransferência, dos elementos intrusivos, e de modo mais geral à manutenção do bom contato com seu próprio mundo interno, reduzindo os níveis de fechamento e controle do ego defensivo.

Concluirei com uma metáfora: é essencial que cada navegador zarpe com sua embarcação levando consigo o melhor equipamento técnico e cultural necessário para enfrentar os perigos do mar; mas, o navegador suficientemente experiente sabe que deverá adaptar suas técnicas ao mar e ao clima, e que cada viagem será de algum modo imprevisível e, portanto, diferente das precedentes. É precisamente essa consciência, assim como as habilidades adquiridas, o que diferencia sua abordagem das rígidas ilusões acalentadas pelos principiantes.

Capítulo 12

EMPATIA E INCONSCIENTE

> A palavra está escondida
> debaixo das pálpebras:
> como posso
> chamá-la para fora?
> Quando estou distraído
> vejo-a no fundo do coração.
> Se a chamo, me engana:
> foge cobrindo o rosto.[1]
>
> Rabindranath Tagore, *Sfilungo*

À primeira vista, o título deste capítulo pode deixar o leitor algo perplexo. Como pode existir uma conexão lógica entre *empatia,* um conceito baseado, ao menos parcialmente, na experiência pessoal e definido de diferentes modos por analistas de orientações diversas, e *inconsciente,* um conceito mais geral e estrutural que sustenta virtualmente toda a teoria psicanalítica?

Tal tentativa de conexão poderia irritar o colega freudiano clássico que conhece perfeitamente a complexa articulação do sujeito na relação psicanalítica, mas que considera a metapsicologia o verdadeiro núcleo essencial da psicanálise, e que avalia um evento relacional, como a empatia, como fator não específico da verdadeira psicanálise.

Por outro lado, as idéias que apresentarei também podem não ser apreciadas pelos psicólogos do *self,* que tradicionalmente têm sustentado a importância da empatia como instrumento útil para o conhe-

---

[1] No original: *La parola é nascosta / sottole palpebre: / como posso / chiamarla fuori? / Quando sono distratto / la vedo in fondo al cuore, se la chiamo mi burla: /fugge, coprendosi il volto.*

cimento do inconsciente, pois podem considerar minha definição de empatia menos direta e mais problemática do que a deles. Para mim a empatia é um evento e não um método, e não vejo *l'omo tragicus* como necessariamente o aspecto subjetivo privilegiado com o qual o analista deva se identificar sistematicamente.

Na realidade, defendo a hipótese de que os dois conceitos podem não ser tão distantes como pareceria à primeira vista. Pode-se dizer que *uma gnosis* sem um elemento de *pathein* é inútil para o analista, um *non sense,* pois ele permaneceria em uma dimensão de isolamento afetivo, talvez de cisão esquizóide, de representação abstrata e não integrada, se *pathos* não for considerado. O analista que espera trabalhar em uma condição protegida, de pura observação, com contato sintônico zero, cultiva uma utopia (Bolognini, 1991).

Também não é realístico, como já foi dito, pensar que ele possa "decidir identificar-se com o paciente", coisa que é pouco passível de uma decisão e pode até conduzir ao já citado fenômeno degenerativo do "empatismo". Ao invés disso, o analista pode usar de maneira útil o conceito de empatia para manter sua identificação com o paciente sob adequado controle. Esta problemática relativa à identificação nos conduz diretamente aos aspectos tópico-estruturais do conceito de empatia.

Aspectos tópicos

Como vimos na primeira parte deste livro, a localização tópica dos fenômenos empáticos foi objeto de reflexão específica no final dos anos cinqüenta, quando a hegemonia da Psicanálise do Ego, com sua descrição meticulosa, quase obsessiva, das estruturas, subestruturas e funções do aparato mental alcançava seu ápice dentro de nosso campo.

Tal atenção produziu alguns benefícios: *sua localização na fronteira consciente/inconsciente com leve predomínio da segunda área* (Schafer, 1959, 1968; Greenson, 1960), revelou-se suficientemente aceitável também nos anos seguintes, quando surgiram os conceitos de "introspecção vicariante" (Kohut, 1971), *rêverie* e *at-one-ment* (Bion, 1970), *attunement* (Stern, 1985), *resonant cognition* (Kelman, 1987), *tracking*

(Holmes, 1993), *prompting* (KierskY e Beebe, 1994), *co-thinking* (Widlöcher, 2001). Essa riqueza de interesses serviu para colocar em evidência esses processos de sintonização fantasístico-emocional que, de modo muito variado, têm influenciado profundamente o trabalho psicanalítico; isto é verdadeiro tanto se os processos são metodologicamente implementados, se acontecidos inesperadamente, ou até mesmo realizados *malgré soi* (Bolognini, 1991, 1995).

Greenson, particularmente, colocou a empatia predominantemente no pré-consciente e, como vimos no capítulo 4, ele foi o primeiro a discriminar a *empatia* da *identificação* de modo claro e inequívoco. Ele vê a identificação como fenômeno *inconsciente e permanente*, cujo objetivo mais freqüente é evitar defensivamente angústias, sentimentos de culpa ou perda de objeto. Empatia, por outro lado, era para ele *o sentir e compreender esses estados internos que se carac*terizam também *pela temporalidade e pela parcialidade*, no sentido de que o *self* não é totalmente invadido e substituído pela experiência do outro.

Não obstante, a idéia de uma estreita ligação entre empatia e comunicação inconsciente foi retomada recentemente também por Emde (1999). Embora a ligação não esteja suficientemente definida, é difícil discordar dele quando afirma que "a empatia do analista (...) pressupõe um nível de conforto com o afeto inconsciente suscitado nele".

Mais intrigante, para fins de investigação do ponto de vista tópico, é o problema das assim chamadas *identificações projetivas comunicativas* (Rosenfeld, 1969), que para alguns estariam realmente na base de qualquer tipo de comunicação empática. Essas comunicações de natureza benigna, que ocorrem tanto no nível pré-consciente como no consciente, podem ser vistas como se dispusessem de uma espécie de "passaporte", ou "senha" de natureza desconhecida que lhes permitisse superar a distância interpessoal, "bypassando" também os estrangulamentos intrapsíquicos normais do sujeito e do objeto.

Esse "passaporte" pode ser instintivamente expedido pelo próprio ego defensivo em virtude da natureza benigna dessa forma de identificação projetiva "fisiológica" que, como assinala Pasquali (1997), serve para comunicar "sem tomar posse, nem subjugar".

Pode-se concluir que a empatia não é em si um evento puramente ou primariamente inconsciente, mas sim uma situação de ligação entre os vários níveis tópicos de uma, duas ou mais pessoas. É por essa razão que a empatia tem um papel chave no funcionamento do analista e na área de competência da psicanálise, que é não somente a ciência do inconsciente, mas também ciência do caminho compartilhado para o inconsciente.

Aspectos estruturais

O conceito de inconsciente sofreu importante evolução descritiva durante o percurso teórico de Freud, essencialmente entre a primeira e a segunda tópica, o primeiro quarto do século XX. (Freud, 1899, 1915).

Do ponto de vista tópico, Freud delineava a existência de três áreas, três níveis de consciência (consciente, pré-consciente e inconsciente), com fronteiras de passagem entre um e outro.

Do ponto de vista estrutural (Freud, 1922) descrevia o aparato psíquico como sendo composto por três instâncias, ego, id e superego, interagindo entre si de modo conflituoso, sendo cada uma delas em parte consciente e em parte inconsciente.

O *funcionamento do ego defensivo inconsciente* tornou-se o fator crucial na dinâmica do tratamento analítico. De fato, a porção do ego que regula as defesas se apresenta como o maior desafio ao tratamento psicanalítico, interessado em ajudar o paciente a desenvolver um diálogo contínuo de comunicação interna, uma *"meta-odòs", a construir* um caminho através do inconsciente, assim como a conhecer seus conteúdos mentais mais profundos. Para que o analista possa ajudar o paciente a libertar o 'prisioneiro'(material reprimido), ele deve, de algum modo, vencer o 'carcereiro' *(ego defensivo inconsciente do paciente)*[2], através da abertura permanente de canais.

A situação empática parece favorecer esse processo com uma especificidade quase enzimática. A habilidade do analista de perceber as

---

2 FREUD, S. *Conferência 19 (1915-19): Resistência e repressão.* In: *Obras Completas.* Vol. 15 da S.E. Aí Freud utiliza a conhecida metáfora do "guardião".

vivências e "as razões" do carcereiro, sintonizando-se *também* com ele, é um fator que o coloca numa posição operacional vantajosa que pode produzir um efeito de alívio e relaxamento sobre a rigidez defensiva do paciente, grandemente facilitado pelo conhecimento e identificação temporária do analista com as defesas específicas.

O ego defensivo inconsciente do paciente pode ser não só observado, monitorado e "reconstruído" quase como um trabalho de engenharia por parte do analista. Por exemplo, o analista pode admitir para si mesmo algo como: "como observo que toda vez o paciente reage desse modo, a esse particular estímulo ou situação, então suponho que seu medo poderia estar relacionado com ...)". Ainda mais importante, o analista pode então sentir e vivenciar o funcionamento mental e emocional do paciente de dentro. Ele pode iniciar um diálogo interno consigo mesmo, do tipo: "Estou sentindo uma forte tendência a não ouvir, a pensar em outra coisa, a me retirar para dentro de mim. De que estamos tendo medo? E por quê?".

Para que essa vivência se transforme em uma experiência empática é necessário que o analista possa não apenas de sentir, mas também de utilizar uma válida capacidade de representação que dê figurabilidade às sensações (*Darstellbarkeit*). A *capacidade de transmitir sentimentos e representações, isto é, para a comunicação empática*, poderá favorecer a dimensão bilateral da interação analítica.

Representações descritivas do modo como o ego defensivo opera na sessão foram proporcionadas de modo bastante eficiente por Antonino Ferro, excelente repórter das produções oníricas (no sono e na vigília) de seus pacientes. Nelas, freqüentemente comparecem personagens inesperados que, de modo variado e a partir de várias posições, tentando sabotar o encontro, o trabalho, o contato, temendo perigos por vezes simples e evidentes, por vezes aparentemente bizarros.

Sempre permanecendo no campo da representabilidade do ego defensivo, vem-me à mente certo gênero de filmes em que um indivíduo armado, vivendo uma situação mental persecutória, seqüestra uma criança, ou um estudante, ou um grupo de civis. Na guerra tática entre as forças da ordem e o seqüestrador exasperado, realiza-se classicamente um contato entre ele e um negociador (às vezes um psiquiatra, outras vezes um chefe de polícia).

Em alguns desses filmes, a negociação falha completamente, ou funciona apenas por um tempo limitado; a solução final é então trágica e cruenta, com invasões, disparos, atiradores de elite, etc. Em outros filmes, entretanto, tem início uma negociação que implica um longo e trabalhoso processo de conhecimento mútuo, que leva o seqüestrador a evocar memórias dolorosas de eventos traumáticos anteriores, após o que ele geralmente se rende. Embora o expectador se identifique mais fortemente com o desamparo do seqüestrado, e espera que seja resgatado, ele acaba também observando o estado mental do seqüestrador de um ponto de vista mais completo e humanizado.

Na realidade, desde os inícios da psicanálise, analistas e pacientes têm criado uma quantidade imensa de cenários e personagens – geralmente, mas não exclusivamente, antropomórficos – cuja função é representar a tendência a desligar ou desviar o pensamento para evitar situações de perigo. Tais personagens vão desde a criança aterrorizada, àquela invejosa, ao tirano onipotente que não tolera a liberdade alheia, e assim por diante.

Quando a interação psicanalítica tradicional é enriquecida por uma capacidade empática bilateral crescente, analista e paciente podem mais facilmente reconhecer essas configurações internas, com cada vez maior familiaridade, e passar a vê-las como facilitadoras para o acesso ao inconsciente (ou pelo menos ao interior...). Invariavelmente, tais configurações estão ligadas a desejos e medos, como notaram Sandler e Sandler (1987) ao descreverem as modalidades clássicas do *present unconscious.*

Como analista e paciente continuam trabalhando juntos, freqüentemente acabam concordando sobre a descrição e função desses personagens ficcionais, criando uma espécie de patrimônio comum a que podem recorrer no transcurso da análise.

Em outros casos, ao contrário, o paciente vive com uma sensação de estranheza, estupor ou rejeição a idéia de que o "personagem" que emerge das associações ou dos sonhos possa ser parte dele. Por muitas razões, o paciente pode ter medo de conhecer e entender a etiologia da criação desses personagens e então se opõe à sua integração dentro do *self.* Vem-me à mente a passagem freudiana da *Carta a Groddeck* (1934): "O inconsciente: aquele senhor do casaco verde a quem não consigo ver o rosto". Uma perspicaz descrição de um self irreconhecível.

Ainda em outros casos, o analista fica atônito ao perceber como o paciente "torna-se" quase completamente esse personagem durante certas fases da sessão ou por alguns períodos, seja no modo de ser, na linguagem, na expressão facial, e até mesmo no aspecto físico em geral. Uma criança amuada pode aparecer, por exemplo, ou uma menina ciumenta, ou um bebê ávido, ou um déspota destrutivo e desafetado.

Em tais ocasiões, o analista pode mais facilmente entrar em sintonia com o personagem que emerge do inconsciente do paciente e se apresenta ao analista de modo visível. A negociação, no tratamento, é feita diretamente.

Este aspecto da psicanálise, a meu ver, é importante em relação à assistência reparadora às partes feridas, danificadas ou seqüestradas do *self,* predominantemente na ótica kohutiana, ou à percepção da vitalidade e da coesão do "âmago do *self*" (Correale, 1999).

Pontos problemáticos

Simplificação excessiva

Pode-se suspeitar que a expressão recorrente "atitude empática" possa se referir a uma busca dirigida e intencional de contato com elementos egossintônicos da experiência predominantemente consciente do paciente. Berger (1987) e Spacàl (1990), conquanto tenham feito excelentes contribuições à literatura psicanalítica, têm inadvertidamente alimentado esse equívoco, distinguindo uma "*orientação empática*" (apresentada como uma disposição concordante), de uma "orientação contratransferencial" (centrada em identificações complementares com objetos internos do paciente).

Entendida deste modo, a empatia torna-se um conceito hipersimplificado e bem pouco analítico, no sentido de não levar em consideração a complexidade real das estruturas pessoais e das relações interpessoais.

Penso que a experiência "complementar" do analista dos objetos internos do paciente, e a familiaridade com a atmosfera, o ritmo e as expressões que os caracterizam, fazem parte de um processo necessário para poder realmente ambientar-se e entrar em uma verdadeira sintonia com o paciente. Embora longo e trabalhoso, esse processo é necessário também para constituir o *network* que Pao (1984) considera estar na base de uma empatia suficientemente completa.

Concordo com Orange (1995) que a *experiência de contratransferência* pode levar a um *complemento da empatia*, e considero o *compartilhar* das vivências (de tipo concordante ou complementar) como um *precursor da empatia* (Bolognini, 1995). O nível necessário de elaboração consciente, que permite ao analista "sentir com o paciente e pensar no paciente" (Beres e Arlow, 1974) já está presente quando a empatia é um elemento real na análise.

Portanto, volto a propor esta tentativa de definição: *a verdadeira empatia é uma condição de contato consciente e pré-consciente que se caracteriza por separabilidade, complexidade e articulação, por um espectro perceptivo amplo em que estão incluídas todas as tonalidades de cor emocional, das mais claras às mais escuras e, sobretudo, um contato progressivo, compartilhado e profundo com a complementaridade do objeto, com o ego defensivo, e com as partes cindidas do outro, assim como com sua subjetividade egossintônica* (Bolognini, 1997; ver acima, cap. 11).[3]

Estarei sendo muito exigente? Pode ser. No fundo, a empatia, para o senso comum, pode também ser entendida como o intuir instantaneamente as intenções ou o estado de ânimo de um estranho ao cruzar com ele na rua.

Estou me referindo a algo mais comprometido, articulado e complexo: a empatia *psicanalítica*.

---

[3] Também a definição geral de Schafer de empatia ("empatia generativa") respeita sua complexidade, e permanece até hoje entre as mais satisfatórias: "É a experiência interna de compartilhar e compreender a condição psicológica de outra pessoa (...) em sua organização hierárquica de desejos, sentimentos, pensamentos, defesas, controles, pressões superegóicas, capacidades, representações de si e representações das relações pessoais reais e fantasmáticas".

Superficialização

A ênfase técnica fundamental em privilegiar a busca de contato com o *self* do paciente com as condições desse *self* (baseada na suposição nada aleatória de que o funcionamento do ego está amplamente condicionado por níveis subjacentes de coesão do *self*), cara a alguns setores da psicologia do *self*, desperta dúvidas entre alguns analistas, que se perguntam se ao por o foco quase que exclusivamente no *self*, isso poderia diminuir a tolerância do analista ao silêncio, ao distanciamento, à espera, à tensão da investigação do desconhecido, ao "vazio aspirado" que – ainda que de modo conflituoso e com alguma angústia – pode permitir a emergência do reprimido ou a aproximação reintegradora de elementos cindidos e projetados do psiquismo do paciente.

De acordo com os princípios da psicologia do *self*, o uso da interpretação e da reconstrução, embora presentes, assumiria uma relevância menor; o *working through* se desenvolveria predominantemente na mente do paciente (embora facilitado pelo suporte do analista), segundo o ritmo dos processos internos do paciente, e então os *insights poderiam acontecer* mesmo fora das sessões (Spazàl, 1990). Em conseqüência, penso, perder-se-ia o sentido de maior profundidade psicológica conferido à interpretação que, ao contrário, ganha relevância quando o principal lugar do *working through* é a mente do analista.

Esses diferentes pontos de vista poderiam levar ao seguinte dilema técnico: empatia *ou* inconsciente? O que priorizar? O foco no self e como conseqüência a empatia, ou a exploração analítica do inconsciente? Sintonia concordante intencional, ou espera neutra com "vácuo forçado"[4]? À primeira vista parece evidente que as respostas a essas questões dependem dos fatores individuais de cada análise, isto é, das necessidades e possibilidades de cada paciente, que naturalmente variam de sessão para sessão, e mesmo em uma mesma sessão. Portanto, esse questionamento nos parece um falso dilema técnico. A alternância entre concordância e complementaridade, entre silêncio e espera,

---

[4] N.R.: Bolognini usa a expressão *vuoto aspirato*, que significa um espaço vazio artificialmente criado, por exemplo, pelo silêncio do analista, que o paciente é induzido a preencher com suas associações, ainda que de maneira conflituosa.

de um lado, e contato e confirmação, de outro, dependem apenas em parte, na trama psicanalítica, da avaliação objetiva das condições do paciente (maior ou menor coesão do *self*, tonalidade e precisão das funções egóicas, tipo de organização defensiva, etc.), e da relação. Elas dependem também das condições, necessidades, possibilidades, experiências, formação cultural e inclusive dos costumes, traços de personalidade e estilo pessoal do analista. Como ser humano que é, algumas vezes tende a concretizar suas teorias, reificar seus métodos e a consolidar um tipo de acolhimento e de colaboração provavelmente mais estereotipado e "caracterológico" do que ele mesmo pensaria. Basicamente concordo com tudo, mas com certa reserva de natureza epistemológica intersubjetiva (ver Renik, 1993).

Na realidade, partindo exatamente da minha rejeição do axioma "concordância = empatia", eu também tenderia a discordar com essa linha de argumentação.

Se uma boa capacidade de sintonia concordante é sempre necessária ao analista para compreender o contexto mental em que o paciente tenta realizar a interminável negociação conflituosa com o próprio inconsciente, é também verdadeiro que um hiper-investimento na concordância corre o risco de levá-lo diretamente à política "psicanalítica" do tapinha nas costas.

Inversamente, "bypassando" a egossintonicidade do paciente com um olhar sistematicamente voltado "àquilo que está por trás" (política do "olhar por trás das costas", talvez inclusive por parte do analista para "cuidar das próprias costas" um pouco persecutoriamente) o analista pode perder o contato com uma grande parte do próprio paciente, justamente aquela com a qual ele está negociando um acesso mais amplo a áreas mais profundas e inexploradas.

Enfim, essa questão não pode ser resolvida seja aderindo total e "ingenuamente" à representação consciente que o paciente tem de si próprio, seja permanecendo constantemente desconfiando, e evitando um contato sintônico com seus pontos de apoio organizativos e defensivos.

O procedimento é mais complexo e, em seu conjunto, bem pouco controlável; quando a empatia psicanalítica está presente, ela pode produzir aberturas inesperadas para o inconsciente devido ao afrouxamento do ego defensivo (que é em parte consciente e em parte inconsciente), com expansão dos canais de comunicação pré-consciente e maior possibilidade de recuperação dos aspectos mais profundos do psiquismo.

O verdadeiro problema é que, a meu ver, nesses níveis não existe "disposição", "orientação" ou "posição" intencional sustentável[5]. A abertura de um caminho para o inconsciente pode ser facilitada pela instauração, na relação analítica, da confiança, da continência e do desenvolvimento. O analista "pode tentar" dispor-se a uma receptividade empática (Mitchell, 1993), o que também pode ser útil, de acordo com seus ideais psicanalíticos. Mas, nada além disso.

Também o trabalho a partir da vertente complementar, necessária para uma empatia psicanalítica, isto é, para uma empatia complexa, articulada e de amplo espectro, quase nunca é tão automático e de fácil formulação como seria desejável.

Otimismo

Há um risco que diz respeito a um possível excesso de confiança; a escola da contratransferência total, particularmente, localizando a experiência contratransferencial principalmente no consciente-pré-consciente, sustenta que ela pode ser utilizada na sessão como fonte direta de empatia, além de prover indicações acerca do mundo interno do paciente. A escola teórica da contratranferência clássica, por outro lado, considera que a experiência da contratransferência é predominantemente inconsciente e, portanto, pode ser vista como um potencial obstáculo. As 'disputas' entre essas duas correntes de pensamento acontecem há cerca de quarenta anos e assinalarei aqui apenas duas importantes contribuições italianas, ambas bastante equilibradas, e que se inscrevem nessa disputa de modo original.

Antonio Di Benedetto, em *Experimentar um Pensamento que virá* (1998), assinala realisticamente a necessidade de um laborioso trabalho contratransferencial como passo para se chegar à empatia, mas se

[5] Wolf (cit. In Basch, 1983) inclui entre as condições que conduzem à empatia um "experimento intelectual intencionalmente construído".

coloca na vertente confiante, formulando o conceito de "pro-identificação projetiva", o contrário da contra-identificação projetiva, "uma receptividade espontânea capaz de receber com tranqüilidade mesmo os aspectos mais intrusivos e perturbadores do outro".

Por meio da pró-identificação projetiva, o analista poderia tirar proveito do contato com o extrato germinativo pré-consciente da experiência mental do pa- ciente.

Alberto Semi (*A constratransferência na ótica freudiana: uma nota, 1998)*, ainda que reconhecendo a necessidade do trabalho auto-analítico sobre a contratransferência, assinala que a meta primária da contratransferência é a preservação da integridade narcísica do analista – um pouco como a função do dormir –, enquanto a meta secundária é a realização de desejo – um pouco como o sonho. Se a constratransferência tem êxito e alcança essas duas metas, o analista não se dará conta disso, ao menos não imediatamente, assim como o sonho realizado não permite recordar nada ao acordar.

Como vemos, trata-se de duas tendências muito diferentes: uma mais confiante, a de Di Benedetto, e outra mais cautelosa, a de Semi.

Gratificação do analista

O risco aqui ocorre quando a gratificação diz respeito unicamente às necessidades e desejos do analista, em contraposição ao critério de benefícios para o tratamento e para as *necessidades psicanalíticas* do paciente. Não constitui um risco quando prevalece uma situação de *comensalismo psicanalítico*, ou seja, quando um bom contato empático propicia vantagens do ponto de vista da coerência, introspecção e elaboração a ambos os membros da dupla analítica.

Estritamente falando, este esclarecimento é redundante, uma vez que uma autêntica empatia traz benefícios para o analista, para o paciente e para a análise. O que é falsamente tomado por empatia, não. Por exemplo, Turillazzi Manfredi (1994), assinala que a identificação concordante com as partes infantis e sofredoras do paciente pode ser usada pelo analista, não para compreender o paciente, mas para livrá-lo de um seu aspecto infantil que não pode ser tolerado. Na verdadeira empatia, essas gratificações evacuativas não se realizam, uma vez que os respectivos conteúdos emocionais são claramente reconhecidos e tolerados de uma maneira humana.

Mais uma vez, o aspecto tópico resulta decisivo; em nível inconsciente a empatia pode ser totalmente contrabandeada e "corrompida", através de identificações evacuativas parasitárias, com o envolvimento de pesados eventos interpessoais. Mas, em outro nível, em que há maior consciência, o reconhecimento do self e do outro pode levar ao *respeito* (que etimologicamente remete a ver e reconhecer, e, portanto, ao exame da realidade) dos recíprocos perfis humanos.

Ana e o sorriso forçado

Ana, médica de 38 anos, apresenta em análise uma vida mental particularmente pobre: pobre de pensamentos, de afetos, de memórias. Correspondentemente, resulta pobre também sua vida de relações, embora Anna seja uma mulher bonita e tenha sucesso na profissão.

É sozinha, não tem amigos, e à noite freqüentemente adormece no sofá, em frente à televisão, o que lhe permite evitar o impacto deprimente com sua cama vazia. Sua análise segue de forma muito árdua, desde o início, ou seja, há um ano e meio.

No fundo, a paciente parece não aceitar a assimetria psicanalítica: *exige* reciprocidade no processo, pede que o diálogo seja iniciado pelo analista, e que saiam para jantar juntos ("Essa sim seria uma relação verdadeira entre duas pessoas, *esta* é uma farsa!"), etc.

Às minhas tentativas de compreensão e interpretação, reage com silêncios e suspiros impacientes ("Uffa! Não nos entendemos mesmo!"), e em geral faz-me sentir frustrado e irritado. Não consigo construir com ela um método de trabalho psicanalítico mutuamente aceitável, e vivencio uma prolongada experiência de impotência e impasse.

Com a proximidade das férias de Natal, Ana pede para reduzir o número de sessões semanais, de quatro para duas, já que "não vê resultados". Percebendo no caráter de Ana a presença funcional de um constante componente perverso "auto-legitimante", meramente acentuado pela proximidade da separação natalina que lhe permite afastar-se da análise e evadir-se de questões problemáticas, decido explorar a situação diretamente com ela.

Consigo assumir essa postura com convicção e responsabilidade, pois agora conheço muito bem esse seu componente perverso, tanto em suas necessidades, como em suas orientações e em seus pontos de fixação ao prazer. Percebo que estou em condições, colocando-me em seu lugar, de experimentar o "*gosto*"[6] de certas atitudes internas (a isto me referirei na discussão), cuja complexidade a paciente em grande parte desconhece.

Digo-lhe que seu pedido sobre as duas sessões serve para sabotar o tratamento, que ela não aceita totalmente o trabalho comigo, e que se por um lado temos a tarefa de compreender melhor as motivações subjacentes a seu pedido, por outro lado é totalmente dela a decisão de fazer análise de verdade ou não; o resto é conversa fiada. Nesse momento todas as outras questões tinham importância secundária. Deixamo-nos com uma certa tensão mútua.

Na sessão seguinte, Ana parece mais aberta ao diálogo, mais perplexa e conflituada; diz dar-se conta de que no fundo tenho alguma razão, mas que não sabe bem o que fazer.

Devido à firmeza da posição que eu assumira na sessão anterior, limito-me a defender a idéia de manter um ritmo regular de sessões como base necessária ao nosso trabalho, e ela aceita. Tenho a impressão, quando ela sai, de que se sente contida e reassegurada, embora nada tenha dito sobre isso.

Na terceira sessão, a paciente entra com um sorriso forçado, e declara "querer colaborar", com explícita referência ao desonroso colaboracionismo (no sentido de fornecer algo ao inimigo, traindo a si mesmo), mais do que a uma colaboração positiva. Embora eu pudesse ter-me detido nesse ponto polêmico, estava curioso para ver aonde Ana iria chegar, e decido a não perder tempo com essa questão que suponho ser

---

[6] Em *Estudos sobre histeria* (1882-85), Freud descreve as resistências como provenientes do ego "que experimenta prazer na defesa".

predominantemente resistencial, e que será possível ser recuperada mais adiante, e esperar por mais informações sobre o "colaboracionismo".

> PACIENTE: "Lembro-me de dois fatos... o senhor ficará contente!... (*sorriso estudado e tenso*). Certa vez, quando tinha cinco ou seis anos, eu estava com meu irmão no quarto dos meus pais, mais adiante da cama... na realidade, no ponto mais distante da entrada do quarto. Tínhamos decidido olhar nossas partes íntimas, com o seguinte pacto: "Eu mostro as minhas se você mostra as suas". Não sei se nos tocamos ou apenas nos olhamos... o fato é que em dado momento entra meu pai, e pergunta o que estávamos fazendo ali, nos repreende e nos faz sair."

Silêncio. Ana cala-se como se não houvesse nada mais a dizer.

É evidente que aqui temos um apetitoso petisco para um analista com disposição para reconstruções. Há uma provável analogia entre esse "eu me mostro se você se mostra" entre Ana e o irmão, e os reiterados pedidos de reciprocidade de *self-disclosure* na análise. Oculta por detrás da resistência e da perversão, poderia haver também a tentativa inconsciente de retomar um processo de conhecimento interrompido traumaticamente e, ao mesmo tempo, re-encenar de modo ativo/compulsivo a seqüência desejo-frustração traumática.

Mas durante a sessão, não sinto que seja o momento de dar voz a esse entendimento. "Não sinto" um ponto de entrada adequado para isso.

Noto que a paciente não revela qualquer emoção perceptível; não sinto isso como uma oposição, mas sim como uma atmosfera vazia de pensamento ou emoção, típica das sessões com Ana: seu percurso interno de exploração, como sempre, muito rapidamente se interrompe. Porém, aprecio o fato de ela ter sido capaz de recuperar essa memória e compartilhá-la comigo, e decido comentar o fato.

> ANALISTA: "Parece útil que a senhora tenha *conseguido* contar-me esse fato (*pausa*)... E o que sentiu?... Lembra-se?..."
>
> PACIENTE (*novamente um pouco tensa*) "Bem, nada em especial... não emoções ligadas a essa situação, a descoberta do outro sexo..."

Sou surpreendido por sua resposta; imaginando a situação descrita por ela, supunha que a chegada de seu pai tivesse provocado intensas emoções. Anteriormente ela descrevera o pai como um homem severo, áspero, e muito duro. Minha associação, neste ponto do relato da paciente, foi com a cena bíblica da expulsão do Jardim do Eden, como fora pintada por Masaccio.

ANALISTA: "Desculpe, mas ao serem surpreendidos por seu pai, não sentiu medo? Ou vergonha?"

PACIENTE (*um pouco distraída*): "Não sei... sermos descobertos... (*depois, retomando uma aparente clareza)*... mas não emoções ligadas especialmente ao sexo!"

ANALISTA: "Exatamente! Não era esse, me parece, o aspecto mais perturbador..."

PACIENTE: "Sim, certamente, era uma rara ocasião de acordo, de entendimento com meu irmão... geralmente nunca nos falávamos. Mas não lembro uma emoção sexual forte."

Parece evidente que Anna não conseguia pensar no verdadeiro fato traumático, isto é, o haver sido descoberta e expulsa do quarto pelo pai que inesperadamente havia entrado no quarto. Havia uma espécie de cegueira acerca da experiência emocional daquele momento.

Isto me induziu a ser mais "ativo", dando-lhe mais 'pistas'. Mostrando minha surpresa por ela não se lembrar de seus sentimentos, transmiti a ela que teria sido normal que tivesse sentimentos. Sem dúvida eu não estava identificado com o seu ego defensivo.

Penso também que o problema não é que Anna não consegue recordar suas emoções mas acima de tudo que *consegue não lembrar deles*, e o faz concentrando-se no aspecto sexual da cena, aspecto a respeito do qual também nega qualquer emoção, mas que continua referindo e representando mentalmente como "fato selecionado" para encobrir o que aconteceu imediatamente depois.

Posteriormente, pensei sobre a analogia entre concentrar-se, nessa sessão, na sexualidade daquela cena (para evitar a recordação desagradável da "expulsão") e sua insistência mais geral, na análise, para ter contatos extra-analíticos comigo (para evitar alguma outra coisa similarmente desagradável, mas de natureza desconhecida). Naquele momento, minhas idéias ainda estavam um pouco confusas e certamente não me senti absolutamente empático com a paciente.

> PACIENTE: "Acho que tudo aconteceu muito casualmente, talvez não pretendíamos fazê-lo".
>
> ANALISTA: "Mas talvez não tenha sido casual estarem no quarto de seus pais, em um quarto de "casal" e, como me contou", no ponto mais distante da porta de entrada ..."

Percebo ter sido "contagiado" pela defesa da paciente; eu também estou me concentrando no aspecto sexual.

Decido então não insistir no caminho da reconstrução do ocorrido, pois conseguiríamos, no melhor dos casos, *somente informações, não a recuperação de uma vivência afetiva.* Começo a ficar curioso sobre seu ego defensivo: por enquanto ele está permitindo a recuperação de representações/ recordações, mas sem afeto, aparentemente com o objetivo de me despistar.

> ANALISTA: "No início você me disse que eram duas as recordações. Poderia falar-me também sobre a segunda?".
>
> PACIENTE: "Ah, sim, lembro-me de ter quebrado um ovo no terraço da sala de visitas da minha avó, para fazer uma experiência.; eu tinha também cerca de cinco anos, e havia me trancado com chave naquela sala. Lembro-me que me mandaram abrir a porta, e depois me deram uma surra com repreensões terríveis *(ri um pouco com dentes cerrados, é um riso tenso)*. Eu tinha sujado tudo..."

Embora Ana não tenha falado de suas emoções durante esse episódio, noto o adjetivo "terríveis", associado às repreensões; pareceu-me uma primeira tentativa de conotação afetiva, e considerei significativa.

Penso que seu ego defensivo está começando a deixar passar alguma coisa através do pré-consciente, mas não entendi por quê. Talvez relaxe porque sente que eu não entendo muita coisa.

Pergunto-me se a falha na recuperação das emoções associadas àquela cena se devia à necessidade de evitar recordações terríveis, ou se havia algo mais atrás disso.

> ANALISTA: "A senhora me contou duas lembranças, com dois pontos em comum: a época (idade em torno dos cinco anos), mas, sobretudo, o fato de fazer um tipo de experiências proibidas, em segredo, sendo depois inesperadamente descoberta por adultos, envergonhada e punida. Por que será que você não recorda o medo e a humilhação que deve ter sentido?"

Enquanto digo essas coisas, sinto-me um pouco surpreso com esse meu modo de trabalhar; parece que insisto irracionalmente em perguntar à paciente algo que, naquele momento, ela não podia saber. É como se eu estivesse sugerindo o que ela deveria ter sentido; agindo assim, corria o risco de exacerbar suas defesas. Para minha surpresa, Ana, "com os dentes cerrados", "dá o serviço":

> PACIENTE; "Por alguma coisa minha que não gosto: a repressão (*pausa*). A severidade dos meus pais teve conseqüências negativas".

Relatei as palavras exatas da paciente; vocês terão notado que ela dá sua resposta muito claramente, ainda que de um modo aluda a complexidades subjacentes.

Minha resposta, relendo-a posteriormente, parece ter sido formulada em estilo análogo.

> ANALISTA: "Bem, sim; mas é exatamente por isso que muitas pessoas se rebelam contra pais repressivos".
>
> PACIENTE: "Reconhecer quanto medo senti, seria como pedir compaixão; é como se eu não quisesse reconhecer alguma coisa que me limitou, porque agora eu gostaria de ser como eu seria, se tivesse tido uma infância diferente..."

"Cuidado!", eu disse a mim mesmo; quem está falando comigo agora é um aspecto do ego defensivo de Ana, a parte que range e trava os dentes, que mostra os dentes, que reclama com dentes cerrados, e eu estou começando a descobrir o problema narcísico que levou Ana à atitude fechada e despistadora.

Ana tentou esquecer os medos sentidos, *ao menos para* não se auto-representar como uma criança infeliz, e desafortunada por ter sido criada por pais emocionalmente incompetentes e incapazes de perceber (nestas, como em muitas outras situações) o efeito de suas atitudes sobre sua filha.

Foi o orgulho ferido que falou comigo, e a ferida é dupla: à dor da recordação humilhante soma-se a presente humilhação de ter que recordá-la em análise e mostrar suas feridas para mim.

> PACIENTE: "Com oito, dez anos, eu e meu irmão freqüentemente éramos fechados à chave nos nossos quartos, por fora, porque havia uma regra que devíamos repousar. Meus pais eram severos, nesse sentido. Se não tivesse havido a repressão, eu teria sido e seria diferente. Como posso ser hoje uma pessoa espontânea?"

Havia chegado o final da sessão, e senti que havia conseguido entender Ana muito bem. Suas últimas palavras foram ditas com emoção.

Discussão

Penso que esse material clínico se presta a muitos tipos de leitura. Se tivermos como ponto de partida a relação entre empatia e inconsciente, podemos notar, acima de tudo, dois pontos chaves:

1-Durante boa parte da seqüência apresentada, nem analista nem paciente experimentam empatia. Minhas tentativas de sintonizar ativamente com o que Ana poderia ter vivido com a entrada do pai no quarto constituíam uma transição natural, indubitavelmente útil e necessária. No fundo, eram "a atenção ao que falta no quadro", ao reprimido e ao cindido, mas não era empatia. Neste sentido, não concordo com Mitchell (1993), de quem, entretanto, aprecio a orientação positiva em relação ao "tentar". A empatia não é criada por tentativas de empatizar, mesmo que possa no final ter alguma utilidade. Empatia é uma outra coisa.

Houve, na realidade, *dois momentos de empatia*, durante essas sessões. Um deles aconteceu quando pude confrontar com firmeza a paciente perante a escolha de fazer uma análise de verdade, ou não.

Isso me foi possível não apenas pela fidelidade ao processo psicanalítico, mas também pelo contato preciso e convincente com uma parte sabotadora de seu ego defensivo. Isto comprova que não ser entendida como um contato adocicado e fusional somente com as partes boas do paciente, que podem ser desenvolvidas, ou com partes necessitadas de ajuda (Schafer, 1983; Bolognini, 2001).

O segundo momento de empatia ocorreu no final da sessão, quando Ana voltou a entrar em contato consigo mesma. A queda de suas defesas internas estimulou uma similar expansão de meus próprios canais de comunicação pré-consciente/consciente, e eu consegui sentir com ela, pensar sobre ela, assim como "vê-la", sem "tornar-me" ela. Esta não foi, talvez, uma experiência sensacional, clamorosa, de grande empatia, mas, foi empatia.

2-O inconsciente: o material clínico aqui descrito é abundante de rico material inconsciente. Numerosas fantasias inconscientes da paciente emergiram e isso nos levou ao que Sandler e Sandler (1987) chamaram de trabalho analítico de "construção". Por exemplo, o tema do conhecimento, em Ana, pode ser analisado através das fantasias de exploração sexual, mútuo desvelamento (*disclosure)* e confronto. Elementos anais e genitais entram novamente em jogo com a cena do ovo quebrado no terraço da sala.

As memórias de Ana sobre as chegadas inesperadas de seus pais e as proibições de experimentos exploratórios não parecem ter constituído o núcleo crucial dessa sessão, embora seja digno de nota que os pais possam ter servido como um dispositivo "anticonhecimento" devido a provável identificação com o agressor. O núcleo da sessão, me parece, situa-se muito mais no desvelamento da "paciente de dentes cerrados", do "sorriso forçado", a paciente que se critica como "colaboracionista" quando, ainda que de modo conflituoso, se dispõe a cooperar: a paciente, enfim, a paciente que durante um ano e meio resistiu ao processo psicanalítico, recusando "desvelar-se"[7].

---

[7] Post (1980), em um trabalho histórico lido durante o Congresso da IPA de 1979, em New York, assinalou as vantagens do contato com os "conflitos focais" pré-conscientes acessíveis na sessão, antes de realizar o trabalho psicanalítico sobre a fantasia inconsciente.

O que Ana temia? Mostrar ao analista-irmão sua ferida narcísica, provavelmente o equivalente de uma mutilação fálica, em sua psique. Ana é médica, e sabemos o quanto é difícil para os médicos serem pacientes, em geral. Tinha necessidade talvez de repetir de *modo ineficaz* uma tentativa de sedução do analista-pai, descobrindo-se, outra vez, desoladamente só no sofá-divã da sala, ao invés de estar partilhando, com felicidade, uma cama de casal?

A dificuldade para separar a mescla de problemáticas sexuais e narcísicas é confirmada por minha associação com a *Expulsão do Jardim do Éden*, em que a culpa sexual se associa à desvalorização e à vergonha. (Eva que cobre o rosto com a mão, para não ver e não ser vista). As teorias e, para alguns, ideologias de referência, farão pender mais para uma ou para outra chave de leitura, que outros ainda, poderão integrar.

O que me interessa evidenciar, aqui, é que o difícil percurso em direção a um momento de suficiente empatia foi facilitado por minha curiosidade em relação ao funcionamento do ego defensivo de Ana, e ainda mais quando, surpreendendo a mim mesmo, interroguei-a "sem pensar" acerca da estranheza de seu não sentir. Uma intervenção de fato pouco sensata no plano da teoria da técnica e que, no entanto, funcionou, como quando tocamos uma fruta madura na árvore e a sentimos depositar-se docemente em nossa mão, com naturalidade.

Aquilo que à primeira vista poderia parecer uma intervenção claramente consciente e direta, quase um convite à paciente raciocinar comigo de uma maneira psicanaliticamente estéril, "à luz do ego", inicialmente surpreendeu-me, ainda durante a sessão, como uma ação pré-consciente inquietante que, em certo sentido, precedeu minhas reflexões mais apropriadas sobre a dinâmica de Ana. Foi como se algo dentro de mim, para além de meu monitoramento consciente, tivesse tomado o controle, julgado o "carcereiro" – o ego defensivo da paciente – compreendido como lidar com ele e identificado esse como o momento certo para intervir de um modo não tradicional.

Quero deixar claro: não pretendo idealizar ou enfatizar o valor da espontaneidade em análise; pode ser que a distinção entre ação e "atuação" seja, pelo menos neste caso, demasiado sutil, quase insustentável.

Mas, preferi utilizar este material clínico, discutível e em certo sentido relativamente pouco elaborado, para transmitir a idéia da complexidade das relações entre empatia e inconsciente. Se as observações e as conjecturas que descrevi até aqui parecerem suficientemente verossímeis e bem fundadas, deveríamos concluir que nesta seqüência de sessões uma empatia consciente compartilhada foi alcançada entre analista e paciente quando o ego defensivo inconsciente da paciente foi "sentido e contatado" pelo analista, mais certamente por um nível não consciente, por uma parte do psiquismo do analista impulsionada espontaneamente, e sem o seu conhecimento.

A este último evento específico, eu chamaria de "contato", e não de empatia, mas isso só vem comprovar que ainda temos que nos colocar de acordo sobre nossa terminologia.

Dando um passo atrás, para obter uma visão mais ampla sobre o tema como um todo, eu gostaria de dizer que a negociação com o ego defensivo inconsciente é apenas um dos tantos aspectos a serem investigados por aqueles que se ocupam com o conceito psicanalítico de empatia. Isto novamente nos mostra a rica complexidade deste campo.

Capítulo 13

EMPATIA E FUSIONALIDADE

Devo advertir ao leitor que, ao ocupar-me deste tema, tomarei um caminho mais longo, pois se trata de explorar a questão da maior ou menor discriminação entre o *self* e o outro, entre sujeito e objeto, e substancialmente os limites do indivíduo e dos canais de troca na comunicação entre pessoas. Desejo, ao menos, reduzir a complexidade da questão primeiramente fazendo justiça, no plano do conhecimento dos acontecimentos empáticos, a um fenômeno (ou mais precisamente a um mecanismo de defesa) que, de outra maneira, seria com freqüência um obstáculo: a projeção. .

Embora sabendo muito bem que a projeção é um evento onipresente e "normal" no sentido da norma estatística, e ainda que conhecendo o acurado estudo reconstrutivo que muitos autores souberam realizar com relação ao complexo jogo que se passa na vida mental de cada ser humano, ou seja, de projeções e re-introjeções de elementos projetados e posteriormente re-projeções dessas projeções re-introjetadas e assim por diante. Mesmo conhecendo isso tudo, desejo esclarecer, sem ambigüidades e sem tantos rodeios, que a projeção em si e por si constitui, além de um mecanismo de defesa primitivo (Laplanche e Pontalis, 1967), também e sobretudo um obstáculo ao conhecimento, um mal funcionamento do ego, e uma intrusão completamente disruptiva em relação à possibilidade de realização de situações empáticas.

A projeção, assim como a identificação projetiva não comunicativa, impede a empatia.

Alinhado com esta convicção, gostaria de citar um estudo em um contexto não psicanalítico que, por outro caminho, parece chegar às mesmas conclusões, e que considero muito interessante.

Bonino, Lo Coco e Tani (1998), através de uma investigação experimental de notável interesse, puderam examinar, com certa precisão, o comportamento de dois grupos de sujeitos, "empáticos" e "não-empáticos", selecionados por meio de uma versão especialmente revisada e adaptada para sujeitos adultos, do questionário para avaliação da empatia elaborado por Feshbach, Caprara e outros (1941); os sujeitos assistiram à projeção de 10 slides que apresentavam indivíduos com expressões "neutras", "positivas" ou "negativas".

Antes da apresentação dos slides, foram realizadas avaliações do estado de ânimo atual dos sujeitos (humor "positivo", "negativo" ou "neutro"), e em seguida pedia-se a eles que identificassem o estado de ânimo da figura representada em cada slide.

Os sujeitos que foram inicialmente avaliados como tendo tendências "empáticas", reconhecem corretamente as emoções expressas em 96% dos casos, e os de tendências "não-empáticas", em 65% dos casos.

A capacidade de reconhecimento nos "não empáticos" diminuiu ainda mais quando a expressão que deviam examinar não era neutra, mas sim positiva ou negativa.

A hipótese dos pesquisadores é que os sujeitos "empáticos" são, "não só mais 'capazes', mas também mais 'disponíveis para ver' as emoções dos outros, e estão menos inclinados a projetar sobre os outros, egocentricamente, seus próprios estados emocionais". "Parece, portanto, que a projeção dos próprios estados emocionais nos outros é um processo de importância crucial na obstrução do compartilhamento de emoções".

Considerações deste tipo, mesmo provenientes de um campo de pesquisa experimental-cognitivista, são também muito interessantes para nós, psicanalistas, e não poderíamos, a partir de nosso vértice de observação, deixar de "assinar embaixo" das conclusões que se seguem: "É necessário um certo nível de satisfação das próprias necessidades e de bem estar emocional para poder compartilhar as emoções negativas dos outros" (ver Barnett, King e Howald, 1979, Underwood, Froming e Moore,1977).

Para estarmos disponíveis e nos movermos em direção aos outros, parece necessário não estarmos tomados por problemáticas pessoais afetivas negativas muito intensas, isto é, por algo que, sendo vivenciado como desagradável, tende a ser projetado, obstruindo as possibilidades de introjeção.

Temas como esse foram formulados em algumas ocasiões com diferentes linguagens teóricas, como por exemplo: os psicólogos do *self* consideram que o nível de eficiência funcional do ego depende diretamente do grau de integração e das condições gerais do *self*; os bionianos valorizam as capacidades metabólico-transformadoras da "tela alfa", sem as quais teríamos um acúmulo de elementos beta catabólicos que acabariam buscando a via da fuga projetiva, e assim por diante.

Sem dúvida, todos os psicanalistas, de qualquer corrente teórica, concordariam com a essência destas considerações, mas há aspectos que não são tão óbvios e precisam ser entendidos em suas sutilezas; por exemplo: por "bem estar emocional" nós, psicanalistas, poderíamos compreender não apenas, ou não tanto, um estado de contentamento mas, mais que isso, um "bom funcionamento interno", o que poderia querer dizer que, em certos casos, um terapeuta em sofrimento emocional ou ferido por alguma razão, mas em contato com a própria dor, estaria em condições de trabalhar, até muito bem, isento do efeito de distorções devidas a excessivas projeções.

Essa é uma experiência que, cedo ou tarde, todo terapeuta poderá viver em seu trabalho e guardar em sua memória.

O que me interessa sublinhar aqui, com clareza, é a confirmação – se for necessária – do caráter disfuncional da projeção nos processos relacionais e de aquisição de conhecimento, coisa que não pode ser simplesmente dada como certa, se pensarmos na imprecisão terminológica com a qual são freqüentemente citados e confundidos os termos projeção e identificação projetiva.

Com a projeção, não conhecemos o outro e não nos comunicamos com ele; a identificação projetiva fisiológica, tolerável e introjetável por parte do outro, permite a comunicação "imediata", isto é, podemos emitir elementos internos que poderão ou não ser recebidos pelo outro e fornecer-lhe conhecimento sobre nós, antes de qualquer elaboração e integração representacional, que se dará posteriormente, por parte de nosso interlocutor.

Mas é somente por meio da introjeção, ainda que mínima, que podemos conhecer o outro; isto requer a disponibilidade de algum espaço interno "receptivo", e a ausência de um fluxo projetivo excessivo que recobriria a situação externa e os objetos com elementos internos.

Isso implica também a presença de vias de acesso a nossos espaços internos e, se uma ótica bastante distante da nossa, como a espiritualista, teria dificuldades em imaginar as "portas de entrada" para a alma, nós psicanalistas, habituados a trabalhar entre o simbólico e o concreto, e a reconhecer uma filogênese biológica na realidade psíquica, poderíamos achar muito natural voltar nosso pensamento para as partes do corpo que põem em contato nosso interior com nosso exterior.

Este é o segundo ponto específico da discussão que estou desenvolvendo.

Entre as várias abordagens – estou convencido disso – que podem ser utilizadas para nos aproximarmos do núcleo do fenômeno empático, gostaria de privilegiar, neste capítulo, uma que historicamente pertence à fase clássica da conceitualização psicanalítica: aquela que nos convida a reconhecer as raízes de muitas configurações e funções psicológicas nas equivalentes relações somáticas básicas entre os seres humanos.

Uma vez que empatia tem a ver com contato, com abertura interior, com o intercâmbio pré-consciente de conteúdos sensoriais e representacionais, com o sentir e com o ver (fontes de experiência e de conhecimento), que são co-experimentados e partilhados em maior ou menor extensão, aventurar-me-ei na área de máxima abertura interpessoal, tomando a noção de fusão como um tipo de cume de onde se poderia ver possíveis pontos de encontro cognitivo-experienciais, sem cair no abismo da confusão.

Poderíamos nos colocar algumas questões fundamentais, como por exemplo: existe a possibilidade de uma boa *fusionalidade não confusional* entre os seres humanos? Existem condições de contato interno em que a identidade de cada um não se perca, a distância seja parcialmente preenchida, e a separabilidade seja igualmente mantida e reconhecida? E ainda: existem situações na vida, e na clínica, em que a co-penetração não corresponda a uma invasão, e que a comensalidade permita o reconhecimento das necessidades recíprocas como base comum de uma humanidade compartilhável?

Como observou Fonda (2000), em contribuição de notável profundidade sobre o tema, da qual retomarei alguns pontos, "parece que a fusionalidade enquanto tal despertou o interesse de alguns autores, especialmente em seus aspectos patológicos ou nas situações que envolvem grave regressão".

Contrariamente, poucas contribuições têm explorado o campo da fusionalidade fisiológica, especialmente na vida adulta. Em um dos painéis de importância "histórica" na psicanálise italiana, especificamente acerca da "fusionalidade" (1985, publicado em 1990 in Néri, Pallier e outros), Roberto Tagliacozzo descreveu uma posição fusional ("F") que precederia as posições esquizoparanóide e depressiva.

Lídia Pallier, mais especificamente, explorou alguns aspectos naturais do estado de fusão, reservando-lhe uma área "de respeito" relevante na fisiologia da vida de relação entre as pessoas. É verdade que Pallier, em sua investigação, também se baseou na experiência clínica: a diferença entre estados de fusão saudáveis e confusão, a alternância entre a capacidade de gozar de uma boa fusão, e de emergir das regressões parciais que a permitem. Estes aspectos foram efetivamente estudados por ela partindo da patologia, isto é, de sintomas fóbicos e das necessidades de evitação defensiva que são acompanhadas por dificuldades e conflitos no acesso a estados de fusão.

Mas, as conclusões que podem ser extraídas de sua contribuição vão além do estudo das formas mórbidas: o estado de saúde é alcançado quando o indivíduo é capaz de se movimentar, tanto regressiva como progressivamente, com uma alternância natural entre fusão e separabilidade, assim como ocorre entre processo primário e secundário.

Esta alternância, co-presença parcial e complexa integração das vivências de estados de fusão e de separabilidade, também foi descrita por Solan (1991), que estudou particularmente as vicissitudes do narcisismo individual no reconhecimento da alteridade do objeto.

E é claro que a consolidação de uma capacidade sadia de fusão alternada requer a aquisição progressiva e concomitante da separabildade; voltamos, como se vê, ao campo descrito pela histórica contribuição de Christine Olden (1958) sobre a empatia, (uma *trouvaille*[1] - pelo menos para nós europeus – da qual eu confesso estar ainda orgulhoso).

Transposto para o plano do trabalho psicanalítico, este tema da alternância fusão/desfusão encontrou um aprofundamento sensível e preciso no já citado pensamento de Di Chiara (1982), que transcrevo por sua pertinência: "Para que o analista possa melhor exercitar sua função, ele deve ser capaz do máximo possível de aproximação e de separação. Em linguagem mais comum: ser capaz de uma intensa aliança e intimidade e, ao mesmo tempo, reserva, entrega afetuosa e atenta discreção".

Sempre considerei esta linha de observação muito convincente, parcialmente porque em minha própria avaliação me agrada levar em conta não só as várias formas de patologia, mas também o modo de ser das pessoas razoavelmente sadias .

Partindo desse campo de observação, formulei o conceito de "perda e/ou abertura benigna de limites" (Bolognini,1997b), um evento que, tanto no plano interpessoal como no intrapsíquico, está condicionado pela ativação ou pelo relaxamento do ego defensivo.

A "perda (parcial) e/ou abertura benigna dos limites" constitui "uma das metas profundas da vida humana, pois permite o acesso à fusão primária, à nutrição concreta e simbólica, à socialização, à parceria amorosa, ao contato interno com partes do *self*, à empatia "(Bolonigni,1997b). Na maior parte das vezes, o ego defensivo se opõe a esses desenvolvimentos em virtude de traços mnêmicos que assinalam situações de perigo.

Os equivalentes corporais dessas situações fusionais benignas e parciais são representados pelas co-penetrações instintivas e naturais em áreas em que as mucosas e os líquidos secretados constituem o correlato somático da "fronteira do pré-consciente", área de passagem entre o dentro e o fora, de contato entre "temperaturas" e "humores", de co-

[1] *Trouvaille* em francês no original: descoberta, conquista.

nhecimento entre o sabido e o ignorado, de intercâmbio entre o eu e o tu, do prazer e da constituição do "nós" .

O protótipo dessa experiência é constituído pela contenção intrauterina no ambiente amniótico delimitado pelas mucosas, vigoroso, adaptável e termorregulado. Posteriormente, será a sucção nutritiva com a mucosa bucal lubrificada pela salivação, quando o mamilo fornecedor de leite é introjetado. Em continuidade, serão os cuidados higiênicos e de limpeza das mucosas anais e uretrais, durante os quais os genitores sadios "festejam" afetuosamente a saída das excreções infantis, enquanto aqueles menos sadios a vivenciam como um problema inquietante, e aqueles ainda mais patológicos denunciam sua inaceitabilidade por meio de sua repulsa hostil.

Na adolescência, o beijo reúne os espaços bucais, áreas íntimas das mucosas internas, porém visíveis, verdadeira antecâmara do "dentro" mais profundo e invisível, e a união genital completará o quadro de um estado de fusão sadio e natural, em que mucosas e humores serão o terreno de contato, de troca e de cultivo para o ápice da co-penetração relacional e para a origem de uma nova vida.

Todos estes eventos biológicos concretos dão forma, por via metafórica, a configurações psicobiológicas; a psicossexualidade, que deriva do biológico, é transferida através de equivalências simbólicas, para modos de funcionamento mental e de padrões de relação entre as pessoas.

Estamos em uma área complexa que tem sido freqüentemente "visitada" por psicanalistas, mas que não pode ser reivindicada por eles como de sua exclusiva competência; a linguagem universal está repleta de expressões metafóricas que descrevem condições corporais para referir-se a situações psíquicas e relacionais compartilhadas.

Sustento, mais especificamente que muitas dessas metáforas parecem evocar a função e as características das mucosas, verdadeiro "tecido transicional" de mediação entre o interno e o externo, com o qual se organiza e torna-se possível o intercâmbio íntimo de elementos vitais entre dois seres humanos, desde o aleitamento até a genitalidade (ou, ao contrário, de elementos mortíferos na patologia, como por exemplo nas perversões).

Uma comunicação, em linguagem comum, pode de fato ser "seca", "pobre", "fria" ou, ao contrário, "quente", "rica", "fluida"; uma pessoa pode "derreter-se" ou "enrijecer-se", ou mais simplesmente "abrir-se" ou "fechar-se"; o contato pode ser "macio" e "envolvente", ou "áspero" e gerar "atritos"; o pensamento pode se tornar "fluido" ou "endurecido", e assim poderíamos continuar longamente com esta série de exemplos que, embora inicialmente "estimulante" (vertente vital), poderia transformar-se em demasiado "excitante" (derivação maníaca), até resultar "irritante" (quando é a própria estimulação que é procurada como um fim em si mesmo, sem que dela resulte algo satisfatório ou conclusivo).

E aqui nos interessa a exploração das equivalências: o contato corporal e o contato emocional mediado no nível intrapsíquico por essa área pré-consciente que parece ser análoga, de certo modo, aos espaços "internos, mas não totalmente invisíveis", que são delimitados por mucosas e tornados mais ou menos transitáveis e habitáveis pelos introjectos, pela fluidez humoral; o relaxamento dos bloqueios e dos espasmos musculares, e a dissolução dos estreitamentos do ego defensivo, o olhar-se e o reconhecer-se entre a mãe e o lactante (que na leitura de Winnicott, "cria" o seio), entre o macho e a fêmea, entre o mestre e o aluno; o ver, ver-se, e "perceber-se" da sua relação, integrando a experiência e o reconhecimento dela, abrindo caminho para a gratidão e superando a inveja; todos esses componentes são integrados, às vezes, nesse pequeno milagre intrapsíquico e relacional, que é a empatia.

Uma condição rara e privilegiada, uma flor que se abre, um fruto que amadurece.

Algo que certamente nós, psicanalistas, não inventamos, modestos jardineiros que somos, tentando com o máximo de paciência e esforço, na melhor das hipóteses prover terreno, temperatura e luz adequados em nossas estufas para que a cada tanto esse pequeno milagre se repita, como for possível, como conseguirmos.

Em seu trabalho *La fusionalità e i rapporti oggettuali (2000)*[2], Paolo Fonda se ocupa das "fusões parciais", que ele inclui entre os aspectos normais e fisiológicos da vida mental adulta e madura. Iniciando

---

[2] N.T.: A fusionalidade e as relações de objeto (2000).

pela conhecida passagem *da Psicologia de grupo e a análise do ego (1921, vol.18)* em que Freud fala muito extensamente de *Einfüblung*:"Um dos dois 'ego' percebeu no outro uma analogia importante em um ponto preciso (em nosso caso, a mesma propensão afetiva); nesse ponto se instaura uma identificação (....) a identificação pelo sintoma passa a ser, assim, o indício de um ponto de coincidência entre os dois egos...", Fonda propõe posteriormente uma nova formulação: "Quando um ego percebe uma analogia significativa com um objeto em um ponto preciso, nesse momento as fronteiras do *self* se enfraquecem podendo até desaparecer, e assim se cria uma zona indiferenciada-fusional".

Fonda afirma que em tal fenômeno, mais do que uma dissolução das fronteiras do *self*, ocorre uma ampliação dessas fronteiras para englobar as partes "coincidentes" do objeto, que são percebidas como vários graus do *self*, com uma vasta gama de situações nas quais o "coeficiente de separabilidade" pode ser muito variado.

Nas vivências empáticas a fusão estaria envolvida somente em determinados complexos ideo-afetivos relativos a alguma zona circunscrita do *self*.

Referindo-se à investigação de Fairbain sobre o objeto, Fonda levanta a hipótese da constituição de "espaços mentais comuns", áreas de fusão limitadas com livre trânsito de conteúdos mentais entre sujeito e objeto, fenômeno freqüentíssimo na adolescência, no enamoramento, na preocupação materna primária, na análise, e nos cerimoniaisb sociais que incluem o canto, a dança, as refeições comuns e outros elementos em que as experiências são coincidentes.

Estou absolutamente de acordo com Fonda; voltando ao meu trabalho de 1997, e esperando não ofender aos puristas, limitar-me-ei a acrescentar a essa lista de situações a relação com os cães, além de notar o modo como esses fenômenos se estendem para uma dimensão de contato interno entre partes do *self* que pode ter efeitos no plano intrapsíquico, semelhantes aos das "experiências de coincidências fusionais" entre indivíduos separados.[3]

---

[3] No trabalho Empatia e patologias graves, 1997 b, eu sempre me perguntava: o que há em comum entre muitos pais, muitos enamorados, alguns cães, e nós, psicanalistas, nessa predisposição à empatia? Resposta: "Alguns elementos fundamentais, sem dúvida: a boa disposição afetiva de

Um ponto forte do texto de Fonda (que encontra bons aliados em Schafer e Solan) é sua convicção com respeito ao aspecto sadio, evoluído e maduro da interação entre vivências de fusão e vivências de separabilidade no intercâmbio entre os seres humanos.

Ele esquematiza três níveis possíveis de fusão, da mais primitiva à mais madura:

– *nível de indiscriminação* – (nível "fusional" propriamente dito) entre sujeito e objeto, sem nenhuma fronteira entre os dois *selves;*

– *nível de separabilidade fragmentária,* em que o espaço intermediário ainda não está bem constituído e as trocas entre os dois sujeitos – graças à diferenciação incompleta e fragmentária entre dentro e fora, sujeito e objeto – se fariam predominantemente através de identificações projetivas e introjetivas (neste nível se realizaria o processo de continência descrito por Bion);

– *nível de separabilidade definida,* com as fronteiras do *self* suficientemente estáveis e com a constituição do espaço potencial intermediário, o que torna possível as trocas no nível simbólico.

Os três níveis interagem entre si por toda a vida, e o aspecto para mim mais interessante do trabalho de Fonda, além daquele sobre os "lugares de experiência coincidente" e a seletividade dos estados de fusão, refere-se aos corolários comunicacionais, tanto em relação ao que o paciente transmite ao psicanalista, como ao que o psicanalista transmite ao paciente; começando justamente pelas interpretações, o conjunto de elementos simbólicos (pertencentes ao terceiro nível) e de elementos concreto-fusionais (pertencentes ao primeiro e segundo níveis) poderá ser bastante variado. Por exemplo, diz Fonda, se as interpretações simbólicas (baseadas na separabilidade) forem excessivas em relação às fusionais, a interpretação resultará "racional" e não "sintônica"; ao contrário, as interpretações demasiado "sintônicas", fusionais, tenderão a dissolver as fronteiras e a fazer com que os conteúdos penetrem "concretamente", ao invés de "pressionar" os limites para suscitar a formação de representações simbólicas adequadas.

---

base, a atenção minuciosa a tudo quanto se desenvolve na relação, um cuidado autenticamente amoroso pelo destino do objeto, e uma estreita convivência (ou ao menos uma periódica, intensa proximidade) necessária à aliança".

Esta "química" da comunicação está em total consonância com o que tentei propor, com termos um pouco diferente, no capítulo 7; substancialmente, trata-se de compreender o que é trocado, quanto e de que maneira se dão as trocas entre os seres humanos, através de que canais, receptivos ou comunicativos; e também como tudo isso acontece nos eventos que envolvem empatia.

Também Fonda, como eu, posiciona-se na tradição freudiana que dá particular valor à importância às relações entre as zonas erógenas; mas, enquanto Freud estava mais interessado em considerá-las em relação às vicissitudes pulsionais e ao eixo "prazer/desprazer", e muitos autores posteriores (como Bouvet, 1956, ou Erikson, 1963), lidaram com elas em termos de relações de objeto ou de estilo de relação, nossas observações estão mais voltadas ao aspecto da troca de conteúdos, em sistemas mais ou menos evoluídos de estados de fusão parcial.

A raiva de Leopoldo

Algumas vezes, no decurso de uma única sessão é possível testemunhar importantes mudanças na situação clínica através de passagens muito características. É possível assistir, mas também é possível participar delas, se nos encontramos na condição interna apropriada.

Eis aqui um breve exemplo:

Leopoldo é um jovem narcisista com traços perversos e com sério conflito em relação à dependência; está em tratamento há cerca de dois anos. Solicitou quatro sessões semanais, e em geral consegue realizá-las, mas em um clima de intensa ambivalência que desemboca freqüentemente em um visível questionamento do *setting* e de minhas ações.

Basicamente, parece engajado em um esforço titânico no sentido de demonstrar sua auto-suficiência e fomentar fantasias megalomaníacas onipotentes segundo as quais eu deveria ser acima de tudo um "treinador", capaz de fazê-lo liberar um estoque de potência reprimida que sente existir dentro de si, e que requer somente ser liberado da constrição.

Minha impressão geral é que, pelo contrário, seria muito saudável se ele conseguisse estar um pouco mais tranqüilo, aceitar seus próprios limites, e fazer aquilo que pode; sinto, porém, que esta minha visão das coisas ainda não pode ser proposta, e que ele é impelido por uma pressão interna que, no momento, não é tratável senão com espera e continência, na esperança de desenvolvimentos úteis.

Leopoldo chega à sessão de segunda-feira (a última fora quinta-feira) com cinco minutos de atraso, e me inflige um aperto de mão absolutamente exagerado, violento, digno de um entusiástico praticante de artes marciais, como ele é.

Está pálido, tenso e percebo em seu rosto um falso sorriso que é na realidade uma contração dos músculos da mandíbula; seus lábios finos estão hermeticamente fechados.

No divã, inicia a conversa com um tom petulante, um pouco esquizomaníaco:

"Por que chego sempre com cinco minutos de atraso? Hein? Por quê, por quê?!? Vejamos se o Sr., que é o" Bom ", entende por quê!... Hein!?..."

Sinto-me tomado por uma forte carga de raiva e tenho a sensação de que ele está me provocando para uma briga.

Seu tom é tal que não sinto que seja oportuno nem mesmo dizer algumas palavras genéricas do tipo: "Vamos ver se nós conseguimos entender isso juntos..." ou, mais especificamente, perguntar-lhe se há algo que o tenha perturbado.

Sinto que "não há ar", há demasiada pressão interna, e dizer uma palavra seria como acender um fósforo em um ambiente cheio de gás.

Entretanto, necessito esclarecer que sinto ter sido tomado, não apenas *por*, mas também *de* uma grande carga de raiva (no sentido de experimentá-la em mim).

Humanamente falando, eu não lhe havia feito nada; encontro-me pensando que tenho uma tarefa psicanalítica e que, se o paciente me atacou e me colocou na "berlinda", uma razão deve haver; é necessário esperar.

Leopoldo, depois de breve pausa, ataca novamente: "Mike Bongiorno (o eterno apresentador de TV, cinquentão) é um personagem repugnante. Faz 50 anos que está lá, com aquele paletó e gravata...".

Naturalmente penso que "esse" Mike Bongiorno sou eu.

Mas por que tanta raiva de mim?

Leopoldo range os dentes, contrai os maxilares; está furioso e invejoso; sinto que nesse momento não aceitaria nada de mim.

Acredito que está lutando contra a percepção e o reconhecimento de algo muito doloroso, que o deixa furioso. De minha parte, devo ficar muito atento para não contra-atuar. Abro mentalmente uma "janela" sobre a história deste "trintão", à procura de elementos úteis para a compreensão do "aqui e agora".

Seu pai abandonara a esposa e o filho quando este tinha três anos, praticamente desaparecendo da cena familiar.

O paciente habituara-se a viver triunfalmente sem ele, como um potro selvagem, sendo favorecido nisso por uma mãe histérica e carente de limites

Ao mesmo tempo, sofrera tremendamente a falta do pai, *mas nunca se deu conta disto*; em lugar de sentir, com o tempo, repetiu uma série de atuações de grandiosidade maníaca, que permitiram a representação, (talvez fosse mais correto dizer: encenação) de seu conflito entre sentir e não sentir a necessidade do pai, entre desejar e rejeitar seu retorno de algum modo.

Em vários campos - estudos, esportes e até em algumas experiências de perversão sexual - primeiramente encontrou e depois regularmente `castrou' diversos "mestres" de várias qualidades.

Penso que está tentando fazer o mesmo comigo, nesta primeira parte da análise, em geral, e nesta sessão em particular; provoca-me para me deixar nervoso e, portanto, para me neutralizar e castrar como psicanalista.

Escrevo "penso" e não "sinto", porque cheguei a essa visão das coisas por meio do raciocínio reconstrutivo; meus sentimentos são de raiva; sinto-me atacado e "emporcalhado" por ele ("Vamos ver se o Sr, que é tão bom assim...").

Depois de uma outra pausa, perceptivelmente tensa e conflituosa, refere-se finalmente a certas iniciativas comerciais pretensiosas que deveriam ter-lhe permitido ganhar algum dinheiro, iniciativas infelizmente fracassadas.

Depois disso, como se tivesse "cuspido um sapo", observa-se nele um relaxamento geral progressivo, percebido e vivido também por mim. Parece o fim de uma cólica, como após a expulsão de um cálculo (de fato o paciente tinha admitido não ter sabido "fazer bem os cálculos") através de um espasmo visceral.

Leopoldo prossegue então fantasiando recíprocas penetrações em seu próprio anus e no da namorada, com suas respectivas mãos; percebe-se que há ainda certa quota de violência nesta cena, um desejo de forçar claustros naturais e de anular "exclusões" de qualquer tipo, colocando-se dentro do objeto que ele deseja controlar.

Penso que a interrupção das sessões entre quinta-feira e segunda-feira foi uma exclusão muito mal tolerada, que provocou dor, raiva e desejo de negar isso indo "contra a corrente"; veja-se o forçar a entrada para dentro do canal anal, cujas funções naturais envolveriam apenas fluxos evacuativos do interior para o exterior.

Ao mesmo tempo, na cena evocada das penetrações anais com a namorada/analista/objeto básico, há também uma fantasia compensatória com relação ao fracasso financeiro: a fantasia de poder ter acesso, sem limites, a uma reserva privada fabulosa e inexaurível de fezes-dinheiro.

De todo modo, é uma cena que condensa múltiplos níveis, e que corresponde a variadas necessidades reprimidas deste paciente.

Sua mãe, histérica com tendência a erotização, que vivia com o filho uma atmosfera difusa de relação incestuosa, havia mostrado durante a infância de Leopoldo limitada capacidade de continência e transformação; os acessos de excessiva raiva eram recíproca e furiosamente ricocheteados de um a outro, a ponto de os dois freqüentemente precisarem se afastar fisicamente.

Na reaproximação que se seguia, não se fazia menção ao acontecimento; o estilo era aquele de "fazer de conta que nada havia acontecido".

Voltemos à nossa sessão: a atmosfera foi se tornando progressivamente fusional. Leopoldo relata "incidentalmente", sem nenhum nexo aparente para ele, que sábado encontrara um companheiro de universidade; reconheceram-se, abraçaram-se e "foram beber alguma coisa juntos".

A sessão termina em um clima pacífico e tranqüilo, que sinto possível compartilhar também com meu corpo, estendendo as pernas; o paciente está relaxado, e conclui com uma fantasia de retorno ao útero: "Tenho vontade de ir para casa e tirar uma soneca".

Ao despedir-se, parece ter recuperado a cor e está tranqüilo.

No fundo, fico pensando, parece que o paciente teve necessidade de ajuda para "sair de seu sistema". Depois que ele saiu, pensei que talvez não fosse tão simples assim.

Em uma sessão desse tipo entrelaçam-se linhas muito complexas de desenvolvimento.

Fui para ele uma mãe excludente/ausente durante o final de semana; uma mãe que recusava as fezes-raiva, pronta para restituí-las com altos "juros", e um pai, Mike Bongiorno, rico e invejável, "sempre presente" (transformação no contrário, de uma realidade feita de ausência), "aversivo" (isto é, inadmissivelmente desejado, porque ainda necessário para as passagens constitutivas de uma identidade profunda, e para a construção de um limite diante de uma mãe erotizante), diante do qual havia inicialmente contraposto uma defesa fálica provocativa, (o aperto de mãos "marcial" e triturador), em relação à qual eu tinha sentido dificuldade de não contra-atuar na sessão.

Acredito ter sido também, transitoriamente, após a superação dos obstáculos precedentes, a namorada disponível/objeto-*self especular* (as penetrações recíprocas), útil na confirmação de um sentimento de si mesmo em franca crise após as surras narcísicas de vários tipos, a pior delas sendo o pressentimento da dependência em relação ao objeto, ou seja, a própria necessidade de análise.

Teoricamente falando, é um percurso reverso, no que se refere às fases de desenvolvimento, especialmente se lembrarmos que o ponto de chegada consiste em uma aproximação reconciliadora, depois de tanta batalha, com um útero acolhedor que permita uma retirada narcísica restauradora ("vou tirar uma soneca") para dentro do objeto originário, sem mais precisar se opor por meio de demonstrações maníacas de estar muito ocupado.

Mas, podemos perguntar: e a interpretação?

A interpretação, como pode ser inferido pelo relato da sessão, eu não comuniquei ao paciente.

Neste caso, considerei melhor não desviá-lo da experiência que estava vivendo e que para ele era difícil e nada usual, ao perceber com suficiente clareza que, se eu esperasse dele, naquele momento, um trabalho de reconhecimento no nível do ego consciente, eu teria perturbado um processo importante que felizmente estava se desenvolvendo com tantas dificuldades no nível do *self*.

Senti que não era o caso: haveria tempo e oportunidades para completar o trabalho, para confirmar e estabilizar, com formulações adequadas e documentadas, o sentido compreensível desses processos e a conexão com a história pessoal do paciente.

Mas nesse ponto era necessário, antes de tudo, tornar possível o desenvolvimento de uma experiência sem reativar prematuramente o ego defensivo.

Resumindo, para usar as palavras de Bonaminio (1993), privilegiei "uma configuração da contribuição do analista cuja natureza consiste essencialmente em colocar-se a serviço de um processo que acontece no paciente e que tem a ver apenas com ele" [4].

Quero também salientar o fato que, depois de ter iniciado o morder e chutar, e tendo evacuado parte de sua negatividade interna, o paciente conseguiu alcançar um nível de fusão, cuja necessidade era percebida e rejeitada com igual intensidade.

Esse estado de fusão parcial, transitório, necessário, circunscrito e benéfico, foi o fruto duramente conseguido de uma experiência terapêutica árdua e difícil, e não um atalho fácil, preventivo e defensivo, usado para evitar dificuldades.

Talvez, recorrendo à linguagem psicobiológica a que me referi, poderíamos dizer que, quando o paciente ocasionalmente alcança uma condição satisfatória de abertura, confiança, relaxamento e aceitação da própria necessidade, e da disponibilidade do objeto, e consegue "poder

4 Bonaminio (2001) continua lidando com a questão da não-interpretação do analista: "Refiro-me de modo específico àquela tradicional técnica, com a qual estou de acordo, que atribui à tolerância pela regressão do paciente e ao não interpretar, uma dignidade de agente mutativo para a mudança psíquica, igual a e em relação dialética com a interpretação".

beber" os conteúdos introjetados transformados, como se fossem leite bem digerível, o analista não terá necessidade de examiná-los e modificá-los através de explicações, ou mesmo de "cozinhá-los" através da interpretação.

Nesse sentido, nessas ocasiões privilegiadas, cria-se um canal comunicativo direto entre o interior do paciente e o interior do psicanalista, que não necessariamente "bypassa" o ego consciente de ambos, assim como não convoca necessariamente suas funções de controle; as funções do ego consciente, como tolerar um "terceiro", ou mesmo aumentar a sensação de alegria e prazer, são exercidas de modo respeitoso.

Seria como um bom pai que assiste, sereno e protetor, a uma cena doméstica de merecido, vital e "sacrossanto" aleitamento.

Capítulo 14

EMPATIA NATURAL E EMPATIA PSICANALÍTICA

Em uma de suas inspiradas vinhetas, com um *flash* de *insight* que revela rica e complexa rede de significados, o cartunista francês Sempé apresenta uma cena em que aparece uma janela escancarada, de dentro para fora, no primeiro andar de um edifício geminado suburbano, com um jardim na entrada.

No canto direito do parapeito da janela há um gato sentado de costas, olhando para fora; nota-se que tem a cabeça e o pescoço ligeiramente inclinados à esquerda, como que para melhor observar algo.

Seu aspecto parece vagamente inquieto, talvez também um pouco abatido; depreende-se que está concentrado no que está observando la fora.

O que ele está olhando? Enquadrado no centro do vidro da janela, há uns vinte metros dali, no jardim, o proprietário e seu cachorro estão brincando muito alegremente: o homem joga uma bolinha com ar de desafio, e o cachorro se lança com vigor para pegá-la.

Tanto quanto o gato está parado e perplexo, os dois lá fora estão ativos e envolvidos pelo jogo estimulante que os dinamiza e os coloca em estreita relação entre si, em uma explosão de vitalidade.

No canto esquerdo interno da janela, a mulher do dono da casa olha discretamente para o gato, e dirige-se a ele com ar sério e protetor dizendo-lhe: "Ne t'inquiète pas, ils ne s'amusent pas, ils font semblant" ("Não te preocupes, eles não estão se divertindo, estão só fingindo").

A vinheta faz rir, não pelo fato de a mulher imaginar uma experiência de exclusão, sofrimento, ciúme e inveja vivida pelo gato, que parece incongruente e inverossímil pois estaria projetando no felino ingênuo e talvez indolente uma reação complexa tipicamente humana: não!.

Faz rir, ao contrário, por que é evidente (graças à impagável maestria de Sempé) que a senhora simplesmente está convicta de que o gato

"Não te preocupes, eles não estão se divertindo, estão só fingindo"
Fonte: The New Yorker 1979-83, Sempé, Editions Denoël, Paris 1983."

está verdadeiramente vivendo aquelas sensações e, portanto, o sentido de conforto e consolo, e o tom sério e respeitoso da mensagem da senhora são adequados e benéficos naquela situação.

Não é a mulher que causa riso. Eventualmente sentimos uma sensação de desorientação ao pensar que por um instante pudemos tê-la considerado uma visionária.

Mais profundamente, o que verdadeiramente nos toca é que aquele gato que, do parapeito da janela olhava de esguelha, contrariado, olhando atentamente a cena lá fora, na realidade somos nós.

Somos nós, crianças frente a outros que se unem, que se divertem, que nos excluem; nós que, frente ao incrédulo, atônito e inevitável "sentir-se fora do jogo" sentimos a necessidade de uma voz parental doce que nos tranqüilize, que negue uma realidade tragicamente evidente e desfavorável para nós, e que nos proteja da dor; mais ou menos a função exercida pelo pai Roberto Benigni frente ao filho no campo de concentração do filme *A vida é bela.*

O riso nasce, então, da descarga de uma tensão; por um instante nos entristecemos e nos assustamos ao nos reconhecermos, sem nos darmos conta, naquele gato no limiar do trauma, mas logo pensamos que não é verdade, não pode ser verdade, seja como for, os gatos não "raciocinam" como nós e, portanto, é tudo uma ficção.

Bem, a análise da vinheta poderia prosseguir, mas aqui me detenho porque o nível de análise que me interessa, para nosso tema, é: aquela mulher, que presumivelmente não é psicanalista, compreendeu a vivência de uma criatura que não tem o dom da palavra.

É o que se constata, afortunadamente com bastante freqüência em relação às crianças pequenas, embora ainda mais freqüentemente isso não aconteça; as projeções predominam, e o desenvolvimento mental do ser humano parece prosseguir em muitos casos a despeito de interações surdas e danosas que em alguns casos deixam suas marcas, e em outros, inexplicavelmente, quase nada.

Evidentemente, a empatia natural existe, e me concedi a graça de dar-lhe representação por meio da inventividade de um cartunista. É experiência comum, afortunadamente, poder reencontrar suas marcas ao longo dos percursos que atravessam nosso cotidiano: nas escolas, nos hospitais, nos ônibus, nos locais de trabalho e assim por diante.

A propósito dos ônibus, é necessário distinguir com cuidado os diferentes sentidos possíveis de gestos aparentemente similares. Um jovem pode ceder seu lugar a um idoso pelo temor da crítica por parte dos outros passageiros (versão persecutória da cortesia), assim como pode acontecer que alguém faça o mesmo gesto como resultado da sensação experimentada ao colocar-se no lugar de um velhinho cambaleante, com dificuldade para manter-se em pé entre bruscas freadas e rápidas partidas,

Algo análogo pode ocorrer também no nosso trabalho: pode acontecer de ouvimos um erudito terapeuta desfilar uma série impressionante de citações de textos e autores (tidos como sagrados) para justificar uma escolha, uma interpretação, um procedimento, que aparentemente não resultam da compreensão das condições do outro, alcançada por meio de um esforço, ainda que mínimo, de colocar-se na situação dele, mas que soam como rigorosas aplicações de um manual técnico detalhadamente estudado e aprendido *ab externo*.

Um exemplo, inesquecível para mim, deste tipo de atitude ocorreu durante o período de especialização em psiquiatria. Diz respeito a um colega "atormentado" pela idéia fixa de "fazer devolutivas". Anunciava triunfantemente em seus informes psicoterápicos: "E assim, no final da sessão 'fiz-lhe a devolutiva!'". E, pelo tom de incontestável obrigação, de devida regularidade de procedimento com que se referia ao infalível epílogo de cada sessão e sua sagaz "devolutiva" ao paciente dos conteúdos expressos durante o encontro, percebia-se que o paciente deveria, querendo ou não, receber e levar para casa coercitivamente essa bendita devolutiva.

Na realidade conheci, como todos, pessoas mais capazes que outras de compreender o próximo; às vezes tratava-se de pessoas cultas, outras vezes de pessoas muito simples, talvez pouco instruídas, mas dotadas de autêntica humanidade.

Seria possível esboçar um quadro geral dos requisitos, ou ao menos dos fatores favorecedores cuja presença aumentaria a probabilidade de participação ativa de um indivíduo em situações que suscitam respostas de tipo empático? Podemos tentar fazê-lo, baseando-nos no que vimos nas páginas anteriores.

Portanto, a possibilidade de viver situações que envolvem empatia é, sem dúvida, maior em pessoas que tenham desenvolvido e consolidado um bom senso de individuação e de separabilidade entre o si próprio e o outro, mas que também tenham conservado a capacidade de "deslizar" alternadamente entre regressões "a serviço do ego" e progressões para níveis mais maduros de funcionamento mental.

Pessoas que estão em condições de ocupar áreas transicionais comuns sem a intenção de invadir o outro e sem, no outro extremo, a defesa obstinada da retirada narcísica, são favorecidas nesse sentido; um requisito fundamental também parece ser o de poder desfrutar de um ambiente interno suficientemente saudável, de modo a que as projeções não obscureçam a percepção do mundo externo, e que haja um espaço interno continente disponível para acolher as introjeções, hospedando-as, conhecendo-as, compartilhando-as.

A possibilidade de experimentar fusões parciais, temporárias e intencionais por meio de relações baseadas em necessidades equivalentes, sejam nutricionais, de cuidados ou genitais, favorece positivamente a instauração de situações empáticas, e de intercâmbios "do interior para o interior".

Se é verdade que tais situações podem ocorrer inesperadamente, mesmo com pessoas desconhecidas, em especial em situações particulares nas quais facilmente se afrouxam ou se desativam totalmente os usuais dispositivos de defesa, também é verdade que alguns fatores fundamentais, citados anteriormente (boa disposição afetiva de base, atenção minuciosa ao que se passa na relação, consideração amorosa pelo destino do objeto, proximidade intensa e regular), contribuem fortemente para alcançar momentos de empatia.

Por essa razão, é mais provável que situações de convivência prolongada e baseadas em disponibilidade para elaborar experiências sejam as que mais permitem esses desenvolvimentos.

Em certo sentido isto pode parecer uma espécie de "identikit" dos psicanalistas. Nós, psicanalistas, estamos assim tão bem colocados nessa direção?

Em um de meus trabalhos anteriores (Bolognini,1997b) utilizei uma metáfora metereológica comparando a não programabilidade da empatia com a dos dias de bom tempo:

> Poder-se-ia dizer que dias limpos e luminosos são desfrutados e apreciados, podem certamente ser desejados, mas não podem ser exigidos e planejados.
>
> Com efeito, a metáfora da impossibilidade de decidir sobre o tempo metereológico, válida a meu ver para os altos picos da autêntica empatia, não pode ser considerada completamente satisfatória quando se trata da disposição interna do analista; dele se requer certo grau de confiabilidade e de estabilidade funcional, razoavelmente superior às de uma pessoa comum.
>
> Poder-se-ia talvez dizer que um psicanalista que tenha passado por um percurso complexo e regular de formação poderia ser comparado a uma pessoa que tenha se mudado para uma região com um clima particularmente favorável, cuja variabilidade, naturalmente, não eliminável, possa se manifestar dentro de determinados limites, não demasiado amplos, especialmente vantajosos quando comparados com a região de proveniência.

Dou-me conta de que posso ser acusado de corporativismo, ou ao menos de certa idealização da categoria, mas creio verdadeiramente que a experiência de formação e a prática cotidiana da psicanálise nos conferem, nesse sentido, maiores recursos.

Eu gostaria de expressar-me sobre esse ponto, usando uma linguagem ligada ao cotidiano: psicanalistas, em geral, sabem escutar (a maior parte das pessoas tende a interromper a fala alheia); tendem a não fazer precocemente uma idéia do que o outro está dizendo[1], e não se precipitam a dar conselhos como fazem, ao contrário, noventa por cento das pessoas frente a uma comunicação problemática; saboreiam a atmosfera que se cria no encontro, registram-na com cuidado, e refletem sobre ela, enquanto a maioria das pessoas procura reativamente modificá-la, pretendendo substituí-la imediatamente por outra tida como

---

[1] Giaconia, Pellizzari e Rossi (1994) cunharam a feliz expressão "abstinência representacional". Com ela pretendem designar a capacidade do analista manter suspensa a função de representação pelo tempo necessário para enriquecer o campo interno, na sessão, evitando assim uma precoce saturação de sentido.

"melhor"; procuram manter operante o "pensar" junto com o "sentir", mantendo vínculos e instaurando nexo entre coisas aparentemente distantes e dissociadas; não se envergonham do contato com sensações, pensamentos, fantasias de qualquer tipo que lhes ocorram em sessão (precisamente: *"homo sum, nihil umani mihi alienum puto")*, confiando em poder utilizá-las para posteriormente dar sentido às coisas; têm suficientes lembranças de sua infância e adolescência, e uma imagem de si pouco idealizada, mas bastante robusta e definida, pela qual podem suportar as distorções projetivas dos pacientes; sabem que podem se enganar, infelizmente com bastante freqüência; sabem pedir desculpas; são pontuais; têm certa capacidade de imaginação, e conseguem pouco a pouco representar para si as coisas de que falam os pacientes; e, *last but not least,* têm a percepção da complexidade da vida mental.

Este último ponto é o mais específico: os psicanalistas, diferentemente das pessoas comuns são treinados para manter uma disposição interna "aberta à complexidade", a deixar sempre uma parte da tela mental insaturada, de modo a poder hospedar, em forma de representações, novos desenvolvimentos das situações e outros pontos de vista.

Eis um pequeno exemplo do que desejo dizer.

Um candidato apresenta-me a sessão de uma paciente agorafóbica com quem tem trabalhado em análise durante muitos meses. Ele estava tentando desenredá-la de um complicado emaranhado que consistia da combinação do conjunto de dificuldades de integração interna da paciente, de um lado, e da relutância dela em abandonar as vantagens secundárias da doença, de outro.

Tratava-se, em essência, de não perder de vista nem a autêntica insegurança da paciente que, diante da idéia de sair de casa sozinha percebia uma efetiva pseudomaturidade em relação a separar-se, individuar-se e existir por conta própria, nem uma lista de prazeres obstinados aos quais ela não pretendia renunciar tão facilmente, e que estavam ligados ao poder/dever estar sempre acompanhada do marido (que era vivido como irmão) ou do pai (que em alguma medida era vivido como marido).

O pai da paciente, homem autoritário com personalidade forte, aparecia simultaneamente como simbiótico e hipercrítico, e isso tornava a paciente, por sua vez, transferencialmente hipersensível a qualquer comunicação do analista.

O jovem colega observou, bastante bem, a presença conjunta desses fatores e, portanto, a complexidade da situação.[2]

Durante a supervisão, tivemos oportunidade de refletir muitas vezes sobre a adequação e utilidade de suas intervenções, utilizando para isso as respostas diretas ou associações da paciente.

Por exemplo, o psicanalista teve oportunidade de esclarecer à paciente sobre o modo como esta procurava manter os prazeres fusionais associado com sua tentativa de controle sobre o objeto; ela reconhecia e confirmava que isso realmente acontecia, embora não fosse imprescindível; outras vezes, ao contrário, a paciente o percebia como injustamente desconfiado em relação a ela, e de um modo ou de outro lhe comunicava que ele não havia levado em consideração sua real e profunda incapacidade.

O colega relatou-me um evento interessante, acontecido após uma semana de sessões em que ocorreram divergências entre ele e a paciente, mais ou menos sobre o dilema: "o quanto é dificuldade, e o quanto é o prazer de ter o controle?".

O fato foi este: a paciente estava na varanda de sua casa, em companhia do marido, observando atentamente as pessoas que passavam pela rua. Do outro lado da rua, uma mãe entra na quitanda deixando a filhinha de quatro anos brincando do lado de fora.

A paciente reconhece aquela senhora. Sabe que mora ali perto, que tem outros filhos pequenos, que na casa dela há muita tensão, e que ela está por separar-se do marido.

De repente, a menina apóia o joelho na terra e suja a calça de moletom, com duas ou três esfregadas intencionais; depois, vai até a mãe, mancando.

---

[2] O trabalho psicanalítico é, em geral, complexo por natureza. Berger, (1987), recordando que na busca de sentido e de conexões os analistas examinam a parte no todo e o todo no contexto de suas partes, e que se interrogando sobre o paciente, também se interrogam sobre si mesmos, afirma, por exemplo, que às vezes os terapeutas podem atravessar breves períodos de "visão múltipla", momentos em que no raio de sua visão são incluídos episódios atuais e situações do passado. Analogamente, certa capacidade técnica de considerar uma situação sob diversos pontos de vista simultaneamente é definida com eficácia por Semi (1985) como capacidade de "estrabismo psíquico"; por exemplo, graças a essa visão articulada, o psicanalista pode sintonizar-se com o ponto de vista de diversos personagens, ou partes internas de um paciente, que se apresentam na narrativa de uma cena complexa.

A paciente e o marido vêm aquela cena e se comovem.

O pai da paciente, que nesse meio tempo havia se aproximado deles pelas costas, e que como eles também assistira a cena, comenta com sorriso maldoso e sarcástico: "Mas!... que espertinha!...".

A paciente diz ao psicanalista ter sentido, então, intensa dor e tristeza.

Ao comentar essa cena, o colega observa que ela lhe parece muito significativa em vários planos. A paciente revelou-se capaz de uma notável sensibilidade empática com a menina; compreendeu como eram verdadeiros, tanto a simulação como o sofrimento da pequena, mas especialmente como, neste caso, *a simulação era conseqüência do sofrimento.*

A menina, de fato, sentindo que seu sofrimento interno não chamava a atenção do outro, tenta ingenuamente apresentar à mãe um outro tipo de sofrimento, mais concreto e irrefutável.

A paciente e o marido mostraram que foram capazes de colocar-se no lugar da menina e de reconstruir um percurso interno bastante complexo; além disso, partilharam a emoção e os pensamentos relacionados ao episódio. Podemos dizer que, embora não sendo do *metier*, demonstraram uma sensibilidade psicológica incomum; naturalmente, o trabalho psicanalítico desenvolvido até aquele momento colocara a paciente em condições de maior percepção e observação da vida mental.

O colega, entretanto, muito apropriadamente, foi além do ponto de vista da paciente, aliás muito apreciado por ele, e acrescentou a ele uma interpretação: com seu relato, ela havia chamado a atenção do analista sobre seu próprio sofrimento, autêntico e profundo, que ele não havia valorizado nas sessões anteriores.

A paciente, um tanto surpresa e maravilhada, responde que é verdade. Aí a sessão termina, com uma sensação encorajadora de que algo que tinha sido dito fora recebido pelo destinatário, e que então eles poderiam entender-se...

Pergunto ao colega o que pensa da fala do pai, que comentara de modo reducionista e desconfiado a simulação-pedido de ajuda da menina. Faço-lhe também notar que o pai fez aquele comentário por trás, surgindo inesperadamente.

O candidato pensou que o pai representava também a ele, além do próprio pai real, e que a fantasia paterna negativa, hipercrítica e persecutoriamente ameaçadora, ao menos em parte se materializara durante a semana anterior, na excessiva insistência de sua parte em analisar sua intenção de controle, não dando suficiente atenção e esforço terapêutico a ambas as facetas do mundo interno da paciente (necessidades versus desejos regressivos obstinados).

De todo modo, esta seqüência, de qualquer modo, forneceu-lhe indicações úteis. Disse-lhe que, a meu ver, também o compartilhar a compreensão e a emoção com o marido era uma continuação do trabalho que ele e a paciente estavam realizando.

Continuamos então nosso trabalho de reflexão, levando adiante uma cadeia de desenvolvimentos que através das várias "janelas" podiam gerar novas idéias (a vitrine da quitanda, o terraço da paciente, o consultório do colega e a supervisão).

Não aprofundarei a análise deste material; desejo apenas chamar a atenção dos leitores para a comparação entre duas capacidades de contato e de pensamento articulado, a da paciente e a do jovem colega.

Escolhi esta cena porque nela vi nela o *modus operandi* de duas pessoas, ambas dotadas de sensibilidade e de capacidade de identificar-se com outros, ao menos naquela circunstância específica.

Mas, não passará despercebida ao leitor a disposição da mente do analista, aberta especificamente à complexidade; é essa mente aberta, decorrente da formação e do método que facilitam o acesso à articulação, a desenvolvimentos ulteriores e à leitura e interpretação em vários níveis das cenas apresentadas nas sessões.

É um traço específico, que nos pertence como psicanalistas, e que, a despeito de nossas inúmeras falhas, caracteriza aqueles que compartilharam nossa formação.

CONCLUSÕES

> Confiei o que deve ser escrito a um homem qualquer; não será jamais o que eu quero dizer, mas será ao menos um reflexo.
>
> J. L. Borges, *Elogio dell'ombra*

Meu primeiro pensamento ao redigir estas conclusões é de gratidão para com o leitor que teve a curiosidade intelectual e a paciência para seguir-me nessa longa jornada de exploração, que espero tenha se mostrado útil.

Partimos de muito longe: da impulsividade entusiástica dos poetas e filósofos do Romantismo Alemão e do ambiente médico tão próximo e conectado a eles, e entramos no grande cenário proposto por Sigmund Freud e seus colaboradores no início do século XX. Com um salto chegamos aos anos 1950 e 60 e ao florescimento dos estudos específicos sobre nosso tema, principalmente nos Estados Unidos, e ao desenvolvimento paralelo das contribuições da escola kleiniana estendido também às décadas seguintes.

Na segunda parte do livro, propus meus pontos de vista sobre certas questões ligadas com o conceito de empatia e suas relações com outros conceitos inter-relacionados. Para isso, vali-me também de contribuições de um considerável número de colegas que nestes últimos 20 anos investigaram esse terreno amplo, fascinante e ao mesmo tempo profundamente delicado.

Por que delicado? Por muitas razões. O conceito de empatia pode suscitar temores e ilusões em igual medida.

Para os estudiosos do estudo científico da psicanálise, esse conceito pode suscitar o temor de um "*reductio ad unum*" conceitual e teórico.

Por essa razão, eu gostaria de expressar claramente que considero a empatia como *um dos múltiplos aspectos, níveis e setores de que se compõem a teoria e a prática psicanalítica.*

Por outro lado, para os jovens profissionais o conceito de empatia pode despertar a idéia fantasiosa de que, ao conseguirem apoderar-se de sua fórmula secreta, o caminho terapêutico será bem menos espinhoso; isso poderia também estimular secretas fantasias de onipotência relacionadas à crença de que uma dotação natural mágica permitiria saltar a longa e trabalhosa fase de formação teórica, necessária a todo analista digno desse nome.

Essa é claramente uma ilusão: as coisas não são tão simples e minha esperança é conseguir dar uma idéia da beleza, mas também da grande complexidade de nosso campo de estudo e trabalho: para usar uma metáfora fotográfica, eu diria que temos que aprender, ano após ano, a usar lentes diversas e intercambiáveis, tanto o "zoom" capaz de aumentar os detalhes, como a "grande angular" que pode produzir uma visão ampliada de conjunto.

Entretanto, a meu ver, a "delicadeza" do conceito de empatia precisa ser entendida pelo menos em dois outros sentidos.

Um deles é o relativo à sua natureza fugaz e inesperada, pelo fato de não poder ser nem fixada nem reproduzida *in vitro*. Nisso, é como o arco-íris, como certos raios do sol entre nuvens em movimento, como a brincadeira de uma criança, como a aliança harmônica entre concertistas em uma noite inspirada, como o olhar cheio de confiança e sem ambigüidade de um cão em relação a seu dono.

Entretanto, é também verdade que para os jogos de luz precisamos ter nossa câmera à mão; que as crianças podem brincar prazerosamente se criarmos boas condições para isso; que um grupo de músicos pode harmonizar-se melhor se tiver oportunidade de ensaiar juntos repetidas vezes; que para entender o olhar de um cão é necessário conviver com ele. Resumindo, que nossos sentidos possam captar a beleza e harmonia dessas ocasiões se tivermos cultivado com amor dentro de nós o sentido da preciosidade, da grande importância de certas experiências.

O outro aspecto da "delicadeza" diz respeito ao modo como os momentos de empatia podem ser tratados e vivenciados. Algumas vezes a empatia deve ser mantida em reserva: alguns pacientes em início de tratamento não toleram ser compreendidos, e sua vivência paranóide de serem "adivinhados", "desmascarados", "encontrados" pela compreensão do outro, vivida como onipotente e persecutória, gera resistência e ataque à função psicanalítica do terapeuta. O paciente tende a atacar o vínculo psicanalítico, temido e ao mesmo tempo desejado como potencialmente empático, quando está se defendendo do contato interno com partes de si mesmo, contato esse que uma aliança profunda com o analista poderia facilitar.

Outras vezes o contato interpessoal profundo é mais especificamente atacado ou evitado; a fantasia da parceria, em seus diversos níveis, suscita sentimentos violentos de ódio e perigo. Toda essa problemática será trabalhada em análise.

O psicanalista deveria evitar se comportar como o legendário escoteiro que quer a todo custo ajudar as velhinhas a atravessarem a rua, mesmo que naquele específico momento elas não tenham a intenção nem a necessidade de fazê-lo. Aqui voltamos mais uma vez ao tema do risco do "empatismo". A compreensão baseada em não levar em conta os obstáculos à compreensão, não é uma verdadeira compreensão.

Estas considerações só servem para confirmar, uma vez mais, que em nosso campo é mais fácil descrever o que não fazer, do que o que fazer: enésima ferida a nosso narcisismo profissional, que nem por isso deve nos conduzir ao relativismo científico.

Exatamente dentro deste modelo pretendo concluir esta longa exploração do conceito de empatia com um exemplo clínico um tanto complexo.

Desta vez deixarei o material clínico deliberadamente insaturado, do ponto de vista teórico, para favorecer uma "onda longa" de ressonância interna; depois, vocês poderão fechar as páginas deste livro.

Limitar-me-ei a assinalar que esta última experiência contém, inevitavelmente, uma pequena afronta ao narcisismo do analista e, ao mesmo tempo, um tributo merecido à originalidade pouco programável do processo psicanalítico.

A despedida de Pedro

Pedro, meu analisando há vários anos, no início do tratamento tinha todos os atributos para provocar sentimentos de hostilidade e antipatia: homem rico e reconhecido profissionalmente, referia-se ao resto da humanidade de forma depreciativa e sadicamente hipercrítica, não hesitando em explorar a fraqueza dos outros em seu próprio proveito.

A análise tinha sido objeto de particular escárnio de sua parte, e com um misto de sarcasmo, desconfiança, pedantismo e descaso, em certo sentido me impedira de trabalhar, por um par de anos, uma vez que as poucas coisas que me havia permitido dizer-lhe naquele período tinham sido regularmente "trituradas e cuspidas" como elementos sem qualquer valor.

Na realidade, em outro sentido, tinha-me obrigado a trabalhar fazendo com que eu experimentasse, ao vivo e por tempo considerável, a infelicidade de seu *self* libidinal projetado no outro e depois atacado, denegrido e sufocado.

Havia procurado análise porque se deu conta de que seu modo de ser, tão produtivo no trabalho, impossibilitava que tivesse relações humanas calorosas em geral (com o que pouco se importava), e mais particularmente tornava-o frio e irritável em relação a seus filhos, a quem sentia como estranhos. Este início de percepção fora traumático para ele; parecia a história do Rei Midas.

Contou-me isso com aparente indiferença, porém permitiu-me uma rapidíssima visão de seu desespero, o que me convenceu a tomá-lo em análise.

A sessão que vou relatar agora ocorreu após vários anos de árduo trabalho. Pedro já estava bastante mudado, apesar de ainda manter muitas de suas características; tinha reconstruído muitos de seus atributos mais humanos, e progressivamente foi se permitindo maior confiança, sinceridade e familiaridade na análise, o que levou a mudanças e benefícios análogos na relação com seus familiares.

Analiticamente falando, eu diria que já nos tínhamos tornado quase bons amigos. Além disso, tive oportunidade de aprender muito com ele, uma vez que em várias áreas da vida ele sabia mais do que eu. Enfim, eu tinha começado a simpatizar e a gostar dele, quando me perguntou se eu concordaria em terminar a análise no próximo verão. Aparte da satisfação por um trabalho bem feito, senti também uma pontada de desprazer. Entretanto, na sessão em questão parecia que estávamos de volta à atmosfera dos inícios.

Uma sessão com Pedro

Pedro estava extremamente contrariado em função de um desacordo contratual com uma firma cuja razão social tinha a ver com "Bolonha". Era uma transação de compra e venda, em que uma das partes sairia perdendo, e era preciso estabelecer qual.

Meu paciente estava absolutamente convicto de estar com a razão e particularmente irritado com sua esposa, que tinha sugerido um artifício prático, uma saída para resolver o problema sem prejuízo para os dois lados. Ela não compreendia sua raiva e seu sentimento de derrota narcísica.

De imediato, não captei a referência inconsciente aos dois diferentes níveis do nosso relacionamento: a angústia pelo desligamento psicanalítico, em que alguém teria que sair perdendo (o contencioso contra a firma Bolonha, etc), e minha presença como um consultor "surdo" e pouco compreensivo (equivalente ao conselho pouco "psicológico" da esposa).

Minha mente ficou meio entorpecida por uma boa meia hora enquanto o paciente se mostrava cada vez mais irado contra a esposa e contra aquela firma. Comecei a senti-lo enfadonho, hostil, antipático e até decepcionante. O paciente fez uma pausa, e mudou de assunto.

Contou-me que por razões de trabalho na noite anterior tinha jantado sozinho numa outra cidade em um restaurante meio vazio. Um casal de alemães estava jantando em outra mesa, um pouco distante da dele.

Ele podia ver apenas as costas da moça, e viu com estranhamento que ela tinha um pé para fora do sapato. Pedro ficou um pouco aborrecido com aquilo.

Subitamente, ela havia começado a mexer os dedos do pé e ele, que estava tomando sopa, ficou seriamente indignado; estava quase por reclamar com o garçom.

Enquanto Pedro me contava essa história, eu imaginava a cena e tive vontade de rir dissimuladamente: sabendo quão exigente e meticuloso ele era, tudo isso me parecia irresistivelmente divertido, e assim, de certo modo, eu podia me vingar um pouco pela meia hora anterior de tédio analítico...

Tenho certeza que não deixei escapar nenhum som. Pedro parou de falar e depois me disse muito sério: "Então, a moça pegou o copo com o pé e o levou à boca, e ao fazer isso teve que se virar um pouco. Não tinha braços".

Houve alguns minutos de um silêncio mortal entre nós. Senti-me muito mal e profundamente envergonhado de ter rido.

Ele disse: "Sei que o senhor primeiro riu, e depois ficou chocado. Como eu. Creio que nos entendemos muitíssimo bem. Veja, doutor, como é fácil fazer um mau julgamento de um gesto aparentemente ofensivo se não conhecemos adequadamente a situação"

Fiquei realmente sem palavras, mas não apenas sem palavras: fiquei estarrecido, abalado e absolutamente aterrado. Então, como que de repente, minha mente se abriu. Percebi que ele não estava falando somente daquela pobre moça deficiente, mas também de si mesmo. Era ele que não tinha braços para abraçar seus entes queridos, para apertar minha mão, para tocar e sentir verdadeiramente as coisas. Era ele que por tanto tempo não tinha se visto como realmente era. Tanto isso era verdadeiro que naquele mesmo dia eu, que evidentemente estava me defendendo, tanto quanto ele, da tristeza da separação prevista, também não tinha "visto" sua dificuldade de terminar a análise. Eu o tinha julgado mal, como tantas vezes seus pais o fizeram, também cegos e surdos em relação a ele, e simbolicamente sem braços para abraçá-lo. Do mesmo modo como durante tantos anos ele havia feito consigo mesmo, subestimando, escarnecendo, depreciando e zombando de sua própria humanidade.

Mas, os anos de análise não tinham sido em vão: Pedro não tinha tentado evacuar totalmente seu trauma sobre mim. Tinha conseguido cuidadosamente buscar e compartilhar comigo os elementos "chocantes", como quando me levou a "sobressaltar-me", como ele, quando a moça se virou. Senti muita vergonha, como disse antes, mas ao mesmo tempo vivenciei um forte sentimento de profunda empatia com o paciente, pelo qual senti uma grande estima, um autêntico respeito e um sentimento de fraternidade.

E mais uma vez pensei nesse nosso trabalho, tão estranho e imprevisível, em que quase nunca podemos decidir o que nos caberá viver.

BIBLIOGRAFIA

Abbagnano N., *Dizionario di filosofia*, Utet, Torino 1993.

Abend S., *Countertransference, Empathy and the Analytic Ideal: the Impact of Life Stresses on Analytic Capability*, Psychoanal. Q., vol. 55, 363-75 (1986).

Ahumada J.L., *Sobre la vivencia inconciente del analista como «base»*, Psicoanálisis, vol. 6, 585-604 (1984).

Albarella C. e Donadio M. (a cura di), *Il controtransfert*, Liguori, Napoli 1986.

Argentieri S., *La malafede, nevrosi del nostro tempo*, Micromega, N. 2, 226-34 (1992).

Arlow J.A., *Some Technical Problems of Countertransference*, Psychoanal. Q., vol. 54, 164-74 (1985).

Baranès J.-J. e Sacco F. (a cura di), *Inventer en psychanalyse*, Dunod, Paris 2002.

Baranger M., *The Mind of the Analyst: from Listening to Interpretation*, Int. J. Psycho-Anal., vol. 74, 15-24 (1993).

Barnett M.A., King L.M. e Howard J.A., *Inducing Affect about Self or Other Effects on Generosity in Children*, Dev. Psychol., vol. 15, 164-67 (1979).

Basch M.F., *Empathic Understanding. A Review of the Concept and Some Theoretical Considerations*, J. am. psychoanal. Ass., vol. 31, 101-25 (1983).

Beres D. e Arlow J.A., *Fantasy and Identification in Empathy*, Psychoanal. Q., vol. 43, 26-50 (1974).

Berger D.M., *L'empatia clinica* (1987), Astrolabio, Roma 1989.

Berlincioni V. e Petrella F., *Note su «Per la critica della psicoanalisi» di Karl Jaspers*, Atque, N. 22 (maggio 2001).

Berti Ceroni G., *Molteplicità delle funzioni dello psicoanalista nella relazione analitica*, in Correale e Rinaldi (1997).

Bertolini G., Giannakoulas A., Hernandez M. e Molino T. (a cura di), *Squiggle and Spaces*, Rebus Press, London 1997.

Bezoari M. e Ferro A., *Percorsi nel campo bipersonale dell'analisi*, Riv. Psicoanal., vol. 37, 5-47 (1991).

Bion W.R., *Attacks on Links*, Int. J. Psycho-Anal., vol. 40 (1959) [trad. it. *Attacchi al legame*, in Bion (1962)].

– *Learning from Experience*, Heinemann, London 1962 [trad. it. *Apprendere dall'esperienza*, Armando, Roma 1972].
– *Second Thoughts*, Heinemann, London 1967 [trad. it. *Analisi degli schizofrenici e metodo psicoanalitico*, Armando, Roma 1970].
– *Attention and Interpretation: a Scientific Approach to Insight in Psycho-Analysis and Groups*, Tavistock, London 1970 [trad. it. *Attenzione e interpretazione*, Armando, Roma 1974].
Bleger J., *Simbiosis y Ambiguedad. Estudio psicoanalítico*, Paidós, Buenos Aires 1967.
Bollas C., *The Shadow of the Object*, Free Association Books, London 1987 [trad. it. *L'ombra dell'oggetto*, Borla, Roma 1989].
Bolognini S., *Empatia*. Relazione al Centro Veneto di Psicoanalisi (10 aprile 1984).
– *L'interpretazione partecipata: aspetti integrativi della relazione analista-paziente*, Gli Argonauti, N. 35, 289-99 (1987).
– *Modi tipici di funzionare psicoanaliticamente*, Riv. Psicoanal., vol. 36, 607-37 (1990).
– *Gli affetti dell'analista: analisi con l'Io e analisi col Sé*, Riv. Psicoanal., vol. 37, 339-71 (1991).
– *Transference: Erotized, Erotic, Loving, Affectionate*, Int. J. Psycho-Anal., vol. 75, 73-86 (1994a).
– *Il focolare analitico*, Psiche, vol. 3, 349-52 (1994b).
– *Condivisione e fraintendimento*, Riv. Psicoanal., vol. 41, 565-82 (1995).
– *Empatia e differenza* (1997a), in Sacerdoti e Racalbuto (1997).
– *Empatia e patologie gravi* (1997b), in Correale e Rinaldi (1997).
– *Empaty and Empathism*, Int. J. Psycho-Anal., vol. 78, 279-93 (1997c).
– *The «Kind-Hearted» versus the «Good» Analyst: Empathy and Hatred in Countertransference* (1997d), in Bertolini, Giannakoulas, Hernandez e Molino (1997).
– *Compartir y malentender* (1998).
– *A Look at the Analyst's Emotions. Obstacle and Asset*. Relazione al 41° Congresso IPA, Santiago, Cile, luglio 1999a.
– (a cura di), *Il sogno cento anni dopo*, Bollati Boringhieri, Torino 1999b.
– *L'Io precario di fine secolo*, Leggendaria, N. 17, 4-6 (1999c).
– *Tenere insieme la mente e il cervello* (2000a), in Borrelli (2000).
– *Vicissitudini contemporanee nell'uso di modelli psicoanalitici*. Relazione al Congresso internazionale «Quale psicoanalisi per la coppia e per la famiglia?», Napoli 1 dicembre 2000b.
– *Super-io fisiologico e sue vicissitudini contemporanee*. Relazione al Convegno italo-argentino «Insegnare e curare», Pavia 9 febbraio 2001.
– *The Analyst at Work: Two Sessions with Alba*, Int. J. Psycho-Anal. (2002a).
– *Dé-construire* (2002b), in Baranès e Sacco (2002).
– e Borghi L., *Nota storico-critica: empatia*, Riv. Psicoanal., vol. 35, 1077-99 (1989).
Bonaminio V., *Del non interpretare*, Riv. Psicoanal., vol. 3, 453-77 (1993).
– *La persona dell'analista*. Relazione al 1° British-Italian Scientific Dialogue, London 4 marzo 2001.
Bonino S., Lo Coco A. e Tani F., *Empatia. I processi di condivisione delle emozioni*, Giunti, Firenze 1998.
– e Giordanengo B., *L'empatia: condividere, ma non troppo*, Ric. Psicol., vol. 17, N. 3, 101-16 (1993).
Borgogno F., *Evoluzione della tecnica psicoanalitica. Un omaggio a Paula Heimann*, Riv. Psicoanal., vol. 38, 1047-72 (1992), in Borgogno (1999).

– *L'elasticità della tecnica come progetto e percorso analitico di Sándor Ferenczi*, Riv. Psicoanal., vol. 44, N. 4, 769-88 (1998), in Borgogno (1999).
– *Psicoanalisi come percorso*, Bollati Boringhieri, Torino 1999.
Borrelli F. (a cura di), *Pensare l'inconscio*, Edizioni «Il Manifesto», Roma 2000.
Bourguignon A. e altri, *Traduire Freud*, Presses Universitaires de France, Paris 1989.
Bouvet M., *La clinica psicoanalitica. La relazione oggettuale* (1956), in *A che punto è la psicoanalisi*, Casini, Roma 1969.
Brenner C., *Countertransference as Compromise Formation*, Psychoanal. Q., vol. 53, 155-63 (1985).
Brunacci R., Discussione del lavoro di S. Bolognini, *Condivisione e fraintendimento*, 10° Congresso nazionale SPI, Rimini 1994.
Buie D.H., *Empathy, Its Nature and Limitations*, J. am. psychoanal. Ass., vol. 29, 281-307 (1981).
Carloni G., *Tatto, contatto e tattica*, Riv. Psicoanal., vol. 30, N. 2, 191-205 (1984).
– *Sándor Ferenczi e la scuola ungherese* (1988), in Semi (1988a).
– *Lo stile materno*, Riv. Psicoanal., vol. 44, N. 4, 753-67 (1998).
Chianese D., *Costruzioni e campo analitico. Storia, scene e destino*, Borla, Roma 1997.
Cisotti V., *Introduzione agli «Inni alla notte» di Novalis*, Mondadori, Milano 1982.
Correale A., *Empatia e fondo psichico*, St. junghiani, vol. 5, N. 1, 27-45 (1999).
– e Rinaldi G. (a cura di), *Quale psicoanalisi per le psicosi?*, Cortina, Milano 1997.
De Benedetti Gaddini R., *Ambiente di nascita e sviluppo dell'empatia*. Relazione al Convegno «Il trauma della nascita», Milano 1984.
Deutsch H., *Occult Processes Occuring during Psychoanalysis* (1926), in Devereux (1953).
Devereux G. (a cura di), *Psychoanalysis and the Occult*, International Universities Press, New York 1953.
Di Benedetto A., *Controtransfert: sentire, ricreare, capire*, Riv. Psicoanal., vol. 37, 94-131 (1991).
– *Empatia e controtransfert*. Relazione al centro Psicoanalitico di Bologna (21 giugno 1996).
– *Sperimentare un pensiero che verrà*, Riv. Psicoanal., vol. 44, 5-22 (1998).
– *Prima della parola*, Angeli, Milano 2002.
Di Chiara G., *L'assetto mentale dello psicoanalista quale invariante tra terapia e conoscenza*. Relazione al 5° Congresso nazionale della Società Psicoanalitica Italiana, Roma 1982.
– *La tolleranza tra l'integrazioe e la disintegrazione*, in Sacerdoti e Racalbuto (1995).
Egidi Morpurgo V., *Alla ricerca dell'empatia psicoanalitica. Precursori e affini. Simpatia, compassione, affinità, imitazione, identificazione*. Relazione al 33° Convegno a Seminari multipli della SPI, Bologna 2 giugno 2001.
Eiguer A., *Un des traits spécifiques du dialogue analytique: l'imprévisibilité*, Psychanal. Europe, N. 41, 20-29 (1993).
Eisenberg E. (a cura di), *The Development of Prosocial Behavior*, Academic Press, New York 1982.
Emde R., *Moving a Head: Integrating Influences of Affective Processes for Development and for Psychoanalysis*, Int. J. Psycho-Anal., vol. 80, 317-40 (1999).
Engelhardt D. von, *Der metaphysische Krankeitsbegriff des deutschen Idealismus. Schellings und Hegels naturphilosophische Grundlegung*, in Seidler (1984).
– *L'etica medica nell'Ottocento tedesco*, Kos, vol. 76, 34-41 (1992).
Erikson E.H., *Childhood and Society*, Norton, New York 1963 [trad. it. *Infanzia e società*, Armando, Roma 1966].

Faimberg H. e Corel A., *Repetition and Surprise: a Clinical Approach to the Necessity of Construction and Its Validation*, Int. J. Psycho-Anal., vol. 71, 411-20 (1990).
Farber L.H., *The Therapeutic Despair*, Psychiat. J. St. interpers. Proc., vol. 21, 15-20 (1958).
Fenichel O., *Psychoanalytic Theory of Neurosis*, Norton, New York 1945 [trad. it. *Trattato di psicoanalisi delle nevrosi e delle psicosi*, Astrolabio, Roma 1951].
Ferenczi S., *Tecnica psicoanalitica* (1918), in *Fondamenti di psicoanalisi*, vol. 2, Guaraldi, Rimini 1974.
– *L'elasticità della tecnica psicoanalitica* (1928), in *Fondamenti di psicoanalisi*, vol. 3, Guaraldi, Rimini 1974.
Ferro A., *La tecnica della psicoanalisi infantile*, Cortina, Milano 1992.
– *Nella stanza d'analisi*, Cortina, Milano 1996.
– *La psicoanalisi come letteratura e come terapia*, Cortina, Milano 1999.
– *Fattori di malattia, fattori di guarigione*, Cortina, Milano 2002.
Feshbach N., *Sex Differences in Empathy and Social Behavior in Children*, in Eisenberg (1982).
– Caprara G.V., Lo Coco A., Pastorelli C., Manna G. e Menzes T., *Empathy and Its Correlates: Cross-Cultural Data from Italy*. Relazione allo 11° Biennal Meeting of the International Society for the Study of Behavioral Development, Minneapolis 1991.
Filippini S. e Ponsi M., *Enactment*, Riv. Psicoanal., vol. 39, 51-16 (1993).
Fine R., *A History of Psychoanalysis*, Columbia University Press, New York 1979 [trad. it. *Storia della psicoanalisi*, Boringhieri, Torino 1982].
Fliess R., *The Metapsychology of the Analyst*, Psychoanal. Q., vol. 11, 211-27 (1942).
– *Countertransference and Counteridentification*, J. am. psychoanal. Ass., vol. 1, 268-84 (1953).
Fonda P., *La fusionalità e i rapporti oggettuali*, Riv. Psicoanal., N. 3, 429-49 (2000).
Freud A. Per gli scritti di Anna Freud si fa riferimento all'edizione Boringhieri delle «Opere», in 3 volumi.
– *L'Io e i meccanismi di difesa* (1936). Vol. 1.
Freud S. Per gli scritti di Sigmund Freud, tranne dove diversamente indicato, si fa riferimento all'edizione Boringhieri delle «Opere», in 12 volumi.
– *Studi sull'isteria* (in collaborazione con J. Breuer) (1882-85). Vol. 1.
– *L'interpretazione dei sogni* (1899). Vol. 3.
– *Il motto di spirito e la sua relazione con l'inconscio* (1905). Vol. 5.
– *Il delirio e i sogni nella «Gradiva» di Wilhelm Jensen* (1906). Vol. 5.
– *Le prospettive future della terapia psicoanalitica* (1910). Vol. 6.
– *Consigli al medico nel trattamento psicoanalitico* (1912). Vol. 6.
– *Totem e tabù* (1912-13). Vol. 7.
– *Inizio del trattamento* (1913). Vol. 7.
– *Osservazioni sull'amore di traslazione* (1914). Vol. 7.
– *Metapsicologia* (1915). Vol. 8.
– *Introduzione alla psicoanalisi* (1915-17). Vol. 8.
– *Psicologia delle masse e analisi dell'Io* (1921). Vol. 9.
– *L'Io e l'Es* (1922). Vol. 9.
– *Inibizione, sintomo e angoscia* (1925). Vol. 10.
– *Introduzione alla psicoanalisi (nuova serie di lezioni)* (1932). Vol. 11.
– *Lettera a Groddeck* (1934). Vol. 11.

– *Analisi terminabile e interminabile* (1937). Vol. 11.
– *Lettere a Wilhelm Fliess 1887-1904*, Bollati Boringhieri, Torino 1991.
– *Lettere tra Freud e Jung*, Bollati Boringhieri, Torino 1991.
Fries M.E., *Problems of Communication between Therapist and Patients with Archaic Ego Functions*, J. Hillside Hosp., vol. 41, 136-60 (1968).
Gabbard G.O., *Psichiatria psicodinamica* (1990), Cortina, Milano 1992.
Gaddini E., *On Imitation*, Int. J. Psycho-Anal., vol. 50, 475-84 (1969).
Gambara A., *Stati affettivi perduranti nell'analista: la «situazione globale» del controtransfert*. Relazione al 9° Congresso nazionale SPI, Saint Vincent 1990.
Giaconia G., Pellizzari G. e Rossi P., *Nuovi fondamenti per la tecnica psicoanalitica*, Borla, Roma 1997.
Giannakoulas A., *Il paziente difficile. The Borderline Engagement*. Relazione al Centro Psicoanalitico di Bologna (27 febbraio 1996).
– *Empatia. Considerazioni cliniche*. Relazione al Seminario AIPSI, Roma 20 gennaio 2002.
Gitelson M., *The Emotional Position of the Analyst in the Psychoanalytic Situation*, Int. J. Psycho-Anal., vol. 33, 1-10 (1952).
Goldberg A., *The Psychology of the Self. A Casebook*, International Universities Press, New York 1978.
Greenson R.R., *The Struggle against Identification* (1954) [trad. it. *La lotta contro l'identificazione*, in Greenson (1978)].
– *Empathy and Its Vicissitudes* (1960) [trad. it. *L'empatia e le sue vicissitudini*, in Greenson (1978)].
– *That «Impossible» Profession* (1966) [trad. it. *Questa professione «impossibile»*, in Greenson (1978)].
– *Transference: Freud or Klein?* (1974) [trad. it. *Transfert: Freud o Melanie Klein?*, in Greenson (1978)].
– *Explorations in Psychoanalysis*, International Universities Press, New York 1978 [trad. it. *Esplorazioni psicoanalitiche*, Bollati Boringhieri, Torino 1999].
Grinberg L., Sor D. e Tabak de Bianchedi E., *Introduzione al pensiero di Bion* (1972), Armando, Roma 1975.
Groddeck G., *Carteggio Freud-Groddeck, 1917-1934*, Adelphi, Milano 1973.
Grotstein J., *Scissione e identificazione proiettiva* (1981), Astrolabio, Roma 1983.
– *Projective Identification and Countertransference. Brief Commentary on the Relationship*, Contemp. Psychoanal., vol. 30, 578-92 (1994).
Heimann P., *On Countertransference*, Int. J. Psycho-Anal., vol. 31, 81-84 (1950) [trad. it. *Il controtransfert*, in Heimann (1989)].
– *About Children and Children no-longer*, Tavistock-Routledge, London 1989 [trad. it. *Bambini e non più bambini*, Borla, Roma 1992].
Hinshelwood R.D., *Dizionario di psicoanalisi kleiniana* (1989), Cortina, Milano 1990.
Holmes J., *John Bowlby and Attachment Theory*, Routledge, London 1993.
Hufeland C.W., *Über Sympathie* (1811), in Engelhardt (1984).
Jaspers K., *Allgemeine Psychopathologie* (1913) [trad. it. *Psicopatologia generale*, Il Pensiero Scientifico, Roma 1964].
Jogan E., *Commento allo scritto di S. Spazàl «Empatia e controtransfert come parti costitutive della comprensione analitica»*. Relazione al Centro Veneto di Psicoanalisi (12 ottobre 1990).

Jones E., *The Life and Work of Sigmund Freud*, 3 voll., Basic Books, New York 1957 [trad. it. *Vita e opere di Freud*, Il Saggiatore, Milano 1962].
Kamla H., *Novalis Hymnen an die Nacht* (1945), in Cisotti (1982).
Kelman H., *On Resonant Cognition*, Int. Rev. Psychoanal., vol. 14, 111-24 (1987).
Kernberg O.F., *Borderline Syndromes and Pathological Narcissism* (1975) [trad. it. *Sindromi marginali e narcisismo patologico*, Boringhieri, Torino 1978].
– *Proiezione e identificazione proiettiva: aspetti evolutivi e clinici*, in Sandler (1988).
– *Psychodynamic Psychotherapy of Borderline Patients*, Basic Books, New York 1989.
– *Convergences and Divergences in Contemporary Psychoanalytic Technique*, Int. J. Psycho-Anal., vol. 14, 659-73 (1993).
Kiersky S. e Beebe B., *The Reconstruction of Early Nonverbal Relatedness in the Treatment of Difficult Patients: a Special Form of Empathy*, Psychoanal. Dialogues, vol. 4, 389-498 (1994).
Klein M., *Notes on Some Schizoid Mechanisms* (1946) [trad. it. *Note su alcuni meccanismi schizoidi*, in Klein (1921-58)].
– *On Identification* [trad. it. *Sull'identificazione*, in Klein, Heimann e Money-Kyrle (1955)].
– *Il nostro mondo adulto e le sue radici nell'infanzia* (1959), in *Il nostro mondo adulto e altri saggi*, Martinelli, Firenze 1972.
– *Scritti 1921-1958*, Boringhieri, Torino 1978.
– Heimann P. e Money-Kyrle R. (a cura di), *New Directions in Psycho-Analysis*, Tavistock, London 1955 [trad. it. *Nuove vie della psicoanalisi*, Il Saggiatore, Milano 1966].
Kohut H., *Introspection, Empathy and Psychoanalysis: an Examination of the Relationship between Mode of Observation and Theory* (1959) [trad. it. *Introspezione, empatia e psicoanalisi*, in Kohut (1984)].
– *The Analysis of the Self*, International Universities Press, New York 1971 [trad. it. *Narcisismo e analisi del Sé*, Boringhieri, Torino 1975].
– *The Restoration of the Self*, International Universities Press, New York 1977 [trad. it. *La guarigione del Sé*, Boringhieri, Torino 1980].
– *How Does Analysis Cure?*, University of Chicago Press, Chicago 1984 [trad. it. *La cura psicoanalitica*, Boringhieri, Torino 1986].
Kris E., *Ricerche psicoanalitiche sull'arte* (1952), Einaudi, Torino 1973.
Laplanche J. e Pontalis J.-B., *Vocabulaire de la psychanalyse*, Presses Universitaires de France, Paris 1967 [trad. it. *Enciclopedia della psicanalisi*, Laterza, Bari 1968].
Lichtenberg J.D., Lachmann F.M. e Fosshage J.L., *Self and Motivational Systems: toward a Theory of Psychoanalytic Technique*, Analytic Press, Hillsdale 1992.
Lipps T., *Das Wissen from fremden Ichen*, Psychol. Unt., vol. 4, 494-722 (1905).
– *Aesthetik: Psychologie des Schönen und der Kunst*, vol. 2, *Die aesthetische Betrachtung und die bildende Kunst*, Voss, Hamburg 1906.
Lopez D., *Al di là della follia, al di là della saggezza*, Guaraldi, Firenze 1976.
McDougall J., *Winnicott Fifty Years ago*. Relazione al Congresso internazionale «Winnicott nel 2000», Università di Milano-Bicocca, 18 novembre 2000.
Milella M., *Autorappresentazione: autoreferenzialità ed incontro*. Relazione al 9° Colloquio italo-francese, Bologna 24 novembre 2001.
Milner M., *Il ruolo dell'illusione nella formazione del simbolo* (1952), in Klein, Heimann e Money-Kyrle (1955).
Mitchell S.A., *Influence and Autonomy in Psychoanalysis*, Analytic Press, Hillsdale 1993 [trad. it. *Influenza e autonomia in psicoanalisi*, Bollati Boringhieri, Torino 1999].
– e Aron L. (a cura di), *Relational Psychoanalysis: the Emergence of a Tradition*, Analytic

Press, Hillsdale 1999 [trad. it. *Psicoanalisi relazionale*, vol. 1, *L'intersoggettività nell'esperienza clinica*, Bollati Boringhieri, Torino 2002].

Modell A.H., *Other Times, Other Realities. Toward a Theory of Psychoanalytic Treatment*, Harvard University Press, Cambridge, Mass. 1990 [trad. it. *Per una teoria del trattamento psicoanalitico*, Cortina, Milano 1994].

Money-Kyrle R., *Psychoanalysis and Politics*, Duckworth, London 1951 [trad. it. *Psicoanalisi e politica*, Loescher, Torino 1982].

– *Normal Countertransference and Some of Its Deviations* (1956) [trad. it. *Il controtransfert normale e alcune sue deviazioni*, in Money-Kyrle (1978)].

– *Cognitive Development* (1968) [trad. it. *Lo sviluppo cognitivo*, in Money-Kyrle (1978)].

– *Papers 1927-1977*, Clunie Press, Pertshire 1978 [trad. it. *Scritti 1927-1977*, Bollati Boringhieri, Torino 2002].

Muller J.P., *Beyond the Psychoanalytic Dyad*, Routledge, New York 1996.

Neri C., Pallier L., Petacchi G., Soavi G.C. e Tagliacozzo R., *Fusionalità*, Borla, Roma 1990.

Novalis (F.C. von Hardenberg), *I discepoli a Sais*, Rusconi, Milano 1998.

Olden C., *Notes on the Development of Empathy*, Psychoanal. St. Child, vol. 13, 505-18 (1958).

Orange D., *Emotional Understanding*, Guilford, New York 1995.

Pao P.N., *Schizophrenic Disorders*, International Universities Press, New York 1979 [trad. it. *Disturbi schizofrenici*, Cortina, Milano 1984].

– *Therapeutic Empathy in the Schizophrenic. Empathy II*, Analytic Press, Hillsdale 1984.

Pasquali G., *L'empatia e la clinica*. Relazione al Congresso internazionale «Lo psiche-soma», Milano aprile 1997.

Petrella F., *Percezione endopsichica/fenomeno funzionale*, Riv. Psicoanal., vol. 39, 101-20 (1993).

Pick I., *Working-through in the Countertransference*, Int. J. Psycho-Anal., vol. 66, 157-66 (1985).

Pigman G.W., *Freud and the History of Empathy*, Int. J. Psycho-Anal., vol. 76, 237-54 (1995).

Post S.L., *Origins, Elements and Functions of Therapeutic Empathy*, Int. J. Psycho-Anal., vol. 61, 277-93 (1980).

Racalbuto A., *Tra il fare e il dire. L'esperienza dell'inconscio e del non verbale in psicoanalisi*, Cortina, Milano 1994.

Racker H., *A Contribution to the Problem of Countertransference*, Int. J. Psycho-Anal., vol. 34, 313-24 (1953).

– *Il significato e l'impiego del controtransfert* (1957), in Racker (1968).

– *Countertransference and Interpretation*, J. am. psychoanal. Ass., vol. 6, 215-21 (1958).

– *Transference and Countertransference*, International Universities Press, New York 1968 [trad. it. *Studi sulla tecnica psicoanalitica*, Armando, Roma 1970].

Reich A., *On Countertransference* (1951) [trad. it. *Il controtransfert*, in Albarella e Donadio (1987)].

– *On Countertransference*, Int. J. Psycho-Anal., vol. 41, 389-95 (1960).

Renik O., *Analytic Interaction: Conceptualizing Technique in Light of the Analyst's Irreducible Subjectivity*, Psychoanal. Q., vol. 62, 553-71 (1993) [trad. it. *L'interazione psicoanalitica: la concettualizzazione della tecnica alla luce dell'irriducibile soggettività dell'analista*, in Mitchell e Aron (1999)].

Riolo F., *Sogno e teoria della conoscenza in psicoanalisi*, Riv. Psicoanal., vol. 29, N. 3 (1983).

Rosenfeld H., *Psychotic States* (1965) [trad. it. *Stati psicotici*, Armando, Roma 1973].
– *The Importance of Projective Identification in the Ego Structure and the Object Relations of the Psychotic States*. Relazione allo International Colloquium on Psychoses, Montreal novembre 1969.
– *A Clinical Approach to the Psychoanalytic Theory of the Life and Death Instincts: an Investigation into the Aggressive Aspects of Narcissism*, Int. J. Psycho-Anal., vol. 52, 169-78 (1971).
– *A Discussion of the Paper by Ralph Greenson on «Transference: Freud or Klein?»*, Int. J. Psycho-Anal., vol. 55 (1974).
– *Impasse and Interpretation*, Tavistock, London 1987 [trad. it. *Comunicazione e interpretazione*, Bollati Boringhieri, Torino 1989].
Ruggiero L., *Nevrosi e salute psichica. La nevrosi ossessiva e la psicologia del Sé*, Lombardo, Roma 1996.
Rumi M., *Sentire insieme. Evoluzione del concetto di empatia in psicoanalisi*. Tesi di laurea, Università di Padova 2000.
– *L'empatia psicoanalitica dalle origini ai nostri giorni*, Psichiat. gen. Età evol., vol. 39, N. 1 (2002).
Rupp P., *La disperazione dello psicoanalista* (1954), Marsilio, Padova 1974.
Russo L., *L'Io, il doppio, il rivale*. Relazione al 9° Colloquio italo-francese, Bologna 25 novembre 2001.
Sacerdoti G. e Racalbuto A. (a cura di), *Tolleranza e intolleranza*, Bollati Boringhieri, Torino 1995.
– – (a cura di), *Differenza, indifferenza, differimento*, Dunod, Milano 1997.
Sandler J., *Controtransfert e risonanze di ruolo* (1976), in Albarella e Donadio (1986).
– *Projection, Identification, Projective Identification*, International Universities Press, New York 1988 [trad. it. *Proiezione, identificazione, identificazione proiettiva*, Bollati Boringhieri, Torino 1988].
– *On Communication from Patient to Analyst: not everything Is Projective Identification*, Int. J. Psycho-Anal., vol. 74, 1097-117 (1993).
– e Sandler A.-M., *The Past Unconscious, the Present Unconscious, and the Vicissitudes of Guilt*, Int. J. Psycho-Anal., vol. 68, 331-42 (1987).
Schafer R., *Generative Empathy in the Treatment Situation*, Psychoanal. Q., vol. 28, 342-73 (1959).
– *Aspects of Internalization*, International Universities Press, New York 1968.
– *The Psychoanalytic Vision of Reality*, in *A New Language for Psychoanalysis*, Yale University Press, New York 1970.
– *The Analytic Attitude*, Basic Books, New York 1983 [trad. it. *L'atteggiamento analitico*, Feltrinelli, Milano 1984].
Schlesinger H.J., *How the Analyst Listens: the Pre-Stage of Interpretation*, Int. J. Psycho-Anal., vol. 75, 31-38 (1994).
Schmidt G., *Mirror Image and Therapy*, Peter Lang, Bern 2001.
Schubert G.H., *Briefe über das Studium der Medizin* (1805), in Engelhardt (1984).
Searles H.F., *Countertransference and Related Subjects*, International Universities Press, New York 1979 [trad. it. *Il controtransfert*, Bollati Boringhieri, Torino 1994].
Seidler E. (a cura di), *Medizinische Anthropologie*, Berlin 1984.
Semi A.A., *Tecnica del colloquio*, Cortina, Milano 1985.
– (a cura di), *Trattato di psicoanalisi*, vol. 1, Cortina, Milano 1988a.
– *La funzione delle teorie e delle differenze teoriche in psicoanalisi* (1988b), in Semi (1988a).
– *Il transfert nell'ottica freudiana: una nota*, Riv. Psicoanal., vol. 44, 319-28 (1998).

Semrad E.V., *Teaching Psychotherapy of Psychotic Patients*, Grune & Stratton, New York 1969.

Simon B., *Confluence of Visual Image between Patient and Analyst: Communication of Failed Communication*, Psychoanal. Inq., vol. 1 (1981).

Smith H.F., *Analytic Listening and the Experience of Surprise*, Int. J. Psycho-Anal., vol. 76, 67-78 (1995).

Solan R., *«Jointness» as Integration of Merging and Separateness in Object Relations and Narcissism*, Psychoanal. St. Child, vol. 46, 337-52 (1991).

Spazàl S., *Empatia e controtransfert come parti costitutive della comprensione psicoanalitica*. Relazione all'Incontro Intercentri veneto-emiliano, Padova 10 marzo 1990.

Spezzano C., *The Triangle of Clinical Judgement*, J. am. psychoanal. Ass., vol. 2, 365-88 (1998).

Stein E., *Il problema dell'empatia* (1917), Studium, Milano 1985.

Stern D.N., *The Interpersonal World of the Infant*, Basic Books, New York 1985 [trad. it. *Il mondo interpersonale del bambino*, Bollati Boringhieri, Torino 1987].

Strayer J., *Children's Concordant Emotions and Cognitions in Response to Observed Emotions*, Child Dev., vol. 64, 188-2001 (1993).

Strenger C., *The Classic and the Romantic Vision in Psychoanalysis*, Int. J. Psycho-Anal., vol. 70, 593-610 (1989).

Titchener E., *Experimental Psychology of the Thought Processes*, McMillan, New York 1909.

Tuch R.H., *Beyond Empathy: Confronting Certain Complexities in Self Psychology Theory*, Psychoanal. Q., vol. 66, 259-82 (1997).

Turillazzi Manfredi S., *Le certezze perdute della psicoanalisi clinica*, Cortina, Milano 1994.

Underwood B., Froming W.G. e Moore B.S., *Mood, Attention and Altruism: a Search for Mediating Variables*, Dev. Psychol., vol. 13, 541 sg. (1977).

Viederman M., *The Real Person of the Analyst and His Role in the Process of Psychoanalytic Cure*, J. am. psychoanal. Ass., vol. 39, 451-89 (1991).

Vischer T., *Aesthetik oder Wissenschaft der Schönen* (1846).

Wallerstein R.S., *One Psychoanalysis or Many?*, Int. J. Psycho-Anal., vol. 69, 5-21 (1988).

Weiss E., *Sigmund Freud as a Consultant* (1970) [trad. it. *Sigmund Freud come consulente*, Astrolabio, Roma 1971].

Widlöcher D., *The Treatment of Affects: an Interdisciplinary Issue*, Psychoanal. Q., vol. 70, 243-64 (2001).

Winnicott D.W., *Hate in the Counter-Transference* (1947) [trad. it. *L'odio nel controtransfert*, in Winnicott (1958)].

– *From Paediatrics to Psycho-Analysis* (1958) [trad. it. *Dalla pediatria alla psicoanalisi*, Martinelli, Firenze 1975].

– *The Maturational Processes and the Facilitating Environment*, Hogarth Press, London 1965 [trad. it. *Sviluppo affettivo e ambiente*, Armando, Roma 1970].

– *Playing and Reality*, Tavistock, London 1971 [trad. it. *Gioco e realtà*, Armando, Roma 1974].

Wisdom J.O., *A Methodological Approach to the Problem of Hystery*, Int. J. Psycho-Anal., vol. 42, 224-37 (1961).

Zucchini G., *Psicoanalisi e sogno: clinica e teoria* (1989).

SIMPLICIDADE E COMPLEXIDADE

Posfácio *Vincenzo Bonaminio*

"*O sentido da complexidade da vida mental*": é a esta a expressão de Stefano Bolognini- que, como eu, o leitor terá encontrado muitas vezes, sobretudo nas últimas páginas deste livro- expressão a que pretendo referir-me, para manifestar, *depois* da leitura, uma impressão pessoal que foi ganhando pregnância à medida que eu avançava na leitura dos capítulos e parágrafos, por meio das conceitualizações e relatos clínicos, e que finalmente encontrou nessa expressão uma formulação explícita, precisa, inequívoca.

Complexidade da vida mental e *simplicidade* do sentimento de empatia; essa complexidade que Bolognini nunca perde de vista e que o leitor consegue perceber seguindo um percurso articulado dentro do pensamento psicanalítico (sua história, suas aquisições clínicas e teóricas, seus desenvolvimentos atuais), através do qual o autor o conduz, contrasta desde o início, com a simplicidade da empatia e com a imediatez com que podemos percebê-la dentro de nós como fenômeno emergente da vida cotidiana, e que nos dá a sensação de compreender profundamente o outro, o nosso semelhante. Surpreendentemente ela nos dá a "prova" disso, mesmo quando esse outro nos parece tão diferente de nós: *nihil humani mihi alienum puto,*[1] como o autor muitas vezes recorda, recorrendo à citação desse famoso verso de Te-

[1] N.T.: *Nada que é humano me é desconhecido*

rêncio para enfatizar que a empatia não é apenas compartilhar sentimentos bons e agradáveis para nós.

Bolognini "toma", por assim dizer, este *simples sentimento* (mais "simples" que muitos outros por ser ocasional, instantâneo e fugaz) e, inserindo-se como autor nesse variado filão de conceitualizações psicanalíticas que partem das observações iniciais e colaterais de Freud, dedica-lhes uma atenção crescente, e o "posiciona" na complexa rede de experiências psíquicas desde o inconsciente, através do pré-consciente, até à consciência: uma rede feita de obstáculos e cesuras e, ao mesmo tempo, permeada pelo fluxo contínuo e incessante do "trabalho do inconsciente". Correlatamente, com originalidade de abordagem e reflexão, Bolognini posiciona essa noção em um emaranhado de conceitos psicanalíticos, às vezes difíceis de desembaraçar, e que foram sendo estratificados para poder descrevê-la.

Ao término da leitura deste livro, percebemos que não fomos poupados de nenhum sentido de complexidade: nem da complexidade da vida mental, nem tampouco de sua descrição conceitual e teórica por meio de conceitos e noções que todos desejaríamos que fossem mais claros, mesmo que não necessariamente mais simples, mas mais precisas em sua capacidade de descrever e delinear os limites de uma experiência psíquica. Este anseio, da descrição física, galilêica, ou anatômica, da precisão da cartografia detalhada, que se afirma dentro de nós, ou se instala solidamente em grandes tendências da psicanálise contemporânea, porque pode tornar-se intolerável a inevitável, embora germinativa, aproximação da descrição e da linguagem metafórica.

No que diz respeito aos assim chamados "modelos teóricos" veja-se, por exemplo, o recente entusiasmo pela união "psicanálise-teoria do apego" (do qual é herdeira a recorrente referência contemporânea à "memória processual") ou, melhor, a reformulação reducionista da primeira em termos da segunda, em troca de um suposto ganho de clareza, possibilidade de confrontação com outras disciplinas e maleabilidade em termos de investigação, sem considerar que o mesmo "apego" é uma metáfora para descrever uma interação e não apenas um comportamento *empiricamente observável.* A objetividade do modelo pulsional "do século 19" (de cuja legítima crítica nasceu a teoria do apego de Bowlby) se apresenta tal qual em certas descrições dos teóricos do apego em que o terapêuta "vivissecciona" os "estilos" de relação, (outra metáfora) como se ele não ocupasse nenhuma outra posição a não ser aquela de "observador objetivo", com a mesma disposição de "frieza cirúrgica" que foi censurada na famosa metáfora de Freud, mas tirando-lhe precisamente seu valor metafórico. Esse terapeuta do apego, ao contrário, disporia com desenvoltura, de "saídas" e "entradas" maternas para verificar, com base no mesmo protocolo, as reações da "criança observada", em nome da "*strange situation*": verdadeiramente uma situação estranha, que produz estranheza.

A empatia, ao contrário, é a "*capacidade de estar lá onde o outro está*", a disponibilidade e a receptividade do analista para reconhecer, dentro de si, o mesmo sentimento que seu analisando está experimentando naquele momento. Uma linguagem, a da psicanálise, que não pode deixar de ser metafórica para conotar a infinita capacidade da mente humana de usar a metáfora e o símbolo para expressar a realidade psíquica. *Empatia*: sentir "dentro". Mas, "dentro" de onde? "Dentro" de nós: por que temos um "dentro"? E o "fora" então, qual é? Mas, não experimentamos o sentimento de empatia "fora", isto é, no "espaço" de relação com o outro, ou seja, "dentro" desse "espaço"? Mas então, esse sentimento está "dentro" ou "fora"? E não seriam "dentro" e "fora" metáforas corporais, exatamente como a metáfora é o "espaço" psíquico ou interpessoal que não podemos descrever a não ser pela alusão, apoiando-nos em um conceito da geometria?

No plano individual, ao escrever esse livro, ao desenvolver esse tema, Bolognini não deu espaço para esse "desejo simplificador" ao qual me referi acima: não caiu na armadilha de simplificar o conceito porque o sentimento de empatia é (aparentemente) simples e imediato; nem tampouco se deixou seduzir por ele, colocando-o no centro da experiência psicanalítica, como pode acontecer quando por amor e curiosidade científica se escolhe um "fato selecionado". Bolognini colocou a empatia no centro de suas investigações e de sua exploração, mas o percurso crítico que nos propôs não a tornou "mais importante" que todo o resto, isto é, o vértice de toda e qualquer conceitualização; ele simplesmente nos mostra criticamente suas ligações, suas superposições com outros conceitos, seus limites clínicos e sua utilidade, mas também seus riscos; mostra-nos sobretudo com clareza a *impossibilidade de decidirmos ser empáticos*, como uma atitude em relação ao outro. Esta posição, desenvolvida com articulação e profundidade de reflexão, deu a

Bolognini, no que diz respeito a esse tema, uma escuta e um reconhecimento no cenário internacional do debate psicanalítico contemporâneo. Gostaria de insistir sobre essa posição de Bolognini a propósito da impossibilidade de decidirmos ser autenticamente empáticos e do possível desvio para o "empatismo", porque essa me parece ser uma de suas mais preciosas contribuições, que promete posteriores desenvolvimentos clínicos.

O ponto de partida de Bolognini nesse percurso é eminentemente clínico: como ele mesmo deixa claro desde o início, e demonstra a cada passo, mantendo firme o timão durante a navegação, seu interesse pelo tema da empatia em psicanálise está ligado à experiência clínica de "ter podido desfrutar, em alguns raros e privilegiados momentos, de uma feliz conjuntura de afeto, fantasia e pensamento tal, que permitiu" a ele, como analista, e a seu analisando, "compreender bem e profundamente o que estava ocorrendo". Esta definição de empatia que surge tão precocemente no livro é uma definição satisfatória: *satisfatória* porque está articulada em múltiplas direções clínicas.

Pessoalmente, acredito que essa via de acesso *clínico* ao tratamento de qualquer tema psicanalític*o* é absolutamente indispensável, se não quisermos dar à psicanálise uma conotação de mero exercício intelectual, porque é na clínica, isto é, no cenário terapêutico da relação analista-analisando, onde nasce e adquire sentido todo conceito psicanalítico. Bolognini, a meu ver, nos mostra com eficácia como foi essa conotação que tornou o conceito de empatia e a experiência empática não merecedores de atenção por parte de amplos setores do pensamento psicanalítico, por estar supostamente fora da linguagem codificada metapsicológica de Freud..

Mostrando ao leitor, ao contrário, quão presente está este conceito na terminologia freudiana, Bolognini o faz descobrir, sobretudo, a viçosa riqueza deste ramo aparentemente colateral da árvore psicanalítica, sobre o qual vários autores clássicos já haviam feito uma multiplicidade de aportes, descrevendo e discutindo a experiência empática, até o momento em que o trabalho de Kohut colocou-a prepotentemente no centro da função psicanalítica, com efeitos que, independentemente de aderirmos ou não à sua abordagem, difundiram-se por propagação na teoria da técnica e, mais em geral, na atenção que o analista deve necessariamente ter para com *o estado do self do paciente,* a cada momento.

Acredito também que na reconstrução histórica do conceito (que, se quisermos, pode ser considerada a parte mais *importante* do livro todo, por seu inevitável caráter sistematizador), Bolognini ainda oferece uma contribuição notável ao leitor e, mais em geral, ao tema, pelo modo como foi capaz de organizar os vários aportes de maneira seletivamente significativa, e que reflete suas inclinações pessoais, clínicas e conceituais no âmbito da psicanálise contemporânea, a qual não está absolutamente "em crise", como é descrito frequentemente, mas ao contrário está viva e *forte* em sua complexidade, que reproduz a complexidade da vida psíquica que pretende descrever, *para poder cuidar.*

Como escreve Bolognini em várias ocasiões, e especialmente como nos mostra com clareza, "a Psicanálise moderna é extremamente ampla e estimulante e, se dispusermos de uma sólida formação cultural de base e de um vívido instinto subjetivo de investigação, pode nos conduzir a descobertas surpreendentes". Por certo não é surpreendente o *valor terapêutico* da Psicanálise, mas é saudável descobrir e constatar, ao ler este livro, que é esta vertente terapêutica e clínica da psicanálise que Bolognini mantém sempre presente como ponto de referência ao tratar da empatia que, por sua simplicidade e imediatez experiencial, pode ser facilmente esmagada pelo equívoco de ser considerada como "*uma disposição humana natural*" e *naturalmente* terapêutica, e por isso mesmo liquidada como inútil, porque os "verdadeiros" fatores terapêuticos da cura residiriam em outro lugar, ou ou mesmo outra "vertente", simplistamente considerada como "verdadeira" e "autêntica".

Tomarei em consideração uma perspectiva posterior, que, no meu modo de ver, emerge deste trabalho de Bolognini, e que penso estar estreitamente conectada ao que acabo de destacar. Neste livro, a parte inicial da reconstrução histórica da noção e do conceito de empatia em psicanálise, não só tem a função de traçar oportunamente as coordenadas de referência teórica dentro das quais se desenvolve sua indagação, mas também tem a tarefa de introduzir o leitor, de acompanhá-lo na parte clínica (essa que pessoalmente considero de maior valor) porque nos permite ver de modo direto "o analista trabalhando"; neste caso, esse analista é o próprio Bolognini, em primeira pessoa, quem nos oferece *um ponto de vista interno* a respeito de seus processos de pensamento, de suas disposições afetivas em relação ao analisando, de suas escolhas técnicas, de seus erros, e de suas correções de rota, das idas e vindas, de seu repensar as "idéias" do analisando. O "analista trabalhando" colocou à nossa disposição, em outros termos, a complexidade dos acontecimentos da sessão entre ele e o analisando, uma complexidade insaturada, pois muitos desses acontecimentos permanecem sem forma, "marginais", inaccessíveis à *representabilidade*. Trata-se, essencialmente, dessa complexidade de processos e acontecimentos que ele, analista, foi capaz de "reconstruir" até esse momento: veja-se, entre eles, por seu valor como exemplo (certamente não o único), sua breve exposição "a posteriori" sobre o significado do *micro-acting* do "esmagamento" da traça" na experiência psicanalítica com a extenuante paciente M.

Parece existir, na indagação proposta por Bolognini, um positivo e frutífero isomorfismo entre a reconstrução histórica do conceito que ele examina e sua função de introduzir as coordenadas do discurso clínico que é proposto na segunda parte do livro, por um lado, *e* por outro, a reconstrução dos acontecimentos da sessão e a função de sustentação da complexidade que ela desempenha no plano da pura atualidade do que se verifica entre analisando e analista.

Voltando à impressão inicial do sentido da "complexidade da vida mental" que Bolognini nos oferece com este livro, penso ser digno de nota o fato de que o autor tenha sabido dar espaço à "reconstrução histórica" de suas idéias e de suas emoções *sobre* o paciente, não apenas na escrita do caso, mas também no modo como opera "ao abrir caminho", enquanto o paciente fala ou cala, narra ou associa livremente, sente emoções reconhecíveis e compartilháveis, ou está em uma retirada muda e desértica.

Correlativamente e de forma significativa, Bolognini abre espaço em suas narrativas clínicas para a história do paciente: não a "*anula*" na transferência, ou na relação, como pura narrativa, mas me parece considerar a transferência como sendo esse cenário, no teatro de cada sessão e do processo psicanalítico como um todo, que envolve e delineia a multiplicidade das experiências passadas do analisando, e como elas foram se estratificando e sedimentando na linguagem de seu *self* e das experiências atuais, que se conjugam na relação com o analista, que é potencialmente transformadora.

Nesse jogo complexo, nos diz Bolognini, a empatia do analista tem, sem dúvida, um papel organizador, mas não pode ser tomada como certa, nem tampouco ser assumida como decisão "técnica". Em sua imediatez de acontecimento emergente e ocasional, na realidade a empatia é um fenômeno complexo que "pesca no inconsciente", para retomar uma das metáforas que o autor nos propõe, e assinala um trânsito de emoções, afetos e pensamentos de um sujeito a outro. Surge como o resultado de um processo que podemos reconstruir, ou, se quisermos, inferir, como nos mostra eficientemente o autor, segundo coordenadas diferentes e correlatas: empatia e contratransferência, empatia e capacidade de compartilhar, empatia e inconsciente, e empatia e fusionalidade. Com a mesma rapidez, aparece e desaparece a empatia, deixando, entretanto, sedimentos que podemos reconstruir e utilizar em acontecimentos posteriores, que serão de alguma forma transformados.

Se eu precisasse "localizar" Bolognini, em seu trabalho de "posicionar" a empatia na complexidade da vida psíquica e no contexto de complexidade da psicanálise contemporânea, eu o colocaria em um *classicismo pós-moderno.*

Para ser mais explícito e documentar minha opinião: ao "classicismo" de Bolognini eu associaria sua atenção, já citada e valorizada, pela dimensão "reconstrutiva" inserida no processo psicanalítico, e sua ligação decidida e clinicamente convincente com essa abordagem "que é historicamente clássica na conceitualização psicanalítica, ou seja, a que nos leva a reconhecer as raízes de muitas configurações e funções psíquicas nas equivalentes relações somáticas de base entre os seres humanos". Ao "pós-moderno" eu acrescentaria a evidente e "depressiva" consciência de Bolognini de que não é a **verdade** que o analista faz o paciente descobrir, desvelando seu inconsciente, mas sim a verdade de si próprio que o paciente investiga na relação com o analista que, trabalhando arduamente *talvez* possa ajudá-lo a descobrir; que a empatia, como meio "técnico" de domínio mais ou menos fácil é uma *ilusão*, mas *uma ilusão* potencialmente *criativa*; isto, Bolognini não nos diz claramente, mas lhe atribuo eu, winicottianamente.

Do meu ponto de vista, "classicismo pós-moderno" é, portanto, um elogio, mas eu não tenho certeza de que o autor aprecie esta definição de seu *self* psicanalítico, definição que eu mesmo considero, de alguma forma, aprisionadora da vitalidade do nosso trabalho clínico e terapêutico.

NOTA DA EQUIPE DE TRADUÇÃO PARA O PORTUGUÊS

Traduzir uma obra literária é uma tarefa difícil e que exige conhecimento das letras e do assunto. Para confeccionar esta tarefa, montamos um grupo de pessoas que trabalham com Psicanálise e que se interessaram pelas idéias do autor. Constituímos com estas pessoas um Grupo de Estudos onde durante dois anos discutimos os termos e os conceitos propostos por Bolognini na tentativa de uniformizar a redação e ao mesmo tempo respeitar o estilo do autor. Este trabalho gerou uma infinidade de contatos com o autor e um minucioso esclarecimento que esperamos possa estar contido no conjunto da tradução. Como não somos profissionais das letras, fizemos o melhor possível, e dessa forma solicitamos ao leitor que nos perdoe por erros e ou distorções. Aceitamos de bom grato qualquer forma de correção.

Ana Maria Stucchi Vannucchi (coordenadora da tradução)
Edoarda Anna Giuditta Paron Radvany
Ester Hadassa Sandler
Ester Zita Botelho
Francesca Maria Ricci
Luciana Gentilezza

Nilde Jacob Parada Franch (revisão e coordenação geral)

Companhia de Freud
editora

OBRAS PUBLICADAS

Alô, Lacan? — É claro que não.	*Jean Allouch*
"Inseto"	*Claire Castillon*
A Anatomia da Terceira Pessoa	*Guy Le Gaufey*
A Angústia e o Desejo do Ouro	*Diana Rabinovich*
A Arte de Reduzir as Cabeças	*Dany-Robert Dufour*
A Clínica da Identificação	*Clara Cruglak*
A Clínica do Escrito	*Jean Allouch*
A Criança Adotiva	*Nazir Hamad*
A Criança na Clínica Psicanalítica	*Angela Vorcaro*
A Crise de Adolescência	*Octave Mannoni e outros*
A Crueldade no Feminino	*Sophie de Mijolla-Mellor*
A Descoberta de João	*Marcelo Pio da Costa*
A Equação do Sonhos	*Gisèle Chaboudez*
A Erótica do Luto	*Jean Allouch*
A Escola do Sujeito	*Claude Dumézil*
A Escritura Psicótica	*Marcelo Muniz Freire*
A Estrutura na Obra Lacaniana	*Taciana de Melo Mafra*
A Etificação da Psicanálise	*Jean Allouch*
A Experiência da Análise	*Norberto Ferreyra*
A Fadiga Crônica	*Pura H. Cancina*
A Fantasia da Eleição Divina	*Sergio Becker*
A Feminilidade Velada	*Philippe Julien*
A Ficção do Si Mesmo	*Ana Maria Medeiros da Costa*
A Hora do Chá na Casa dos Pendlebury	*Alain Didier-Weill*
A jovem e a mãe	*Leila Maroune*
A lei do gênero: uma história cultural do terceiro sexo	*Laure Murat*
A Lógica do Gênero	*Laure Murat*
A Morte de Deus	*Dany-Robert Dufour*
A Morte e o Imaginário na Adolescência	*Silvia Tubert*
A Paixão do Sujeito Freudiano	*Bernard Penot*
A perversão comum: viver juntos sem o outro	*Jean-Pierre Lebrun*
A Psicanálise: dos Princípios Ético-estéticos à Clinica	
A Pulsão de Morte	*Michel Plon (org.)*
A Quarta Mulher	*Paul Tabet*
A Saúde Totalitária	*Roland Gori*
A segunda morte da ópera	*Slavoj Zizek e Mladen Dólar*
A sexualidade na aurora do século XXI	*Org. Sonia Alberti*
A Significação do Falo	*Diana Rabinovich*
A Topografia de Lacan	*Jean-Paul Gilson*
A Transferência	*Taciana de Melo Mafra*
A Violência na Adolescência	*Pierre Kamerer*
Abandonarás teu Pai e tua Mãe	*Philippe Julien*
Adolescência e Psicose	*Edson Saggese*
Adolescência, violência e a lei	*Vários*
Amor de Mãe	*José Nazar*
Amor e Ódio	*Michele Benhaim*
Anorexia	*Éric Bidaud*
As Construções do Universal	*Monique David-Ménard*
As Figuras do Real	*Patrick Delaroche*
As identificações e a identificação sexual	*Org. Arlete Mourão e Miriam Nogueira Lima*
As Intervenções do Analista	*Isidoro Vegh*
As Psicoses	*Philippe Julien*
Autor do crime perverso	*Marie-Laure Susini*
Cine Imaginarium: da arte de fazer psicologia, comunicação e cinema	*Org. Alvaro de Pinheiro Gouvêa*
Ciúmes	*Denise Lachaud*
Clínica da Pulsão	*Diana S. Rabinovich*
Clínica dos Fracassos da Fantasia	*Silvia Amigo*
Clivagem e Modernidade	*Roland Chemama*
Comer o Livro	*Gérard Haddad*
Como se Chama James Joyce?	*Roberto Harari*
Crianças na Psicanálise	*Angela Vorcaro*
Crueldade no Feminino	*Sophie de Mijolla-Mellor e Julia Kristeva*
Da Paixão	*Jacques André*
Dependência Química na Adolescência	*Hélio Fernandes Mattos*
Dez Conferências de Psicanálise	*Moustapha Safouan*
Dicionário da Justiça	*Löic Cadiet*
Dicionário da Sexualidade Humana	*Philippe Brenot*
Do Amor do Outro ao Amor de Si	*Patrick Delaroche*
Do Pai à Letra	*Hector Yankelevich*
Elissa Rhaís	*Paul Tabet*
Elogio da corrupção: os incorruptíveis e seus corruptos	*Marie-Laure Susini*
Empatia Psicanalítica	*Stefano Bolognini*
Enigma do Incesto	*Laure Rozen*
Escrita e Psicanálise	*Ana Costa e Doris Rinaldi*
Estados de Abandono	*Jacques André*
Estética da Melancolia	*Marie-Claude Lambotte*
Figuras do Real	*Ginette Michaud*
Fim da Picada	*Guilherme Knabb e Mariana Friedheim*
Freud, Wallon, Lacan: a criança no espelho	*Émile Jalley*
Gide-Genet-Mishima	*Catherine Millor*
Gostar de Mulheres	*Autores diversos*
Harry Potter: anjo ou demônio?	*Org. Isabelle Smadja e Pierre Bruno*
Hitler – A Tirania e a Psicanálise	*Jean-Gérard Bursztein*
Invocações	*Alain Didier-Weill*

Título	Autor
Lacan e o Espelho Sofiânico de Boehme	*Dany-Robert Dufour*
Lacaniana I	*Moustapha Safouan*
Lacaniana II	*Moustapha Safouan*
Letra e Pulsão de Morte	*André Green*
Littoral	*A Criança e o Psicanalista*
Littoral	*Luto de Criança*
Littoral	*Do Pai*
Littoral	*O Conhecimento Paranóico*
Lógica das Paixões	*Roland Gori*
Mal-Estar na Procriação	*Marie-Magdeleine Chatel*
Michel Foucault: a Inquietude da História	*Mathieu Potte-Bonneville*
Mulheres de 50	*Daniela Di Segni e Hilda V. Levy*
Neurose Obsessiva	*Charles Melman*
Nietzsche e o Demônio do Meio-dia	*Jean-Baptiste Botul*
No Reino das Mulheres	*Irène Frain*
O Adolescente e a Modernidade Tomos I, II e III	*Congresso Internacional de Psicanálise e suas Conexões – Vários*
O Adolescente e o Psicanalista	*Jean-Jacques Rassial*
O Adolescente na Psicanálise	*Raymond Cahn*
O Amor ao Avesso	*Gérard Pommier*
O Caminhante Analítico	*Victor Smirnof*
O Complexo de Jocasta	*Marie-Christine Laznik*
O conto machadiano: uma experiência de vertigem	*Lucia Serrano Pereira*
O Desejo Contrariado	*Robert Lévy*
O Desejo da Escrita em Ítalo Calvino	*Rita de Cássia Maia e Silva Costa*
O Desejo do Psicanalista	*Diana S. Rabinovich*
O Dia em que Lacan me Adotou	*Gérard Haddad*
O Discurso Melancólico	*Marie-Claude Lambotte*
O Divino Mercado	*Dany-Robert Dufour*
O Espelho do Artista	*Yolanda Freyre*
O Homem sem Gravidade	*Charles Melman*
O Inestimável Objeto da Transmissão	*Pierre Legendre*
O Inferno do Dever	*Denise Lachaud*
O Jornalista e seu Poder	*Gerard Spitéri*
O Nó Górdio	*Carlos Eduardo Leal*
O Olhar e a Voz	*Paul-Laurent Assoun*
O Próximo	*Isidoro Vegh*
O psicanalista, o que é isto?	*Roberto Harari*
O que Acontece no Ato Analítico?	*Roberto Harari*
O Sexo Conduz o Mundo	*Colette Chiland*
O sexo da verdade: erotologia analítica II	*Jean Allouch*
O Sexo do Mestre	*Jean Allouch*
O Significante, a Letra e o Objeto	*Charles Melman*
O Sorriso da Gioconda	*Catherine Mathelin*
O Sujeito em Estado Limite	*Jean-Jacques Rassial*
O Transexualismo	*Henry Frignet*
Órgãos sem corpo: Deleuze e conseqüências	*Slavoj Zizek*
Oriente Médio: Povos Autoritários Sociedades Bloqueadas	*Philippe Draz Vincent*
Os Discursos e a Cura	*Isidoro Vegh*
Os Discursos na Psicanálise	*Aurélio Souza*
Os Errantes da Carne	*Jean-Pierre Winter*
Os Mistérios da Trindade	*Dany-Robert Dufour*
Os Nomes do Pai em Jacques Lacan	*Erik Porge*
Os Nomes Indistintos	*Jean-Claude Milner*
Paixões do Ser	*Sandra Dias*
Para uma Clínica do Real	*Isidoro Vegh*
Paranóia	*Jean Allouch*
Poetas, Crianças e Criminalidade... Sobre Jean Genet	*Alba Flesler / Claudio Martyniuk / Fernando Sabsay / Isidoro Vegh*
Por Que Não Há Relação Sexual?	*Roberto Harari*
Por que, afinal, matamos?	*Francisco Ramos de Farias*
Princípios do Marketing Zen	*Roland Z. Carvalho*
Procuro o Homem da Minha Vida	*Daniela Di Segni*
Psicanálise de Crianças Separadas	*Jenny Aubry*
Psicanálise de Pais	*Durval Checchinato*
Psicanálise e Análise do Discurso	*Nina Leite*
Psicanálise e Infância: Clínica com crianças	*Renata Petri*
Psicanálise e Saúde Mental	*Org. Sonia alberti e Ana Cristina Figueiredo*
Psicanálise e Tempo	*Erik Porge*
Psicanálise: Uma prática teorizada	*Org. Ângela Coutinho*
Psicose, Perversão, Neurose	*Philippe Julien*
Psicoterapia-Psicanálise-Didática 1 – debates	*Analyse Freudienne Presse*
Psicoterapia-Psicanálise-Didática 2 - debates	*Analyse Freudienne Presse*
Quartier Lacan	*Alain Didier-Weill*
Reflexões Sobre a Questão Gay	*Didier Eribon*
Respire	*Anne-Sophie Brame*
Revista Internacional nº 1	*A Clínica Lacaniana*
Revista Internacional nº 2	*A Histeria*
Revista Internacional nº 4	*As homossexualidades*
Roubo de Idéias?	*Erik Porge*
Separações Necessárias	*Emilio Rodrigué*
Série Conexões em Psicanálise	*Função Paterna*
Série Conexões em Psicanálise	*Constituição do sujeito*
Sombra do Teu Cão	*Jean Allouch*
Transferência e Estados Limites	*Jacques André*
Trata-se uma Criança – Tomos I e II	*Congresso Internacional de Psicanálise e suas Conexões – Vários*
Trilhamentos do Feminino	*Jerzuí Tomaz*
Um Homem de Palavra	*Nazir Hamad*
Um Jeito de Poeta	*Luís Mauro Caetano da Rosa*
Um Mundo sem Limite	*Jean-Pierre Lebrun*
Um Narrador Incerto, entre o Estranho e o Familiar	*Lucia Serrano Pereira*
Um Percurso em Psicanálise com Lacan	*Taciana de Melo Mafra*
W. R. Bion – Novas Leituras - I e II	*Arnaldo Chuster*

Impresso por:

Edil
Artes Gráficas

Tel/Fax: (21) 2159 7979
E-mail: edil@edil.com.br